DR. JESUS A. SA

CON EDGAR MEDINA, ARNOLDO ARANA Y OTROS

INSPIRACIÓN
PARA
Liderar

REFLEXIONES ESPIRITUALES DIARIAS
PARA ENFRENTAR LOS RETOS DE HOY

Ediciones CBMC Latinoamérica.

© **2019 CBMC Latinoamérica.**
www.cbmclatino.com
info@cbmclatino.com

Inspiración para Liderar: *Reflexiones espirituales diarias para enfrentar los retos de hoy.*

ISBN: 9781793177551

Jesus A. Sampedro Hidalgo.

Colaboradores: *Antonio Sanclemente, Arnoldo Arana, Edison Celis, Edgar Medina, Gabriel Gil, Hebert Reyes, Jorge Gómez Fernández, José C. Castillo Valdez, Julio Cesar Acuña, Mauricio Ramírez Malaver, Rafael Hernández.*

Asistente de Edición: Maria Gabriela Hernandez Colina.

Diseño y diagramación interna: Yetsy López (Venezuela)

Diseño de Portada: WTL Estudios C.A. (Venezuela)

Versiones de la Biblia usadas: CST (Nueva Versión Internacional–Castilian), DHH (Dios Habla Hoy), LBLA (La Biblia de las Américas), NBLH (Nueva Biblia Latinoamericana de Hoy), NBV (Nueva Biblia Viva), NTV (Nueva Traducción Viviente), NVI (Nueva Versión Internacional), RVR1960 (Reina Valera 1960), RVC (Reina Valera Contemporánea), RVR (Reina Valera Revisada). Usadas con permiso.

Revisión del texto: Aylsa de Tovar (Venezuela) Tlfs. +58 (416) 0462938 / (272) 4154073.

Impreso en Venezuela.

Colaboradores

Antonio Sanclemente [Bogotá, Colombia] Máster en la Universidad de Denver (EEUU). Ingeniero Químico. Ejecutivo de The Coca-Cola Company (Colombia, Ecuador, México). Expositor y conferencista sobre temas del Liderazgo. Colaborador del CBMC-CPEC Latinoamérica. Casado con Patricia, dos hijos.

Arnoldo Arana [Valencia, Venezuela] Doctorado en Teología y Consejería de la Universidad Rhema en Florida (EEUU). Maestría en Gerencia de Empresas (LUZ). Lic. en Contaduría Pública. Autor, facilitador y conferencista en procesos personales, familiares y de liderazgo. Profesor Universitario. Psicoterapeuta Gestalt por el CENAIF. Coach de liderazgo certificado por Lifeforming Leadership. Director en Global Leadership Consulting. Colaborador del CBMC-CPEC Venezuela. Casado con Ana, tres hijos.

Edison Celis [Lima, Perú] Master en Ciencias de Ingeniería de Minas de la Universidad Politécnica de Donietks (Ucrania). Especialización en Prevención de Accidentes en la Academia de Seguridad de EEUU. Coach certificado por Coaching Hall (Colombia) y UPC (Perú). Trabaja empoderando líderes en minas remotas. Casado con Marianela, 3 hijos.

Edgar Medina [Monterrey, México] Maestría en Edición por el IUP y la Universidad de Salamanca, España. Lic. en Comercio Internacional por el Instituto Politécnico Nacional de México. Dirige la Editorial Emaús, imparte conferencias y es comentarista en el programa radial «Visión 20/20» que se escucha en varios países de habla hispana. Es capacitador profesional. Director del CBMC-CPEC México. Casado con Yessica, dos hijos.

Gabriel Gil [Santiago, Chile] Licenciatura y Maestría en Teología en la Fundación Latinoamericana de Estudios Religiosos y Culturales (FLEREC). Es Coach Integral Sistémico certificado por Liderazgo Integral. Es escritor y conferencista con énfasis en "habilidades para la vida". Casado con Fabiola, dos hijas.

Hebert Reyes [Bogotá, Colombia] Maestría en Liderazgo Formativo de la Mid América Christian University (MACU) en Oklahoma. Ingeniero Químico, Especializado en Administración de Empresas y Docencia Universitaria. Profesor Universitario y Conferencista. Experiencia como alto directivo en compañías multinacionales, empresario independiente y consultor. Maestro de maestros en Haggai International, colaborador permanente de la Cruzada Estudiantil (Cru), del CBMC Latinoamérica, entre otros. Casado con Sonia, tres hijos.

Jesús A. Sampedro Hidalgo [Valencia, Venezuela] Dr. en Liderazgo Estratégico (DSL) y Maestría en Administración de Negocios (MBA) de la Universidad Regent (EEUU). Lic. en Administración Comercial. Autor de varios libros, conferencista y coach-trainer de liderazgo certificado y con licencia para Latinoamérica por Lifeforming Leadership Coaching (EEUU). Profesor de Liderazgo en IESA (Venezuela) y MACU (EEUU). Fundador y director de la empresa Global Leadership Consulting especializada en formación, coaching y consultoría en liderazgo. Egresado del programa de RREACH en alianza con el Seminario Teológico de Dallas (DTS). Miembro-Fundador del consejo para la teología y los negocios de la WEA. Presidente del CBMC de Venezuela y de la junta directiva del CBMC Latinoamérica. Casado con la cantante Gaby (@Gabysounds), dos hijas.

Jorge Gómez Fernández [Monterrey, México] Maestría en Diseño Gráfico de la Universidad Autónoma de Nuevo León. Lic. en Administraciín de Empresas en el TEC de Monterrey. Director de empresas familiares y fundador de Bioxnet firma de branding, diseño web y marketing digital. Colaborador de iniciativas del mercado y de CBMC México. Casado con Sammy, con dos hijos.

José C. Castillo Valdez [Monterrey, México] Ingeniero Agrónomo Fitotecnista por la UANL, México. Estudio Strategy Marketing & Management en la American Management Association (EEUU) y Gestión Gerencial en el Instituto Getulio Vargas (Brasil). Egreso del Programa de Liderazgo de Haggai Institute (Singapore). Ha sido investigador para instituciones agrícolas en México (Instituto Nacional de Investigaciones Agrícolas) y EEUU (US Department of Agriculture). Fue gerente de mercadeo de producto (Bayer), y actualmente es empresario del sector agrícola. Miembro activo del CBMC México. Casado con Karen, dos hijos.

Julio Cesar Acuña [Quito, Ecuador] Master en Negocios del Tecnológico de Monterrey. Postgrado en Marketing de la Universidad de Berkeley (EEUU). Coach de Vida por Future Achievement International, y Ejecutivo por ICL. Vicepresidente y Fundador de Corporación PHD e Inspira (Sistema de coaching de vocacional para jóvenes). Director del CBMC Latinoamérica. Casado con Lily, tres hijos.

Mauricio Ramírez Malaver [Bogotá, Colombia] Magister en Gestión de Organizaciones (Universidad Central), publicista con especialización en gerencia de mercadeo (Universidad de Los Andes). Gerente General en empresas multinacionales y nacionales. Profesor de postgrados y conferencista de las principales universidades del país. Ex-presidente ejecutivo nacional de la Asociación Colombiana de las micro, pequeña y mediana empresas (ACOPI). Presidente de la Cámara Internacional de Empresas y Emprendedores Cristianos de Colombia. Colaborador del CBMC Colombia. Casado con Edelmira, cinco hijos.

Rafael Hernández [Valencia, Venezuela] Productor, locutor, publicista, radiodifusor. Con amplia experiencia en medios de comunicación. Instructor de oratoria, Life coach trainer, conferencista y experto en temas de crecimiento personal, motivación, liderazgo y emprendimiento. Empresario destacado y director de Max FM 92.9. Casado con Mary, dos hijos.

Palabras de Recomendación

«Queridos amigos, me complace unirme a mis colegas del CBMC América Latina para presentar *Inspiración para Liderar*, un devocional semanal. Como todos sabemos, el mercado puede ser un lugar desafiante y, a menudo, difícil para ser la *"sal y luz"* que Jesucristo nos pide que seamos. Existen muchas distracciones para evitar que seamos *"Embajadores en el Mercado"*. Los líderes, especialmente, pueden verse abrumados rápidamente por las circunstancias y la presión para actuar. Necesitamos ayuda y ánimo para permanecer fieles en hacer "buenas obras".

Inspiración para Liderar es una herramienta diseñada para animarnos a que nos acerquemos a Jesús y buscar su sabiduría y guía en cada aspecto de nuestra vida laboral. El apóstol Pablo audazmente escribió: *"Somos su obra (la obra de Dios), creados en Cristo Jesús para buenas obras"* (Efesios 2:9). Para mantenernos en la tarea, para asegurarnos de que nuestro trabajo sea *"bueno"*, el trabajo realizado para el Señor y en formas que lo honren, necesitamos inspiración y estímulo regularmente. Por eso te recomiendo que leas *Inspiración para Liderar* semanalmente y, cuando sea posible, ¡compártelo con un colega! Que Jesucristo sea glorificado en todo lo que haces!»

James D. Firnstahl
Presidente, CBMC International

«*Inspiración para Liderar* es una excelente iniciativa de CBMC Latinoamérica, que provee una reflexión bíblica refrescante para renovar fuerzas cada semana. Recomiendo tomar unos minutos de la constante agenda apretada para leer estas notas devocionales realmente motivadoras.»

Frank González
Director del Centro de Recursos en Español para América Latina
CROWN Ministries

«Todo líder responde al llamado de servir a su prójimo, proveyéndole bienes, servicios o conceptos de utilidad para su vida. El líder trabaja en la industria del servicio, de servir a los demás, trátese de su propia familia, de sus subalternos, sus seguidores, sus partidarios o de quienes lo siguen en las redes sociales.

En todos esos casos el líder da a otros, da de sí mismo, da de lo que tiene, da de lo que va aprendiendo. Por esa misma circunstancia de que el líder es por definición un siervo, está siempre dando, dando a los demás y suele descuidar el recibir, el recibir aliento, afirmación, instrucción, consejo.

Este libro *Inspiración para Liderar*, suple una verdadera necesidad, ofreciéndonos una serie de meditaciones sobre conceptos, bien fundados, confirmados por milenios de prácticas e inspirados directamente del corazón del Creador de todas las cosas. Cada porción está escrita para inspirar, alentar y exhortar a los líderes. Es una herramienta muy necesaria en la vida de los líderes que estamos tan atareados en sus servicios en el día de hoy.»

José González
Presidente de Semilla
Virginia (EE.UU.)

«Como un profesional o empleado o gerente general, muchas veces las personas que están a nuestro alrededor nos están observando: las decisiones, acciones y actitudes de como confrontamos nuestro día de trabajo. Ya que es en el lugar donde muchos de nosotros pasamos la mayor parte del tiempo, es precisamente allí, en el trabajo.

¡No trate de comenzar el día sin prepararse! *Inspiración para Liderar* es una herramienta para ayudarlo a fortalecer su vida y lo prepara para obtener éxito en el trabajo. Escrito por nuestra gente de los diferentes países de nuestra América Latina para nosotros, gente que se mueve en el mundo de los negocios, donde se nos narran las situaciones únicas y reales que encaramos cada día. Si usted es gerente y/o dueño de su empresa, consiga un libro para cada empleado y/o miembro de su equipo. Le aseguro que no se arrepentirá de hacer esa inversión para su gente.»

Dr. Enrique Cepeda
Director Ejecutivo de Thomas School of International Studies
Mid-America Christian University (EE.UU.)
Director de México y EE.UU. Hispano del CBMC International

Palabras del Editor

De lunes a viernes es donde ocurre la mayor parte de la acción en la vida del líder; es allí donde el conocimiento se torna en ejecución, la energía se invierte, la creatividad emerge y la fe se pone a prueba. Es también allí donde se enfrentan los más grandes retos, donde la resiliencia se hace necesaria, y especialmente donde se necesita verdadera *Inspiración para Liderar*.

La pregunta es, *¿de dónde se surte uno todos los días para obtener sabiduría, creatividad, ganas, fuerza y fe?*

Este compendio de reflexiones pretende encapsular sabiduría bíblica a fin de ayudar al empresario y al profesional a enfrentar con éxito los retos cotidianos. *Inspiración para Liderar* es un esfuerzo pionero del CBMC Internacional (Capítulo Latinoamérica) que juntó a expertos de todo el continente americano para servir especialmente (y con sabor local!) a lectores de habla hispana alrededor del mundo.

Recomiendo que se lea sin apuro, preferiblemente en un año, semana a semana, de lunes a viernes, un día a la vez (Aunque si lo quiere leer diferente, siéntase libre). Quien lea conseguirá un enfoque un tanto ecléctico, a veces la reflexión del día parecerá muy espiritual a veces parecerá muy empresarial/profesional, pero la idea es que todas tengan buen sustento, y además sean útiles, prácticas y refrescantes. Pero es que así somos los que estamos en el mercado, un día necesitamos reflexión profunda, otro día necesitamos un consejo práctico empresarial, otro día necesitamos algo para balancear familia-trabajo-salud, y otro día necesitamos algo que nos rete a ver las cosas desde otro ángulo y con esperanza!

Bienvenido a este terruño reflexivo, donde se unen la fe y el trabajo significativo, la esperanza y la inspiración!

Inspírese e inspire a otros. Sea un gran líder, por el amor de Dios!

Dr. Jesus A. Sampedro Hidalgo
Editor

INSPIRACIÓN
PARA
Liderar

REFLEXIONES ESPIRITUALES DIARIAS PARA ENFRENTAR LOS RETOS DE HOY

DIOS PREFIERE GUIAR QUE DAR PLANOS ESTRATÉGICOS

«Al mandato del SEÑOR los hijos de Israel partían, y al mandato del SEÑOR acampaban; mientras la nube estaba sobre el tabernáculo, permanecían acampados.»

NÚMEROS 9:18 LBLA

Lectura: Números 9:18-23	El Nuevo Testamento en un año: Mateo 1:1-2:6

A muchos líderes por naturaleza y formación les gusta tener información detallada del curso de acción que seguirán para el logro de objetivos planteados. Querer saber clara y exactamente «*hacia dónde*» y «*cómo*» van a cumplir cierta orientación estratégica es algo común y hasta premiado en muchas escuelas de negocios y en el medio ambiente de trabajo competitivo y profesional de hoy. La premisa básica es tener el control de la situación o buscar tenerla, y su motivación es poder tener un sentido ejecutivo de confianza y de sabio aprovisionamiento en el actuar. Sin embargo, para el líder que Dios elige, las cosas son diferentes. Dios tiene y quiere tener siempre el control, y anhela ver a sus hijos confiar plenamente en su sabia y buena guía. Dios hace un aparentemente exagerado énfasis en que su gente espere a su voz para saber cuándo avanzar y cuándo parar. Números 9:18 refiere que «*Al mandato del Señor los hijos de Israel partían, y al mandato del Señor acampaban*». Muchos siervos de Dios prefieren instrucciones claras, precisas y detalladas por adelantado sobre cuáles serán sus distancias, descansos, avances y cruces; en pocas palabras, quieren una bitácora de viaje; pero Dios prefiere ser seguido en completa dependencia y en donde su voluntad sea el criterio único, incuestionable y provisor de seguridad, autoridad y efectividad. El secreto es aprender a escuchar su voz. ¿Crees realmente que Dios te puede guiar mejor que tú mismo en lo que haces? ¿Puedes andar tranquilo sabiendo que Dios es quien guía tu organización, tu carrera profesional y tu familia?

Para reflexionar: Si Dios es tu copiloto, puedes tomar confiadamente una siesta al volante.

Jesús A. Sampedro Hidalgo. *Valencia, Venezuela.*

Mis notas

_____

_____

_____

_____

SEMANA 1 - DÍA 2

Madurez

«Cuando yo era niño, hablaba como niño, pensaba como niño, juzgaba como niño; mas cuando ya fui hombre, dejé lo que era de niño.»
1 CORINTIOS 13:11 RVR1960

Lectura:	El Nuevo Testamento en un año:
1 Corintios 13:8-11	Mateo 2:7-3:13

Muchos líderes hemos asumido —erróneamente—, que somos personas maduras, pues dirigimos a otros y tomamos decisiones complicadas. Pero una reflexión honesta a nuestro corazón puede mostrarnos otra realidad. Una de las señales que evidencian carencias en el carácter, es la renuencia a *pedir ayuda*. El temor a la crítica, al ridículo o al rechazo, suelen estar detrás de esta actitud. Pedir ayuda, a pesar de las malas experiencias pasadas al solicitar apoyo, de creer que podemos solos, o de creer que nadie nos podrá ayudar, no sólo será de provecho en tiempos de necesidad; sino, será un verdadero pasaporte hacia un liderazgo maduro. Otra manifestación de inmadurez en el liderazgo es la incapacidad de *vencer el temor*. Es cierto que un buen líder debe ser prudente, pero no podemos refugiarnos en una falsa prudencia para evitar encarar las circunstancias que se nos presentan. Resuelve enfrentar el temor al dolor que muchas decisiones necesarias suponen, decide creerle a Dios, quien ha dicho que tiene planes para ti, de paz y no de mal (Jeremías 29:11). Finalmente, el orgullo es la máscara de lo que hacemos para cubrir lo que en realidad *somos*, y sólo puede ser removida por la humildad de reconocer que necesitamos a otros en nuestro camino a la madurez.

Para reflexionar: La verdadera grandeza es un galardón que Dios otorga a los humildes.

Edgar Medina. Monterrey, México.

Mis notas

_____

_____

_____

_____

_____

_____

_____

_____

SEMANA 1 - DÍA 3

CLARIDAD DE VISIÓN

«Unos, pues, gritaban una cosa, y otros otra; porque la concurrencia estaba confusa, y los más no sabían por qué se habían reunido.»
HECHOS 19:32 RVR

Lectura: Hechos 19:32	El Nuevo Testamento en un año: Mateo 3:14-5:2

Una de las principales características de una empresa de éxito es la de poseer una visión clara de dónde quiere estar en un punto en el futuro. La visión tiene el poder de alinear todos los esfuerzos que requiere toda empresa para cumplir con el propósito para la cual fue creada. Cuando la visión de la empresa es clara, elimina toda confusión que pudiese haber entre los diferentes entes que interactúan en la misión de llevarla a cabo. Ella permite definir claramente las responsabilidades de cada asociado.

El proceso de la visión puede verse obstaculizado en algún momento de sus etapas de crecimiento. Hay depredadores que amenazan con el desarrollo de la visión en nosotros. Son variados los obstáculos que se presentan para que la visión no se lleve a cabo; entre otros están: una conexión permanente con la fuente de la visión, una dirección clara determinada por la visión, estar dispuesto a pagar el precio que demanda la visión, paciencia para esperar que todo se dé en el tiempo oportuno, persistencia en el cumplimiento del objetivo, estar consciente del potencial que cada uno tiene, la fe y la pasión que deben estar presentes durante el desarrollo de la visión, y algo muy importante, elaborar un plan de acción con sus prioridades.

La visión y la misión deben recordarse periódicamente con el fin de comunicarla a todos los participantes, especialmente a los nuevos asociados. Toda persona, empresa o nación necesita de una clara visión para convertir en realidad sus sueños.

Para reflexionar: *«Cuando no hay conocimiento de Dios, el pueblo se desboca; pero qué admirable es la nación que conoce y cumple las leyes divinas» (Proverbios 29:18 BAD).*

Antonio SanClemente. *Bogotá, Colombia.*

Mis notas

_____

_____

_____

SEMANA 1 - DÍA 4

RESPUESTAS AUDACEZ DESDE EL CARÁCTER

«Oyó Abram que su pariente estaba prisionero, y armó a sus criados, los nacidos en su casa, trescientos dieciocho, y los siguió hasta Dan.»
GÉNESIS 14:14 RVR1960

Lectura:	El Nuevo Testamento en un año:
Génesis 14:1-16	Mateo 5:3-5:33

En la vida de todo líder surgen situaciones que requieren acción inmediata y urgente. No importa si el líder es planificado o no, si su temperamento lo impulsa naturalmente o no, se necesita actuar ya. Sin duda, el que Abraham haya ido al rescate de su sobrino Lot, quien junto a su familia había sido capturado por ejércitos foráneos, era una respuesta situacional determinada por: su sentido de protección familiar, su capacidad de convocatoria de 318 siervos, su intimidad con Dios y la habilitación divina para la victoria. Abraham respondió desde lo que tenía en su *«configuración interna»* o *«dispensario personal»* al momento que recibió la noticia, es decir, en ese momento no podía comenzar a preparar el equipo idóneo, evaluar alternativas, iniciar un tiempo de oración e intimidad con Dios; la situación requirió simplemente *«actuar con lo que tenía»*. Aunque esto podría ser *«espiritualmente riesgoso»* para muchos, es obvio que Abraham tenía configurada una base confiable desde la cual actuó; Abraham tenía el carácter, la autoridad y la confianza para actuar en ese momento. Además, él estaba listo, tenía la disposición adecuada, tenía claras sus prioridades y conocía de lo que era capaz Dios ante situaciones como esta. Toda esa configuración interna es parte del carácter. Él fue capaz de dar una respuesta audaz desde su carácter, no desde su impulsividad. ¿Estás preparado en tu *«configuración interna»* para actuar ante algún reto que surgiese hoy?

Para reflexionar: Preparémonos en Dios para enfrentar cualquier reto que surja.

Jesús A. Sampedro Hidalgo. *Valencia, Venezuela.*

Mis notas

_____
_____
_____
_____
_____
_____
_____
_____

SEMANA 1 - DÍA 5

ARENA EN LOS ENGRANES

«Porque mientras estábamos en la carne, las pasiones pecaminosas que eran por la ley obraban en nuestros miembros llevando fruto para muerte.»
ROMANOS 7:5 RVR

Lectura: Romanos 7:5	El Nuevo Testamento en un año: Mateo 5:34-6:16

Una visita a un relojero es fascinante. Poder ver como este especialista toma un reloj fino, lo abre y comienza a desarmar la maquinaria del reloj. Es increíble la cantidad de piezas tan pequeñas y delicadas que contiene un reloj de mano. Todas las piezas están inter conectadas de tal forma que funcionan juntas para cumplir un objetivo: llevar el tiempo con exactitud. Imaginemos por un momento que le cae polvo o arena a los engranes del reloj. Imagine las piezas precisas tratando de trabajar y moverse sumergidas en este agente extraño. Desde luego el agregar arena a una maquinaria tan fina es echarla a perder. Ahora pensemos en nuestras vidas, empresas y nuestras relaciones. Cuando agregamos pecado (arena) a la maquinaria, las piezas empiezan a destruirse, a dejar de funcionar correctamente y se estropean. El plan de Dios es perfecto, pero el pecado estropea su funcionamiento. En nuestro trabajo, el pecado (chisme, error, envidia, mentiras, etc.) entra para destruir e interferir en los resultados. Por ello, las empresas comprometidas con la calidad, aun sin conocer los principios de la Palabra de Dios, buscan remover el pecado en los procesos y relaciones para obtener mejores resultados.

Para reflexionar: ¿En qué áreas de nuestro trabajo diario estamos agregando *«arena a los engranes»*? ¿En nuestras relaciones con otros?

Jorge Gómez Fernández. *Monterrey, México.*

Mis notas

_____
_____
_____
_____
_____
_____
_____
_____

HISTERIA COLECTIVA O HISTORIA COLECTIVA

«Después apareció a más de quinientos hermanos a la vez, de los cuales muchos viven aún, y otros ya duermen.»
1 CORINTIOS 15:6 RVR

Lectura:	El Nuevo Testamento en un año:
1 Corintios 15:6	Mateo 6:17-7:12

Josh McDowell en su libro *«Evidencias que exigen un veredicto»* muestra sus investigaciones, según las cuales Jesús existió históricamente. Dudar de las pruebas que existen acerca de la existencia de Jesús equivale a dudar si Colon descubrió América o si Bolívar libertó cinco países. Muchos escépticos dudan de la existencia de Jesús sin tomarse el trabajo de investigar. Ponen en tela de juicio las Santas Escrituras, sus autores y el marco histórico del cumplimiento de las profecías del nacimiento, vida y crucifixión de Jesús. Lo que demuestran los investigadores serios es que Jesús si existió. Ahora bien, si aceptamos que existió, ¿Fue Jesús el hijo de Dios? ¿Hizo milagros? ¿Resucitó? Lo que dice la palabra de Dios es que *«se apareció a más de quinientos hermanos a la vez»*. Los escépticos han dicho que fue una alucinación. Lo que no han podido explicar es que sucediera a tanta gente y más aún ¡a quinientas personas a la vez! Hay muchas pruebas de los aspectos de la vida física de Jesús, y a pesar de muchos, también de su vida de divinidad. Jesús existe hoy en la vida de muchas personas; las toca, transforma, acompaña, guía, sana y es fiel. Pero la única manera de comprobar esta realidad es acercarse a Él y aceptarle en tu vida. Solo podemos decir que es real, pero tienes que comprobarlo tú mismo.

Para reflexionar: Sólo tener a Jesús en tu vida te probará de su fidelidad.

Hebert Reyes. Bogotá, Colombia.

Mis notas

_____

_____

_____

_____

_____

_____

_____

_____

_____

SEMANA 2 - DÍA 2

MERCADERES DE AGUAS TURBULENTAS

*«Los que descienden al mar en naves y hacen negocio sobre las grandes aguas,
Han visto las obras del SEÑOR y sus maravillas en lo profundo.»*
SALMO 107:23-24 NBLH

Lectura:	El Nuevo Testamento en un año:
Salmo 107:23-32	Mateo 7:13-8:14

Usted ¿se ha imaginado navegar sin GPS (Sistema de Posicionamiento Global, según las siglas en inglés)? De eso se trata el llamado a una vida cristiana en el mundo de los negocios. Muchos piensan en la vida cristiana como algo aburrido, lo cierto es que es todo lo contrario. Un cristiano en el mundo profesional y de negocios es un aventurero navegante de aguas turbulentas que mercadea basado en un sistema de valores diferente y cuyo sistema de avance efectivo o GPS surge de su relación con Dios. En un ambiente donde el caos, la competencia, la velocidad y las tormentas están presentes, los más intrépidos vencedores son aquellos que encuentran un sistema sobrenatural de efectividad. El Salmo 127:27 plasma a los negociantes navegando en un mar tan agitado que no solo se tambaleaban, sino que de nada les valía su pericia. Sin embargo, en el versículo siguiente (v.28) reconocieron su incapacidad para lidiar con la tormenta y activaron su GPS celestial, es decir, *«...Clamaron al Señor en su angustia, y los libró de su tribulación»*. Las tormentas prueban a los hombres y les permiten crecer. En el mundo profesional y de negocios siempre habrán tormentas con las que todo líder necesitará lidiar, la pregunta es ¿Qué hacer cuando aparezcan? El secreto es clamar a Dios, Él ha prometido que te responderá (Jeremías 33:3), te guiará (Salmo 25), y te mostrará cosas grandes y sin precedentes (1 Corintios 2:9 y Efesios 3:20).

Para reflexionar: Ver como Dios nos saca victoriosos de las altas olas del mundo profesional y de negocios, no tiene precio.

Jesús A. Sampedro Hidalgo. Valencia, Venezuela.

Mis notas

_____
_____
_____
_____
_____
_____

SEMANA 2 - DÍA 3

GUIADOS, AÚN EN LA INCOMODIDAD

«Pero el rey dijo: "¿Qué tengo yo que ver con ustedes, hijos de Sarvia?
Si él maldice, y si el SEÑOR le ha dicho: 'Maldice a David,' ¿quién, pues, le dirá:
'¿Por qué has hecho esto?'.»
2 SAMUEL 16:10 NBLH

Lectura:	El Nuevo Testamento en un año:
2 Samuel 16:1-14	Mateo 8:15-9:11

Del Rey David, podemos aprender tanto de su gloria, como de su desdicha. Pues, aún en los momentos más oscuros, fue capaz de encontrar la dirección divina. Hubo una ocasión en que enfrentaba la insurrección de su hijo Absalón; la fractura de su familia; la traición de su consejero real; el descrédito ante su pueblo; y por si fuera poco, la acusación de haberle quitado la vida a Saúl, su antecesor en el trono de Israel. Recibir una calumnia es algo difícil de tolerar, la mayoría de nosotros tratamos de aclarar el asunto tan pronto como nos es posible. Pero, si aparte tuviéramos la oportunidad de hacer escarmentar a nuestros acusadores no lo dudamos —todo sea por amor a la justicia—, ¿no es así? Así lo pensó Abisai, el leal guardia de David, quien exclamó ante el impertinente calumniador: «*¿Por qué ha de maldecir este perro muerto a mi señor el rey? Déjeme que vaya ahora y le corte la cabeza.*» (2 Samuel 16:9 RVR1960) David, contra toda lógica respondió: «*Déjenlo que me ofenda todo lo que quiera, pues Dios le ha ordenado hacerlo*» (v.11). ¿Queeeeeé? Pues sí. David era un hombre sensible a la voz de Dios, tanto, que era capaz de escucharla en los momentos más adversos, a través de las cosas más «*insignificantes*».

Para reflexionar: ¿Qué te incomoda hoy por hoy?, ¿Has pensado que quizá sea la voz de Dios hablándote?

***Edgar Medina**. Monterrey, México.*

Mis notas

_____
_____
_____
_____
_____
_____
_____
_____

SEMANA 2 - DÍA 4

En busca de la sabiduría

«Lo principal es la sabiduría; adquiere sabiduría, y con todo lo que obtengas adquiere inteligencia.»
PROVERBIOS 4:7 NBLH

Lectura: Proverbios 4:7	El Nuevo Testamento en un año: Mateo 9:12-10:4

Afortunado *el que haya sabiduría, el que adquiere inteligencia; porque ellas dan más ganancias que la plata y rinden más beneficios que el oro. Valen mucho más que las piedras preciosas; nada de lo que puedas desear se les puede comparar. Con la mano derecha ofrecen larga vida, y con la izquierda, riquezas y honor. Sus caminos son agradables, y pacíficos todos sus senderos. La sabiduría es árbol de vida para los que la consiguen; qué afortunados son los que la retienen.»* (Proverbios 3:13-18 PDT). El Rey Salomón nos dice que no hay nada que el hombre pueda adquirir o desarrollar que sea tan valioso y provechoso como la sabiduría. *«Vale más la sabiduría que las piedras preciosas, y ni lo más deseable se le compara»* (Proverbios 8:11 CST). Alcanzar, entonces, sabiduría debería representar uno de nuestros mayores objetivos, y una de las cosas en las que trabajemos con más empeño.

Dice Charles Stanley: *«Sólo hay dos formas de pasar por la vida: con sabiduría o sin ella. Sólo hay dos tipos de decisiones: sabias o imprudentes».* ¿Está usted tomando decisiones sabias? En todo caso, los resultados y el tipo de vida que construimos tienen que ver mucho con la sabiduría o la falta de ella con que nos conducimos. La sabiduría se observa en los resultados que obtenemos en nuestra salud física y emocional, en el desarrollo de nuestros negocios y emprendimientos, en el tipo de relaciones que cultivamos, en la forma como administramos el tiempo, en la forma de establecer nuestras prioridades y en la forma como tomamos decisiones.

Ahora, caminar en sabiduría no es un proceso fácil ni libre de obstáculos. La sabiduría no es algo con lo que uno se tropieza; por el contrario, hay que buscarla con esmero y perseverancia.

Para reflexionar: La sabiduría contribuye a trabajar más inteligentemente y menos laboriosamente.

Arnoldo Arana. *Valencia, Venezuela.*

SEMANA 2 - DÍA 5

OPTIMIZANDO PROCESOS

«Todo pámpano que en mí no lleva fruto, lo quitará; y todo aquel que lleva fruto, lo limpiará, para que lleve más fruto.»
JUAN 15:2 RVR

Lectura: Juan 15:2	El Nuevo Testamento en un año: Mateo 10:5-10:34

En toda empresa organizada por procesos y centrada en el cliente existe la disciplina de erradicar todo tipo de desperdicio, empezando por el recurso «*no renovable*» el tiempo, los insumos, materiales, los servicios utilitarios como agua, energía, sistemas, etc. La clave de mejorar la productividad de los activos es aplicar el mejoramiento continuo de cada proceso, compuesto por una serie de actividades que deben ser ejecutadas eficientemente con el fin de satisfacer las necesidades de los clientes en el momento indicado. Diariamente se deben llevar registros de la eficiencia de cada proceso y aplicar los correctivos necesarios para obtener «*frutos*» más abundantemente. Generalmente los cuatro aspectos que deben tenerse en cuenta son: 1) ¿Están las personas encargadas del proceso bien entrenadas para desempeñar su función cabalmente? 2) ¿Los insumos que entran al proceso cumplen con las especificaciones requeridas? 3) ¿Los equipos están disponibles y operando correctamente cuando el proceso así lo demande?, y 4) ¿El procedimiento ha sido estandarizado? Compruebe periódicamente la calidad de sus productos y/o servicios, revise cada proceso desde el área de recibo de materiales hasta el producto terminado, listo para enviar a clientes, y siempre pregúntese si hay alguna manera de mejorar para cumplir con sus objetivos. Si usted acostumbra eliminar interrupciones o desperdicios de sus procesos, su productividad será cada vez mayor, pues ellos son los que impiden que usted obtenga «*mayores cosechas*».

Para reflexionar: *«El avisado ve el mal y se esconde; Mas los simples pasan y reciben el daño.»* (Proverbios 22:3 RVR1960).

Antonio San Clemente. *Bogotá, Colombia.*

Mis notas

_____
_____
_____
_____
_____

SEMANA 3 - DÍA 1

CUANDO EL LÍDER CONVIVE CON SU GENTE

«Entonces Josué los envió; y ellos se fueron a la emboscada, y se pusieron entre Bet-el y Hai, al occidente de Hai; y Josué se quedó aquella noche en mediodel pueblo.»
JOSUÉ 8:9 RVR

Lectura: Josué 8:9	El Nuevo Testamento en un año: Mateo 10:35-11:23

El pueblo de Israel había recientemente experimentado cambio de líder cuando le llegó su primera derrota en batalla al entrar a la tierra prometida, e iban por una segunda oportunidad a la conquista. El pecado de Acán, un israelita, había influido en la derrota. ¿Cómo se sentiría el pueblo ante el nuevo líder Josué luego de haber sido derrotados y teniendo que reintentar el ataque? Probablemente miedo, inseguridad y duda eran sentimientos que llenaban los corazones de muchos, pero Josué parece haber percibido esto y «...*se quedó aquella noche en medio del pueblo*» (Josué 8:9 RVR). ¿Qué significó esto? Básicamente que Josué se quedó con ellos muy de cerca en el momento donde ellos más necesitaban saber que su líder estaba cerca. Josué reconoció la importancia de pasar esa noche en medio del pueblo, compartiendo con ellos. Además, Josué fue el primero en levantarse (dando así el ejemplo); también pasó lista y salió adelante en la batalla. Primero, pasar lista da una impresión de que se preocupaba de cada uno por nombre y apellido. Segundo, ir al frente significaba un compromiso de dar el ejemplo, proveer el aliento necesario para avanzar y ganar la confianza de sus seguidores. Josué, así como cualquier otro líder, quizás no necesite compartir a este nivel de cercanía e intimidad especial todos los días y en todo momento con sus seguidores; sin embargo, la clave es reconocer cuándo si es necesario hacerlo. ¿Cuándo fue la última vez que usted compartió de cerca con su gente? ¿Cuántas veces deja usted su comodidad para compartir momentos significativos con sus seguidores?

Para reflexionar: Los líderes se mantienen alerta a los sentimientos de sus seguidores en todo momento.

Jesús A. Sampedro Hidalgo. Valencia, Venezuela.

Mis notas

_____

_____

_____

SEMANA 3 - DÍA 2

DAR LA VIDA POR LOS AMIGOS

«Este es mi mandamiento: Que os améis unos a otros, como yo os he amado. Nadie tiene mayor amor que este, que uno ponga su vida por sus amigos. Vosotros sois mis amigos, si hacéis lo que yo os mando.»

JUAN 15:12-14 RVR

Lectura: Juan 15:12-14	El Nuevo Testamento en un año: Mateo 11:24-12:24

La mayoría de los ejecutivos quisieran que sus colaboradores dieran su vida por la empresa y sus resultados. Suena absurdo, pero ¿Está la empresa dispuesta a *«dar su vida»* por sus empleados? Para cada empleado *«La empresa es su jefe»*. Él representa a ese concepto sin cara ni forma llamado *«la empresa»*. Cuando el jefe, de una manera genuina y franca se ocupa de las personas más que de sus resultados, entonces es reconocido como líder. Cuando ese liderazgo se ejerce desde la filosofía de servir a otros, el líder no necesitará empujar a su equipo hacia la meta. Será el equipo quien levantará en hombros a su líder y lo llevará hasta la meta. Para comprender mejor este concepto de liderazgo, fíjate en la manera de liderar de Jesús. Él fue el primero en servir, en sanar, en alimentar, en preocuparse por su gente. Aun cuando fue abandonado a su suerte en la cruel crucifixión, sus palabras por su gente fueron *«Padre perdónalos»*. La Biblia solamente menciona dos ocasiones cuando Jesús lloró. Una por Jerusalén y el triste destino que le aguardaba, y la otra por la muerte de su amigo Lázaro. Por ello, cuando tengas quejas por el compromiso de tu gente, es recomendable que revises tu compromiso para con ellos. Recuerda el magnífico ejemplo de Jesús.

Para reflexionar: Imitar a Jesús en su entrega y estilo de liderazgo trae grandes dividendos.

Hebert Reyes. *Bogotá, Colombia.*

Mis notas

SEMANA 3 - DÍA 3

EL TRABAJO EN EQUIPO ES FRUTO DE LA OBEDIENCIA COLECTIVA

«Un solo hombre de ustedes hace huir a mil, porque el SEÑOR su Dios es quien pelea por ustedes, tal como El les ha prometido.»
JOSUÉ 23:10 LBLH

| Lectura: Levítico 26:1-8 | El Nuevo Testamento en un año: Mateo 12:25-13:5 |

L os primeros pasajes de Levítico 26 refieren a la obediencia y la desobediencia. Los versículos del 1 al 3 plantean condiciones de obediencia, mientras que a partir del versículo 4 se refieren algunas consecuencias, sub-productos o beneficios de la obediencia. Es entonces posible inferir que ante la promesa que Dios le hace a Israel sobre el establecimiento de la paz (v.6), se requeriría un poder sobrenatural al enfrentar a los «enemigos». Ese poder será visto en milagros colaborativos y exponenciales al estar unidos unos pocos de los obedientes del pueblo de Israel. En el verso 8 dice: *«Cinco de vosotros pondrán en fuga a cien, y cien de vosotros perseguirán a diez mil, y vuestros enemigos caerán a filo de espada delante de vosotros.»* (Levítico 26:8 NTV) Se presenta una aparente guerra dispareja en la que triunfará el aparentemente «menos favorecido» en cantidad, pero que viene acompañado de la bendición de Dios por la obediencia a las condiciones previas convocadas en los primeros versos. Sólo Dios opera milagros de este tipo, y a través de ellos muestra el efecto superior de la unión de hijos de Dios en pro de sus propósitos y en obediencia a sus dichos (incluyendo preceptos y ley). Trabajar en equipo es más que ponerse de acuerdo y colaborar entre los miembros. Trabajar en equipo es más que la astucia de un líder. Trabajar en equipo es más que sagacidad en la estrategia. Trabajar en equipo es más que tener gente capacitada.

Para reflexionar: Trabajar en equipo es esencialmente unir a un contingente de gente que trabaja en obediencia a los dichos de Dios y alcanza resultados sobrenaturales.

Jesús A. Sampedro Hidalgo. Valencia, Venezuela.

Mis notas

_____

_____

_____

_____

_____

SEMANA 3 - DÍA 4

EN TANTO TENGA OPORTUNIDAD, SIEMBRE SEMILLAS QUE BENEFICIEN A OTROS

*«Así pues, hagan ustedes con los demás como quieran que los demás
hagan con ustedes; porque en eso se resumen la ley y los profetas.»*
MATEO 7:12 DHH

Lectura: Mateo 7:12	El Nuevo Testamento en un año: Mateo 13:6-13:35

La mejor manera de ayudarse a sí mismo, es ayudando a otros. El éxito, como afirma John Maxwell, está también asociado *con sembrar semillas que beneficien a otros.* Agrega el mencionado autor: *«Si al final del camino sólo tienes a tu EGO para aplaudir tu éxito, entonces has fracasado».* Somos bendecidos y llenos de oportunidades en la medida en que servimos a otros. Somos bendecidos para que sirvamos de canal de bendición para otras personas. Cuando ayudamos a otros, esto a su vez se devuelve en beneficios y nuevas oportunidades para nosotros. Existe una relación de reciprocidad que nos permite cosechar en proporción directa a las semillas que hemos sembrado en favor de otros. La clave del éxito está en vivir conforme a la declaración de Jesús expresada en Mateo 7:12. La cultura negativa del hombre ha tergiversado las palabras de Jesús al decir: *«No hagas a los hombres lo que no quieres que te hagan a ti».* Pero eso es actuar por omisión, en sentido negativo. De tal forma que no les hago mal, pero tampoco les hago bien. Esta filosofía de vida, ha creado una despersonalización de las relaciones humanas. La gente ha dejado de interesarse positiva y proactivamente por sus congéneres. Por el contrario, la Biblia nos exhorta a que *«…según tengamos oportunidad, hagamos bien a todos…»* (Gálatas 6:10 RVR1960)

Para reflexionar: El éxito que excluye a los demás no es éxito en lo absoluto.

Arnoldo Arana. Valencia, Venezuela.

Mis notas

_____
_____
_____
_____
_____
_____
_____
_____
_____

SEMANA 3 - DÍA 5

VER Y DEJARSE VER

«Cuando llegaron a Betsaida, algunas personas le llevaron un ciego a Jesús y le rogaron que lo tocara.»
MARCOS 8:22 NVI

Lectura: Marcos 8:22-26	El Nuevo Testamento en un año: Mateo 13:36-14:8

Crecí en una pequeña ciudad de mi país, las tardes eran agradablemente cobijadas por atardeceres dignos de una postal, y eran seguidos éstos por noches con cielos repletos de estrellas. Más de una vez me aventuré intentando contarlas, pero, no pasaba mucho antes de perder la cuenta ante tal cantidad de luceros en el cielo. Sin embargo, sin importar cuán despejado de nubes estuviera la noche, mi potente vista de adolescente era incompetente para ver los cientos de millones de astros del universo. Han pasado los años, y he descubierto que mi percepción de las cosas ha resultado ser mucho más limitada de lo que hubiera creído. Después de entregar mi vida a Jesús, pude ver una realidad más amplia y diferente; pero, tal y como la historia que nos cuenta Marcos en el capítulo ocho de su evangelio, mi *«vista renovada»* sólo me dejó ver mi permanente necesidad de Jesús; la urgencia de recibir una vez más el toque sanador de su mano. Nunca he vuelto a confiar en que veo las cosas tal y como son, recurro sin duda a Él; quien por medio de aflicciones en mi vida, debilidades en mi carácter y especialmente a través del dolor, abre mis ojos para poder ver como Él lo hace. Algo hay detrás de todo esto que me sigue intrigando: ¿Cómo Jesús puede verme tal cual soy y amarme todavía?

Para reflexionar: Se requiere humildad para ver a Jesús, pero mucha valentía para vernos a través de sus ojos.

Edgar Medina. *Monterrey, México.*

Mis notas

_____

_____

_____

_____

_____

_____

_____

_____

DESHABITUÁNDONOS AL MANÁ, HABITUÁNDONOS A LA LECHE Y LA MIEL

«Y el maná cesó el día siguiente, desde que comenzaron a comer del fruto de la tierra; y los hijos de Israel nunca más tuvieron maná, sino que comieron de los frutos de la tierra de Canaán aquel año.»
JOSUÉ 5:12 RVR1960

Lectura:
Josué 5:10-12

El Nuevo Testamento en un año:
Mateo 14:9-15:3

Piensa por un momento ¿cómo te sientes cuando te falta de repente algo que tenías o recibías desde hace mucho tiempo? Años atrás muchos expertos en cambio personal y organizacional aprovecharon la metáfora del libro *¿Quién se ha llevado mi queso?* para referir a los procesos por los que pasan los seres humanos cuando situaciones habituales (representados en el queso) se ven dramáticamente amenazadas o cambiadas, produciendo así emociones de angustia, temor y desasosiego. Cuando los israelitas vivían en esclavitud en Egipto comían relativamente bien, al salir y durante su permanencia de 40 años en el desierto su comida diaria era el Maná (comida que fluía del cielo), pero al entrar en la tierra prometida, repentinamente, el Maná cesó de emanar del cielo. Aunque inicialmente se quejaron de la provisión diaria aparentemente monótona, a través de los años se volvió una costumbre el salir cada mañana y recibir comida del cielo sin haber trabajado para ganársela. Sin embargo, lo habitual de la provisión de Dios fue transformado en el momento que entraron a la tierra tan largamente esperada, la tierra prometida. Para los israelitas, había llegado el tiempo de cultivar la tierra prometida, para así llegar a ver la bendición de los frutos prometidos. Hoy, muchos no perciben que la tierra prometida requerirá un nuevo esquema de provisión de parte de Dios. Implicará esfuerzo. Si bien, igualmente Dios es quien da la provisión por gracia cuando estamos en su terreno, Dios exige de nosotros valentía y laboriosidad para conquistar aquello que Él ya nos ha entregado.

Para reflexionar: Tranquilo, Dios fue quien igualmente proveyó en Egipto, en el desierto y en la tierra prometida.

Jesús A. Sampedro Hidalgo. Valencia, Venezuela.

Mis notas

CUANDO NADIE SE HACE RESPONSABLE

«De manera que cada uno de nosotros dará a Dios cuenta de sí.»
ROMANOS 14:12 RVR 1960

Lectura: Romanos 14:12	El Nuevo Testamento en un año: Mateo 15:4-15:33

Hay pocas cosas que son esenciales. Esenciales porque sin ellas no podemos vivir. Haga un ejercicio e intente no respirar por un largo tiempo. De seguro no podrá. Es así que usted sin duda entenderá que el aire es esencial para vivir. De la misma manera que el aire, existen otros factores esenciales como la responsabilidad, para alcanzar una vida exitosa en Dios. Un líder cristiano es responsable por muchas de las cosas que hace o dice frente a otros. He tenido la impresión de que la responsabilidad generalmente se trata de evitar, que se siente muy cómodo y «humano» no querer asumirla. Ser responsable, es hacerse cargo de algo. Es hacerse cargo de su puntualidad sin tomar como excusa el tráfico vehicular, o justificar una tardanza por una llamada *«urgente»*, es esforzarse por cumplir con lo que le prometió a alguien, es terminar sus reuniones a tiempo porque hay alguien más esperándolo para la siguiente reunión. Si alguna vez ha escuchado decir *«todos somos responsables»*, seguramente luego se habrá percatado que nadie terminó asumiendo la responsabilidad. Cuando asigne la responsabilidad de hacer algo, asegúrese de nombrar un solo responsable, esto le ayudará a que sepa a quien pedirle cuentas cuando se trate de rendirlas. Recuerde que nombrar a más de un responsable es no tener ningún responsable.

Para reflexionar: No descuide su testimonio como embajador de Cristo, usted es el único responsable por él.

Edison Celis. *Lima, Perú.*

Mis notas

_____
_____
_____
_____
_____
_____
_____
_____
_____
_____

SEMANA 4 - DÍA 3

EXISTE LA NECESIDAD DE RENOVAR NUESTRA ACTITUD

«Por lo demás, hermanos, todo lo que es verdadero, todo lo honesto, todo lo justo, todo lo puro, todo lo amable, todo lo que es de buen nombre; si hay virtud alguna, si algo digno de alabanza, en esto pensad»
FILIPENSES 4:8 RVR1960

Lectura: Filipenses 4:8	El Nuevo Testamento en un año: Mateo 15:34-16:25

La actitud positiva (ánimo, entusiasmo, optimismo) no es estática, es un proceso continuo y dinámico de orientación y focalización hacia el lado positivo y esperanzador de la vida. En este sentido es oportuna la exhortación del apóstol Pablo a los filipenses. Verdaderamente un buen consejo, *«en esto pensad»*. Concentre su atención en estos seis aspectos específicos de la vida: no en sueños fantásticos e improbables, sino en lo verdadero, real, válido; no en las cosas baratas, ligeras y superficiales, antes en aquello que es honesto , es decir, digno de respeto; no en lo malo, injusto, crítico o negativo, sino en lo justo; no en las cosas carnales, indecentes y obscenas, sino en lo puro; no en lo que incita a la discusión y la defensa a otras personas, sino todo lo contrario, en aquello que es amable, agradable, atractivo y simpático; y, por último, no en cosas tales como la calumnia, el chismorreo y los desaires, sino en lo que es de buen nombre, edificante, y que hace que la gracia fluya.

Para reflexionar: Es importante reconocer que nuestra actitud es cambiante y requiere un mantenimiento preventivo para evitar caer en actitudes negativas.

Arnoldo Arana. *Valencia, Venezuela.*

Mis notas

SEMANA 4 - DÍA 4

ARMADURA Y ORACIÓN

«Por último, fortaleceos con el gran poder del Señor.»
EFESIOS 6:10 CST

Lectura: Efesios 6:10-18	El Nuevo Testamento en un año: Mateo 16:26-18:1

El apóstol Pablo comprendió que los seguidores de Jesús se convertían en elementos activos de un ejército entrenado para la lucha espiritual; por lo que cada miembro era dotado de una armadura completa, desde la cabeza hasta los pies. A través de los distintos elementos de la indumentaria de un soldado romano, Pablo representó a: la salvación, la justicia, la fe, la palabra de Dios, la verdad y la proclamación del evangelio. Ningún elemento hasta aquí simbolizó a la oración; pero, el apóstol concluye: *«Oren en el Espíritu en todo momento...»* (Efesios 6:18 NVI). La oración es el arma más poderosa de la que hemos sido dotados, pues, es el medio de comunicación a través del cual Dios nos hace conocer la estrategia de batalla. La oración por la salvación de nuestros amigos que aún no conocen personalmente a Jesus no debe ser un simple ruego, sino un avance estratégico que debe incluir:

1. Orar para que el corazón sea buena tierra. (Ver Marcos 4:8)
2. Orar para que Satanás no robe la semilla. (Ver Marcos 4:15)
3. Orar para que se produzca revelación. (Ver 2 Corintios 4:3-4)
4. Orar para la destrucción de fortalezas. (Ver 2 Corintios 10:4)
5. Orar para que llegue el verdadero arrepentimiento. (Ver 2 Timoteo 2:25-26)

Para reflexionar: La única acción más relevante que vestir la armadura cada día es: conocer y obedecer la estrategia de Dios.

Edgar Medina. Monterrey, México.

Mis notas

_____

_____

_____

_____

_____

_____

_____

_____

SEMANA 4 - DÍA 5

¿BENDICIENDO LUGARES O PERSONAS?

«La bendición del Señor es la que enriquece, y Él no añade tristeza con ella.»
PROVERBIOS 10:22 NBLH

Lectura:	El Nuevo Testamento en un año:
Proverbios 10:22	Mateo 18:2-18:32

Es una costumbre en Latinoamérica bendecir a los negocios o emprendimientos profesionales en el momento de su apertura o inicio. Muchos lo consideran e inclusive atribuyen una suerte de bienestar futuro ante el simple hecho de dicha ceremonia de invocación celestial; sin embargo, el ritual parece estar más orientado a las cosas que están en el negocio que a las personas que llevarán adelante el mismo. Hay muchos factores que inciden en que un negocio ande bien o no, más allá de solo haber sido «bendecido» al inicio. A continuación, algunas consideraciones para avalar el éxito de cualquier emprendimiento:

- Dios bendice primordialmente a las personas, no a los sitios: Las iniciativas y los bienes materiales no son ni buenos ni malos por si mismos; el uso que se haga de ellos es lo que determinará si fueron usados para un fin honroso o no, que agrade a Dios o no, y que cause un impacto positivo en la sociedad o no.

- Un negocio que incluye a Dios experimentará enriquecimiento y protección ante la tristeza: Proverbios 10:22 (NBLH) dice que *«La bendición del Señor es la que enriquece, y Él no añade tristeza con ella.»* Es posible inferir entonces que la bendición de Dios (no nuestras habilidades) es la que nos hace enriquecer. Además, las cosas no sienten *«tristeza»*, solo los seres humanos la sienten.

- Un buen comienzo requiere de un buen seguimiento para tener un buen final. También es importante que las personas involucradas (especialmente las que dirigen) decidan honrar a Dios en todo lo que hacen (incluyendo políticas administrativas, de manejo de personal y fiscales, etc.); si no, la dedicación inicial habrá sido en vano.

Para reflexionar: Asegúrate de invocar al Dios de la bendición continuamente, no solo la bendición de Dios una sola vez.

Jesús A. Sampedro Hidalgo. *Valencia, Venezuela.*

Mis notas

UN CORAZÓN SIN RENCORES

«Sea quitada de ustedes toda amargura, enojo, ira, gritos, insultos,
así como toda malicia.»
EFESIOS 4:31 NBLH

Lectura: Efesios 4:31	El Nuevo Testamento en un año: Mateo 18:33-19:27

La ira o enojo es una de las emociones más complejas de gestionar con sabiduría. El enojo puede contaminar el corazón del hombre, si no se maneja adecuadamente, pudiendo degenerar en amargura, rencor, odio, deseos de venganza y violencia; e incapacidad para perdonar.

Esta verdad podemos apreciarla en las enseñanzas de Jesús, en su discurso del Sermón de Monte, acerca de las Bienaventuranzas. *«Oísteis que fue dicho a los antiguos: No matarás; y cualquiera que matare (asesinato premeditado) será culpable de juicio. Pero yo os digo que cualquiera que se enoje contra su hermano, será culpable de juicio…»* (Mateo 5:21-22 RVR 1960).

No se refiere al enojo puntual y momentáneo, sino al enojo que se alberga por largo tiempo en el corazón, vale decir, al enojo carnal. La expresión *«cualquiera que se enoje contra su hermano»* está en presente participio, indicando que se trata de un enojo continuo, permanente, sostenido; que no perdona.

Jesús está hablando aquí de enojo (orguê), que se refiere a un enojo viejo, añejado, permanente, que se niega a perdonar. Es el enojo contra el cual también amonesta el apóstol Juan: *«Todo aquel que aborrece a su hermano es homicida…»* (1 Juan 3:15 RVR1960). Este es el enojo que retiene el perdón, y contra el cual el Señor Jesús expresa: *« Porque si ustedes no perdonan, tampoco su Padre que está en los cielos les perdonará a ustedes sus ofensas.»* (Marcos 11:26 RVC).

Para reflexionar: *«No permitan que el enojo les dure hasta la puesta del sol»* (Efesios 4:26 NVI). Vale decir "no pases todo el día enojado", *«no dejes que se ponga el sol y tú todavía permanezcas enojado».*

Arnoldo Arana. *Valencia, Venezuela.*

Mis notas

RELACIÓN LÍDER-SEGUIDOR

«Acuérdense de sus dirigentes, que les comunicaron la palabra de Dios.
Consideren cuál fue el resultado de su estilo de vida, e imiten su fe.»
HEBREOS 13:7 NVI

Lectura:	El Nuevo Testamento en un año:
Hebreos 13:7	Mateo 19:28-20:28

Muchos hablan de que liderazgo es influencia, aunque la influencia es un sub-producto de la relación mutuamente transformadora entre líder-seguidor, la cual a su vez está basada en el servicio genuino del líder a los intereses mutuos. Dicho al revés, todo nace en el servicio que un líder le proporciona a sus seguidores, lo cual hace a éstos querer interactuar y seguirle, asimismo, permite percibir la influencia ejercida (Servicio-Relación Líder-Seguidor a Influencia). Esta idea nos reta a resaltar la importancia de la cercanía en la interacción y el intercambio continuo, real y genuino entre los líderes y los seguidores. Si consideramos esto en relación al ámbito de líderes espirituales, en Hebreos 13:7 el autor comenta *«Acuérdense de sus dirigentes, que les comunicaron la palabra de Dios. Consideren cuál fue el resultado de su estilo de vida, e imiten su fe.»* Aunque es posible tomar varias enseñanzas de este pasaje, es importante al menos captar dos cosas básicas. En primer lugar, los líderes espirituales tienen implícito el deber de enseñar (comunicar) la palabra de Dios y de vivir de tal manera que dejen una estela, un testimonio y un legado de fe que sean dignos de recordar e imitar. Para esto es importante además el compromiso y la presencia no virtual de los líderes para dejarse ver, oler, sentir y/o percibir de cerca y de manera real por sus seguidores. En segundo lugar, los seguidores son exhortados especialmente a: recordar, meditar, considerar, reflexionar, centrarse en el testimonio e imitar la fe de los líderes que les comunicaron la palabra de Dios (no de otros). Es por eso importante enfocarse en las dinámicas transformadoras de la relación líder-seguidor antes de pensar en la influencia.

Para reflexionar: ¿Quiénes te comunicaron la palabra de Dios? ¿Has imitado su fe?

Jesús A. Sampedro Hidalgo. Valencia, Venezuela.

Mis notas

_____
_____
_____
_____

SEMANA 5 - DÍA 3

UN CORAZÓN QUE PRACTICA EL PERDÓN

«Sean más bien amables unos con otros, misericordiosos, perdonándose unos a otros, así como también Dios los perdonó en Cristo.»
EFESIOS 4:32 NBLH

Lectura: Efesios 4:32	El Nuevo Testamento en un año: Mateo 20:29-21:25

Sean más bien amables unos con otros, misericordiosos, perdonándose unos a otros, así como también Dios los perdonó en Cristo.» (Efesios 4:32 NBLH)

El remedio contra el enojo que produce la ofensa y el agravio, es el perdón. Un corazón que ha desarrollado un espíritu perdonador se mantiene sano y libre de resentimientos, odios y amarguras. Perdonar evita que se acumule la basura emocional – tóxica – en nuestro corazón, en la forma de resentimiento, odio y amargura.

¿Te es difícil perdonar? ¿Guardas resentimiento en tu corazón? ¿Te cuesta pedir perdón? ¿Cómo manejas el orgullo cuando tienes que pedir perdón? Mucha gente habla del perdón e inclusive parece practicarlo en apariencia, pero en muchos casos tienen una definición muy simplista, retórica y alejada de la experiencia personal, que no trae sanidad ni bienestar a los involucrados. El perdón no es un concepto superficial, ni una simple práctica religiosa. Por el contrario, toca lo más hondo, íntimo y emocional del ser humano.

El perdón es una decisión personal

Una de las dificultades con que se tropieza nuestra disposición a perdonar, es entender que el perdón es una decisión. No esperes *«sentir»* aprecio o compasión por alguien para perdonar. Primero decides perdonar y luego las emociones se alinearán a las acciones que conllevan a la decisión de perdonar. El perdón implica una decisión espiritual y moral que refleja una postura conciliadora ante el ofensor. Es más que un mero sentimiento.

Para reflexionar: Negarse a perdonar es como tomarse un veneno y pretender que le haga daño a quien guardamos resentimiento.

Arnoldo Arana. Valencia, Venezuela.

Mis notas

SEMANA 5 - DÍA 4

LA IMPORTANCIA DE LA MEDITACIÓN EN LA VIDA DEL LÍDER

«Y había salido Isaac a meditar al campo, a la hora de la tarde; y alzando sus ojos miró, y he aquí los camellos que venían.»
GÉNESIS 24:63 RVR

Lectura:	El Nuevo Testamento en un año:
Génesis 24:63	Mateo 21:26-22:10

Meditar es un reto, especialmente considerando lo ajetreado de nuestro mundo actual. A continuación considere una interesante dimensión de lo que significa meditar: estar a solas voluntariamente. El autor Dallas Willard refiere al *«tiempo a solas y silencio»* como una disciplina espiritual que puede ayudarnos a cuidar el alma. Él comenta sobre la importancia de encontrar formas de estar solos y alejados de la conversación y el ruido. La inquietud que nos puede surgir es: ¿Para qué meditar? ¿Con qué propósito? El autor refiere a un tiempo en el que, aunque puede ser de gran incomodidad para muchos, *«descansamos, observamos, percibimos el aroma de las rosas, no hacemos nada.»* Con el propósito de recordar la gracia de Dios y alejarnos de la corrosión acumulada que pueda tener el alma. Es básicamente un *«sitio de silenciosa comunión»* en el que se puede experimentar la presencia de Dios de una manera especial, liberar a su dominio cualquier carga en nuestros hombros, y aumentar la devoción a Él al suspender temporalmente el servicio a Él. Tomar un tiempo de meditación diaria se asemeja a un tiempo de contemplación de Dios, sus atributos y sus maravillas; de manera que nuestro ser interior experimente regeneración, transformación o deleite; y en donde susurrar su palabra escrita y memorizada juega un papel trascendental.

Para reflexionar: El tiempo de meditación es un buen termómetro del estado del alma y de nuestra intimidad con Dios.

Jesús A. Sampedro Hidalgo. *Valencia, Venezuela.*

Mis notas

_____
_____
_____
_____
_____
_____

ORTOREXIA, EL MAL DE HOY

«No lo que entra en la boca contamina al hombre; mas lo que sale de la boca,
esto contamina al hombre»
MATEO 15:11 RVR

Lectura:	El Nuevo Testamento en un año:
Mateo 15:11	Mateo 22:11 - 22:40

Ortorexia. ¿Sabes qué es? En nuestro mundo moderno han aparecido diversos *«desórdenes alimentarios»*. Los más conocidos, la bulimia y la anorexia. El uno consiste en comer *«hasta atracarse»* y luego inducir el vómito, y el otro es dejar de comer (o caer en la bulimia) como resultado de tener una imagen distorsionada de sí mismo (verse gordo sin estarlo). Las victimas principales son nuestras jovencitas, aunque ya vemos varones y personas mayores llegando a padecerlas. La moda de «comer sano» se ha vuelto algo obsesivo. Ya no pensando en el bienestar del cuerpo, sino pensando en *«la figura atlética»* o *«la buena figura»*. Es decir, basados esencial-mente en la vanidad y no en el bienestar del cuerpo. Eso es la Ortorexia. La obsesión por la comida sana, que hace que se rechace la mayoría de los alimentos. Entre los judíos (especialmente los Fariseos) había una ley que obligaba a lavarse las manos antes de comer. Si bien este hábito no es malo, Jesús reprendió a los fariseos aclarándoles *«del corazón salen los malos pensamientos, los homicidios, los adulterios, la inmoralidad sexual, los robos, los falsos testimonios y las calumnias. Éstas son las cosas que con-taminan a la persona, y no el comer sin lavarse las manos.»* ¿Qué tanto te preocupas de lo que comes «sanamente» y que tanto te preocupas del alimento para tu espíritu?

Para reflexionar: Preocúpate de alimentar tu corazón con las cosas buenas que Dios te da.

Hebert Reyes. *Bogotá, Colombia.*

Mis notas

_____
_____
_____
_____
_____
_____
_____
_____

SEMANA 6 - DÍA 1

UN MISMO EVENTO, DIFERENTES SIGNIFICADOS

«Así que el pueblo no podía distinguir entre el clamor de los gritos de alegría
y el clamor del llanto del pueblo, porque el pueblo gritaba en voz alta, y se oía el
clamor desde lejos.»
ESDRAS 3:13 NBLH

Lectura:	El Nuevo Testamento en un año:
Esdras 3:11-13	Mateo 22:41-23:25

En el relato bíblico de Esdras 3:11-13 se muestra una interesante historia que describe la diversidad humana. En el relato se percibe que al poner los cimientos para reconstruir el templo en Jerusalén, unos lloraban y otros se alegraban, expresando así sentimientos diferentes. Aquellos que habían visto la casa primera construida por Salomón, al ver echar los cimientos de la nueva, lloraban a gran voz. La pregunta es ¿por qué lloraban? La añoranza y el recuerdo de la antigua gloria con la nueva quizás les llevaban a una inevitable comparación mental de ambas imágenes, lo cual les provocaba un sentimiento particular. Mientras que la nueva generación, la que no había visto aquella gloria pasada del templo, estaba llena de júbilo ante la nueva realidad de poder adorar a Dios libremente y de saber el grandioso futuro que estaba en sus manos. Un mismo evento, pero dos reacciones diferentes. Una nueva realidad vista desde los ojos de dos generaciones con experiencias distintas. No es extraño que personas vean algunos eventos de diferentes maneras. Ante esta realidad, es importante que el líder antes de asumir algo de forma generalizada realice un chequeo sobre cuál es la genuina perspectiva de la gente ante ciertos eventos (por muy obvio que pudiese parecer). Las preguntas a formular pudiesen ser: ¿Qué representa esto para ti? ¿Qué te produce en lo profundo este hecho o esta realidad que estás/estamos viviendo? De esa manera el líder comprenderá mejor a su gente, y podrá, si tiene la intención, ser más relevante a las necesidades de cada segmento de sus seguidores.

Para reflexionar: Para ser un líder más sensible, es mejor aclarar que asumir.

Jesús A. Sampedro Hidalgo. Valencia, Venezuela.

Mis notas

_____
_____
_____
_____

SEMANA 6 - DÍA 2

Cuida tu corazón

*«Porque cuál es su pensamiento en su corazón, tal es él. Come y bebe,
te dirá; Mas su corazón no está contigo.»*
PROVERBIOS 23:7 RVR

Lectura: Proverbios 23:7	El Nuevo Testamento en un año: Mateo 23:26-24:17

El poder de la vida del hombre reside en su interior. No en balde la Biblia nos exhorta a guardar nuestro corazón, *«Sobre toda cosa guardada, guarda tu corazón; porque de él mana la vida.»* (Proverbios 4:23 LBLA) En este contexto la palabra corazón no se refiere al músculo que bombea la sangre a través del cuerpo humano. Se refiere más bien al alma del hombre. En el pensamiento hebreo corazón y alma son, generalmente, la misma cosa. El corazón es el centro de la voluntad del ser humano, es el lugar donde se toman las decisiones, es la sede del intelecto y de las emociones. El corazón o el alma representa el yo mismo del hombre, su identidad, su vida propia, la conciencia de sí mismo. Necesitamos enfocarnos, entonces, en edificar la vida del alma, lo que conlleva un proceso que dura toda la vida, dando prioridad a lo interno sobre lo externo –de adentro hacia afuera. Edificar la vida interior requiere fijar el foco de atención en nuestras raíces y nuestra espiritualidad. El Dr. Ron Jenson lo expresa en forma elocuente: *«Nos urge efectuar un retorno a las raíces espirituales y a centrarnos en el carácter. Estas son las verdaderas bases para el auténtico poder personal. Lo que cuenta es quién es usted en lo más íntimo de su ser, en lo más profundo de su fe, en su fortaleza espiritual. Esa es la verdadera fuente de su auténtico poder personal».*

Para reflexionar: El corazón es el centro de la vida, cuando está emocionalmente sano, la vida fluye.

Arnoldo Arana. *Valencia, Venezuela.*

Mis notas

_____
_____
_____
_____
_____
_____
_____
_____

SEMANA 6 - DÍA 3

¿CARGASTE LA BATERÍA?

«Luego volvió a donde estaban los discípulos, y los encontró dormidos. Le dijo a Pedro:—¿Ni siquiera una hora pudieron ustedes mantenerse despiertos conmigo?»
MATEO 26:40 DHH

Lectura:	El Nuevo Testamento en un año:
Mateo 26:38, 40	Mateo 24:18-24:48

Juan tiene la costumbre de andar a las carreras por la vida, todo lo hace rápido y eso incluye cargar la batería de su celular pocos minutos antes de salir disparado a su trabajo. Luego, cuando la batería se descarga no tiene como cargarlo porque olvidó el cargador en casa. Este mal hábito, por pequeño que pueda resultar, da cuenta de algo mucho más complejo en la vida de Juan. Su vida espiritual también carece de la energía necesaria para soportar el día a día, pues cuando debe orar, leer la Biblia, congregarse o practicar otra disciplina espiritual, Juan simplemente lo deja para después o bien, sus oraciones son tan raquíticas que sencillamente *«no alcanzan a llenar su batería»*; por eso es que anda tan cansado, triste y enojado, porque su batería espiritual está en el mínimo. Juan no es capaz de pasar tiempo con Dios *«ni siquiera una hora»*.

No pretendas que la batería de tu celular cargue al máximo en 5 minutos cuando debiste hacerlo por horas..., asimismo es con la vida espiritual del cristiano.

Para reflexionar: Las oraciones y lecturas bíblicas exprés, el dejar a Dios a un lado, jamás contribuirá a cargar tu vida con la energía necesaria para rendir la jornada.

Gabriel Gil. Santiago, Chile.

Mis notas

_____
_____
_____
_____
_____
_____
_____
_____
_____
_____

SEMANA 6 - DÍA 4

VUELO DE ÁGUILA

«¿Acaso por mandato tuyo se remonta el águila,
y pone su nido en lo alto de las rocas?»
JOB 39:27 RVC

| Lectura: Job 39:1-30 | El Nuevo Testamento en un año: Mateo 24:49-25:27 |

Me encanta el águila devorando a la serpiente como símbolo de mi país. Creo que es una visión profética para México. Hasta ahora, la serpiente ha acechado a nuestra nación y a todo nuestro continente con: idolatría, religiosidad, ocultismo, delincuencia, violencia y pobreza. Aprender de las habilidades del águila nos capacitan para vencer a nuestro enemigo, pues, estas aves logran ver lo que otras no ven; se sabe que el águila puede localizar un pequeño pez de unos 7 cms. desde una altura de 8,000 metros. El águila también ve lo que tiene que ver; es tal su concentración que es capaz de atrapar hasta los más resbaladizos peces, además de levantar hasta el doble de su peso y llevarlo hasta su nido ¡a más de 3,000 metros de altura! *Ve lo que tiene vida*; el águila, a pesar de ser un ave de rapiña, no se alimenta de animales muertos, caza para comer. Ve desde donde tiene que ver; cuando el águila es molestada por algún ave asciende a tal altura que nadie la pueda perturbar. Si alguien te está molestando con las cosas bajas de este mundo es quizás una señal de que estás volando muy bajo. Eleva tu vuelo y quítate el problema y vuela como el águila, por encima de las tormentas. Las gallinas viven a nivel de tierra, los buitres lo hacen en árboles secos de baja altura, las águilas han hecho su hogar en las alturas

Para reflexionar: Tú, como las águilas, tienes un refugio seguro en las alturas.

Edgar Medina. Monterrey, México.

Mis notas

_____
_____
_____
_____
_____
_____
_____
_____
_____

SEMANA 6 - DÍA 5

ANTES DE DELEGAR: CHEQUEE PERFIL Y TRANSMITA EXPECTATIVAS

«Ahora, escúchame Yo te aconsejaré, y Dios estará contigo. Sé tú el representante del pueblo delante de Dios, y somete los asuntos a Dios.»
ÉXODO 18:19 NBLH

Lectura: Éxodo 18:17-23	El Nuevo Testamento en un año: Mateo 25:28 - 26:12

Una de las razones por la que los empleados no hacen lo que sus líderes esperan de ellos es que no comparten ni comprenden bien las expectativas. Muchos conflictos surgen en las organizaciones debido a que las expectativas no fueron plasmadas y/o comunicadas de forma específica, concreta e inspiradora. Es por eso importante asegurarse que los líderes primero instruyan y transmitan específicamente los estándares de ejecución. No es conveniente a final de año pedir cierto rendimiento a algún colaborador si durante el año no se le proveyó de claridad en cuanto a lineamientos, expectativas y bases para la retroalimentación. Además de proveer instrucción clara, también es importante asegurarse que la persona cumpla con el perfil base para otorgar dicha responsabilidad y privilegio. La Biblia describe en varias ocasiones el perfil de las personas a quienes se les quería delegar funciones que implicaban gran responsabilidad de liderazgo o proyectos relevantes. Como ejemplos, en 2 Timoteo 2:2 se habla que es importante que sean fieles, en Hechos 6:3 se enfatiza que sean llenos del Espíritu Santo y de sabiduría. El principio detrás de todo esto es el de no exigir o esperar nada de cualquier persona antes de haber constatado su condición a la luz del perfil requerido; y de haber instruido, empoderado e inspirado al respecto.

Para reflexionar: Delegar implica instruir previamente.

Jesús A. Sampedro Hidalgo. Valencia, Venezuela.

Mis notas

_____
_____
_____
_____
_____
_____
_____
_____

CRECIENDO INTEGRALMENTE

*«Y Jesús crecía en sabiduría y en estatura, y en gracia para con Dios
y los hombres.»*
LUCAS 2:52 RVR1960

Lectura: Lucas 2:51-52	El Nuevo Testamento en un año: Mateo 26:13-26:43

recía en *«sabiduría»*: crecimiento intelectual. Crecía en *«estatura»*: crecimiento físico. Crecía en «gracia para con Dios»: crecimiento espiritual. Crecía en *«gracia para con los hombres»*: crecimiento emocional y social. Jesús es un modelo de cómo crecer como persona. El crecía integralmente. Crecer sanamente exige equilibrio en la vida. Nuestro enfoque de la vida necesita ser un enfoque holístico, que abarque, como en el caso de Jesús, lo físico, lo emocional, lo intelectual y lo espiritual. Los seres humanos somos seres multidimensionales, por lo que sólo una visión integral nos permite vivir con equilibrio y crecer saludablemente. Negar o ignorar esta realidad nos conduce muchas veces al fracaso, a la infelicidad, a experimentar muchas frustraciones, al vacío existencial, al exceso de estrés y, en general, a la falta de propósito y de realización personal. Hay quienes son gigantes del desarrollo físico-verdaderos atletas, pero son unos enanos intelectuales y viceversa. Somos como una mesa de cuatro patas, cuando alguna de las patas no está firme, toda la mesa está fuera de balance. No se puede desatender una de estas áreas sin afectar el desarrollo de todas ellas. Asimismo, el desarrollo en alguna de estas áreas beneficia el desempeño en el resto. Lo físico afecta lo emocional y viceversa. Por eso decían los griegos: *«Mente sana en cuerpo sano»*. También dice la Biblia: «*El corazón alegre constituye buen remedio; mas el espíritu triste seca los huesos*» (Proverbios 17:22 RVR1995).

Para reflexionar: El verdadero crecimiento es integral.

Arnoldo Arana. *Valencia, Venezuela.*

Mis notas

_____

_____

_____

_____

_____

_____

_____

EL EMPODERAMIENTO DE SUSTITUTOS PARA EL LIDERAZGO INICIADO POR DIOS

«Y yo descenderé y hablaré allí contigo, y tomaré del espíritu que está en ti, y pondré en ellos; y llevarán contigo la carga del pueblo, y no la llevarás tú solo.»
NÚMEROS 11:17 LBLA

Lectura:	El Nuevo Testamento en un año:
Números 11:16-17	Mateo 26:44-26:73

Dios es quien inicia el liderazgo, nombra y otorga autoridad para que tome lugar. Es Él quien otorga poder y sostiene en pleno el ejercicio del liderazgo, y quien da la sabiduría para repartir el trabajo a realizar y hacer las transiciones de liderazgo que se requieran. Si un líder ha sido colocado por Dios para una tarea, y va fielmente en pos de eso, puede estar tranquilo de la provisión de Dios para lograr su cometido. Si en el trayecto las circunstancias oprimen y el líder percibe tener mucha carga, el líder puede comunicarse con Dios sobre la situación confiando que Dios enviará provisión para su socorro y en pro de su efectividad. Muchas veces la respuesta de Dios es apoyar sobrenaturalmente a través del empoderamiento de personas clave. En una ocasión (Números 11:16-17) el pueblo pidió algo, Moisés –el líder- le comentó a Dios la carga emocional que eso le generó, y Dios proveyó 70 ancianos para ayudarle a llevar la carga. En otra ocasión, Dios le permitió a Débora ver que necesitaba 10.000 hombres seleccionados, particularmente de las tribus de Neftalí y Zabulón para enfrentar al ejército de Jabín, Rey de Canaán, comandado por Sísara. Dirigidos por Barac, se levantó el número exacto de hombres necesarios para vencer en la batalla (Vea Jueces 4). Cuando Dios actúa en favor o en respaldo de un líder que Él mismo escogió y le provee el milagro divino del empoderamiento, el líder experimentará una transformación en su cosmovisión de tal manera que anhelará entregar/rendir/distribuir todo el poder (Números 11:29). ¿Estás listo para empoderar a otros?

Para reflexionar: Dios empodera, y nos da a conocer cuándo quiere empoderar ambién a otros.

Jesús A. Sampedro Hidalgo. Valencia, Venezuela.

Mis notas

_____
_____
_____
_____

SEMANA 7 - DÍA 3

SÉ DE LOS QUE ALIENTA, NO UN DERROTISTA

«y anduvo por el desierto un día de camino, y vino y se sentó bajo un arbusto (enebro); pidió morirse y dijo: "Basta ya, Señor, toma mi vida porque yo no soy mejor que mis padres."»
1 REYES 19:4 NBLH

Lectura: 1ª Reyes 19	El Nuevo Testamento en un año: Mateo 26:74-27:29

Vigila lo que te dices a ti mismo cuando nadie te escucha, no te pongas apodos descalificativos, no seas muy duro cuando experimentes un fracaso o en cada equivocación. Por ejemplo, es tan común llamarnos *«tonto»* cuando cometemos una impericia al volante, ¿verdad? Cuidado, si esto es una costumbre en ti vas por mal camino. Más bien exprésate palabras positivas y de ánimo, mírate al espejo y di: *«¡Eres una creación admirable!»*, ¿crees que esto es egocéntrico?, ¿ideología humanista?, ¿parte del guion de un orador motivacional? Mejor lee el Salmo 139:14 que dice: *«Te alabo porque estoy maravillado, porque es maravilloso lo que has hecho. ¡De ello estoy bien convencido!»* (DHH)

La lectura nos muestra que aunque Elías estaba en un estado deplorable producto de su depresión, y a pesar de que había abandonado el trabajo y hasta había deseado morirse, Dios no lo humilló, no le recriminó, no le hizo sentir culpable; al contrario, lo dejó descansar, reponer fuerzas, lo alimentó y lo amonestó a seguir adelante porque a fin de cuentas, tenía mucho trabajo aún. Aprende de Dios, Él no viene a ti una y otra vez a criticarte, al contrario, quiere que aprendas de tus errores, que te levantes y que camines hacia adelante en fortaleza, valor y confianza.

Para reflexionar: Sí, Dios anima a sus hijos y no provoca desánimo en ellos.

Gabriel Gil. Santiago, Chile.

Mis notas

_____
_____
_____
_____
_____
_____
_____
_____

SEMANA 7 - DÍA 4

AFILE LA SIERRA

«Si se embotare el hierro, y su filo no fuere amolado, hay que añadir entonces
más fuerza; pero la sabiduría es provechosa para dirigir.»
ECLESIASTÉS 10:10 RVR

Lectura:	El Nuevo Testamento en un año:
Eclesiastés 10:10	Mateo 27:30-27:60

A veces estamos tan ocupados trabajando, yo diría trabajando en automático, que no nos percatamos si estamos siendo efectivos en lo que estamos realizando. Pensamos que es una pérdida de tiempo detenernos para evaluar lo que está pasando. Trabajar afanosamente no garantiza que terminaremos más rápido el trabajo. Trabajar inteligentemente sí lo hará. Si va a cortar leña afile primero el hacha. En otras palabras, tómese el tiempo necesario para obtener el conocimiento, o desarrollar las habilidades que necesita para completar el trabajo. El hacha amellada puede ser síntoma de que en alguna de las áreas de su vida: física, mental, social-emocional y espiritual, usted necesita afilarse – renovar algunas habilidades, que se hagan algunos ajustes, se recarguen las baterías, se reevalúe la visión, etcétera. Aplicar más fuerza a un hacha embotada no compensará el beneficio de estar afilada. No malgaste su oportunidad, su energía y su tiempo, son recursos no renovables. Trabajar más duro no lo hará más productivo, trabajar correctamente sí lo hará. Podríamos comparar al obstinado leñador con el hierro embotado. Muchas veces nosotros nos comportamos como el hierro embotado. Hacer una pausa para afilar el hacha no es una pérdida de tiempo. Apartar tiempo para capacitarse, para reflexionar sobre su desempeño, para renovar las fuerzas, para recuperar la perspectiva y avivar la visión, puede rendir grandes beneficios.

Para reflexionar: Trabajar afanosamente no nos hace más productivos.

Arnoldo Arana. Valencia, Venezuela.

Mis notas

_____

_____

_____

_____

_____

_____

_____

SEMANA 7 - DÍA 5

ERRORES Y RESTAURACIÓN EN EL LIDERAZGO

«Por lo tanto, el Señor mandó una plaga sobre Israel, y como consecuencia murieron setenta mil personas.»
1 CRÓNICAS 21:14 NTV

Lectura: 1 Crónicas 21:14	El Nuevo Testamento en un año: Mateo 27:61-Marcos 1:5

En la película *El Príncipe Caspian* de la serie *«Las Crónicas de Narnia»* de C.S. Lewis, se captura una escena en la que el príncipe Peter logra salvarse de una batalla, pero vio de cerca cómo estaba dejando a muchos de sus aliados que iban a morir atrapados en el castillo como consecuencia de su egocéntrico e inescrupuloso sentido de dirección que ignoró el consejo de otros. Oficiales Chilenos tardaron apenas minutos en emitir una alerta de tsunami luego de experimentar un lamentable terremoto en 2010, y eso costó vidas en poblaciones costeras ya que un tsunami no tardó en llegar. Los líderes asumen riesgos diariamente que implican altos costos o altos beneficios. Cuando los líderes deciden y fallan, sus errores son más costosos que los de los demás. El rey David, afamado y apreciado por generaciones por su relación íntima con Dios y por sus hazañas, cometió grandes y costosos errores. En 1 Crónicas 21:14 (NTV) dice que *«Por lo tanto, el Señor mandó una plaga sobre Israel, y como consecuencia murieron setenta mil personas»*, y todo esto por un error de David. ¿Cuánta gente ha muerto o ha sufrido por causa de algún error o alguna mala decisión suya? Quizás ninguna, pero de seguro algunas implicaciones han tenido alguna mala decisión. Sin embargo, la buena noticia es que los líderes pueden ser restaurados. Jesucristo prometió darle paz y sentido de vida a quienes lo buscan genuinamente. Toda experiencia costosa y/o dolorosa en la vida de un líder puede canalizarse hacia convertirse en una fuerza transformadora para intentarlo de nuevo, con nueva perspectiva, humildad y fortaleza proveniente de Dios.

Para reflexionar: Aunque los líderes fallan, también los líderes pueden ser restaurados.

Jesús A. Sampedro Hidalgo. Valencia, Venezuela.

Mis notas

_____
_____
_____
_____

-45

SEMANA 8 - DÍA 1

LA VISIÓN

«Entonces el SEÑOR me respondió: "Escribe la visión y grábala en tablas,
Para que corra el que la lea.»
HABACUC 2:1-3 NBLH

Lectura:	El Nuevo Testamento en un año:
Habacuc 2:1-3	Marcos 1:6-1:36

Cuando somos capaces de mirar en el paso las acciones y razones que nos trajeron a ser lo que somos en el presente, lo llamamos diagnóstico. Cuando determinamos con base en el diagnóstico lo que queremos ser, dónde queremos estar, lo llamamos Visión. Hasta allí todo bien. Pero ¿cómo ir desde lo que somos hasta lo que queremos ser? Lo hacemos mediante un proyecto. En el proyecto determinamos como vamos a usar los recursos que tenemos para lograr hacer realidad la visión. Cumplir con la visión es nuestra misión. ¿Parece fácil no? En realidad establecer una visión, especialmente de vida es muchísimo más difícil. Saber qué quieres ser cuando viejo, qué clase de familia quieres tener, cual será tu relación con Dios, son asuntos relevantes que requieren trabajo. La vida es mucho más que tener una buena casa o un buen nivel de retiro. Trasciende a la muerte. Requiere contestar preguntas como: «de dónde vengo», «a dónde voy» y «para qué estoy en esta tierra». ¿Confías lo suficiente en Dios para creerle que la visión, si está de acuerdo con su voluntad, siempre se cumplirá? Si no, pídele su guía y pídele que te hable. Que te muestre su voluntad y su deseo para ti. Entonces... Escribe la visión.

Para reflexionar: Para aquellos que creen, todas las cosas le son para bien.

Hebert Reyes. *Bogotá, Colombia.*

Mis notas

_____

_____

_____

_____

_____

_____

_____

_____

SEMANA 8 - DÍA 2

BLINDAJE

«...mas si andamos en la luz, como El está en la luz, tenemos comunión los unos con los otros, y la sangre de Jesús su Hijo nos limpia de todo pecado.»
1 JUAN 1:7 LBLA

| Lectura:
1 Juan 1:5-10 | El Nuevo Testamento en un año:
Marcos 1:37-2:21 |

Mi país se duele por una creciente inseguridad y violencia, las sangrientas escenas en los noticieros al día de hoy no son de países a otro lado del mundo, sino del país donde mis hijos crecen. Una de esas notas daba muestra de un escalofriante atentado a una mujer, funcionaria pública, donde más de 300 impactos de bala cubrieron por completo el vehículo donde ella viajaba; lo increíble del caso fue que vivió para contarlo, lo cual se atribuyó al excelente blindaje con el que se revistió al auto meses antes del ataque. La vida de un líder, no está exenta, en ningún modo, de sufrir agresiones. Las puede haber tanto en el terreno físico como en el espiritual; especialmente las que el enemigo perpetra en contra nuestra. La Biblia misma le describe, a este ángel caído, como león rugiente, buscando a quién devorar. ¿Habrá algún blindaje capaz de librarnos de una muerte segura? Sí, lo hay; es la verdad. Hace poco comprendí que como líder cristiano no podía vivir a un nivel menor de transparencia que el que la Palabra de Dios refleja, decidí entonces confesar mis fallas, no sólo a Dios, sino a quienes había ofendido; el trago no fue fácil, pero, la seguridad que la verdad otorga ha blindado mi vida y la de mi familia.

Para reflexionar: La verdad es la antorcha que nos hace sentir protegidos.

Edgar Medina. Monterrey, México.

Mis notas

_____
_____
_____
_____
_____
_____
_____
_____
_____

-47

SEMANA 8 - DÍA 3

¡CUIDADO CON EL ESTRÉS!

«No se preocupen por nada. Que sus peticiones sean conocidas delante de Dios en toda oración y ruego, con acción de gracias»
FILIPENSES 4:6 RVC

Lectura:	El Nuevo Testamento en un año:
Filipenses 4:6-7	Marcos 2:22-3:24

La palabra griega para preocupación o afán es la palabra *merimnao* que significa estar ansioso, estar distraído, tener la mente dividida. Una persona que funciona de esa manera, le falta la capacidad para definir prioridades, en consecuencia se diluye entre muchos asuntos. El estrés es el resultado de vivir sin prioridades; de no saber equilibrar las prioridades. Esto genera agotamiento y desgaste. Dice el Dr. Hans Selve, *«el estrés es el desgaste de la vida diaria»*. Lo cierto es que el exceso de estrés nos hace improductivos; nos desfocaliza de nuestras metas, nos roba la energía. El estrés es como una impetuosa corriente de agua que produce un desagüe de los cimientos de nuestra vida: física, emocional, mental y espiritual. El estrés drena los cimientos de nuestra vida, quitándonos estabilidad y vigor. No estoy diciendo que no nos ocupemos de nuestras responsabilidades, sino que no nos preocupemos hasta el punto de afanarnos. Un viejo amigo me dio un consejo: ocúpese, no se preocupe. En otras palabras, convierta la preocupación en acción. La Biblia por el contrario nos insta a descansar en la paz de Dios, que nos capacita para sobreponernos a la ansiedad y afán que puedan generar las circunstancias difíciles y conflictos.

Para reflexionar: El mejor antídoto contra el estrés es la paz que viene de Dios.

Arnoldo Arana. Valencia, Venezuela.

Mis notas

_____

_____

_____

_____

_____

_____

_____

_____

_____

SEMANA 8 - DÍA 4

LA «REGLA DE 10» EN LA HISTORIA

«Además, escogerás de entre todo el pueblo hombres capaces, temerosos de Dios, hombres veraces que aborrezcan las ganancias deshonestas,y los pondrás sobre el pueblo como jefes de mil, de cien, de cincuenta y de diez.»
ÉXODO 18:21 LBLH

Lectura:	El Nuevo Testamento en un año:
Éxodo 18:13-27	Marcos 3:25-4:20

La mayoría de las grandes civilizaciones a través de la historia han reconocido la importancia de procesos supervisorios efectivos para el logro de grandes obras. Usaban muy comúnmente la *«Regla de 10»*, en la que una persona que velaba por el buen funcionamiento (Supervisaba) era asignado por cada diez personas que ejercían una tarea. A continuación se mencionan algunas referencias tomadas del libro *La Evolución del Pensamiento Gerencial* (1994), cuyo autor es Daniel Wren, sobre la aproximación al uso de esta regla en la historia:

- 1.750 A.C. Egipto: La evidencia muestra *«Ushabis»* (Siervos) y *«Viziers»* (Supervisores). Con una relación de 10 ushabis por cada vizier.

- 1.500-1.400 A.C. Hebreos: Moisés, gracias a la recomendación de su suegro Jetro, implementó un sistema de liderazgo basado en la *«Regla de 10»*.

- 1.295 A.C. Marco Polo mencionó como los de Manchuria y Mongolia usaban la Regla de 10.

- 1.532-1.200 A.C. Los Incas evidenciaron este sistema en su organización social.

- 600 A.C. China (Sun Tzu). Usado como componente importante del sistema militar para el orden y las reglas operativas.

Ante la contundente evidencia histórica de este radio de acción organizativa, y al menos intentando mantener cierto grado de cercanía al número diez, conviene evaluar: ¿Cuántas personas tenemos actualmente a nuestro cargo? ¿Cuán eficiente estamos siendo con el número de personas que estamos supervisando actualmente?

Para reflexionar: Enumere dos cosas que puede hacer para acercarse a la «Regla de 10» en su gestión de liderazgo.

Jesús A. Sampedro Hidalgo. *Valencia, Venezuela.*

SEMANA 8 - DÍA 5

DESPIERTA

«Por lo cual dice: Despiértate, tú que duermes, Y levántate de los muertos,
Y te alumbrará Cristo.»
EFESIOS 5:14 RVR1960

Lectura: Efesios 5:1-20	El Nuevo Testamento en un año: Marcos 4:21-5:10

Una madrugada, al trasladar una vitrina con la ayuda de algunos amigos, el vidrio de una repisa de deslizó, cayendo al suelo y rompiéndose en mil pedazos. El fuerte ruido que provocó, contrastó drásticamente con el silencio que hasta ese momento imperaba. Lo interesante del asunto fue que tras el siniestro mis sentidos se agudizaron a tal grado que pude decir más tarde: *«Creía que estaba despierto, ¡hasta que desperté!»* En mi vida espiritual ocurrió exactamente lo mismo, caminé un largo tramo, llevando las cargas del servicio y el ministerio, creyendo que estaba despierto hasta que colapsé. Creía ver todo con claridad, pero no era así. El apóstol Pablo se percató de que muchos creyentes no tenían el progreso debido en su andar cristiano, por una lamentable realidad: estaban dormidos (ver Efesios 5:14). Dios no escatima en sacrificar nuestra *«comodidad»* a fin de edificar nuestro carácter. Uno de los recursos de los que más echa mano el Creador es el dolor. Job fue un hombre que amaba y respetaba a Dios; sin embargo, tras pasar por el duro valle de dolor llegó a confesar: *«De oídas te había oído; mas ahora mis ojos te ven»* (Job 42:5 RVR). Otro despertador es la confrontación. David, a pesar de su cercanía y sensibilidad a Dios, cayó en el pozo profundo de la inmoralidad. En ese estado, tremendamente somnoliento, recibió la visita de Natán, profeta de su tiempo. Él le contó una historia de un hombre que había actuado con una injusticia e impunidad tal que encendió la ira del rey David, entonces el profeta aclaró: *«¡Tú eres ese hombre!»* (2 Samuel 12:7 NVI).

Para reflexionar: La vida en Cristo es un sueño que Dios diseñó para vivir despierto.

Edgar Medina. *Monterrey, México.*

Mis notas

_____
_____
_____
_____
_____
_____

CONVIÉRTASE EN CAZADOR DE OPORTUNIDADES

«Me volví y vi debajo del sol, que ni es de los ligeros la carrera, ni la guerra de los fuertes, ni aun de los sabios el pan, ni de los prudentes las riquezas, ni de los elocuentes el favor; sino que tiempo y ocasión acontecen a todos»
ECLESIASTÉS 9:11 RVR

Lectura: Eclesiastés 9:11	El Nuevo Testamento en un año: Marcos 5:11-5:40

Decía J. Ruiz de Alarcón: *«Tiempo, lugar y ventura muchos hay que lo han tenido; pero pocos han sabido gozar de la coyuntura».* A todos se nos presentan oportunidades en la vida, bien en el plano laboral, social, familiar, espiritual, etcétera; pero cuando las oportunidades se presentan hay que estar preparados para aprovecharlas. A la buena suerte hay que salirle al encuentro, y quien insiste en lograr algo, produce las circunstancias buscadas. Necesitamos crear las oportunidades. Como decía Francis Bacon: *«La ocasión hay que crearla; no esperar que llegue».* Lo importante es estar alerta, vigilante y dispuesto a aprovechar las oportunidades. Las oportunidades son aprovechadas por aquellos que están preparados, no por los que simplemente reaccionan ante los acontecimientos e improvisan en el momento. El autor de Proverbios (Salomón) dijo: *«Prepara tus labores fuera, y disponlas en tus campos, y después edificarás tu casa.»* (Proverbios 24:27 RVR1960) Si quieres cristalizar con éxito las oportunidades que la vida te ofrece, es preciso prepararte anticipadamente. Cuando la oportunidad llame a tu puerta, necesitas saber cómo reaccionar positivamente ante ella, necesitas estar listo para abordarla con efectividad. Es importante poder reconocer que estás ante una oportunidad. Si no estás mental, emocional, física y espiritualmente preparado, la oportunidad te agarrará desprevenido y pasará de largo.

Para reflexionar: Aprovechar las oportunidades demanda ser proactivos.

Arnoldo Arana. *Valencia, Venezuela.*

Mis notas

_____
_____
_____
_____
_____
_____

SEMANA 9 - DÍA 2

REFLEXIÓN VERBALIZADA REVITALIZANTE

«Meditaré en todas tus obras,
y hablaré de tus hechos»
SALMO 77:12 RVR

Lectura:	El Nuevo Testamento en un año:
Salmo 77:12	Marcos 5:41-6:28

El autor Marvin R. Wilson en su libro *«Nuestro Padre Abraham»* hace una serie de descripciones de las costumbres hebreas asociadas a la meditación que nutren el interés por esta notoria disciplina espiritual de suma utilidad para cualquier líder creyente. Por ejemplo, el autor comenta sobre costumbres hebreas que implicaban largos períodos de tiempo ininterrumpidos para la meditación. Esto básicamente acompañado con que los tiempos no eran guiados por relojes ni alarmas de fábricas, sino por el sol. La única pauta diaria era una pausa del trabajo cuando el sol se posaba en lo más alto. Además, al ponerse el sol, quedaban libres de trabajo. La misma Biblia nos lanza una invitación a meditar en la ley de Dios, tanto Josué 1:8 (Profetas) como el Salmo 1:2 (Salmos) sirven para corroborar esa perspectiva. La palabra usada para meditación es Hagah, y curiosamente significa *«emitir un sonido, murmurar, hablar en un tono bajo»*. Meditar entonces no era un acto silencioso; sino más bien un acto verbal expresado en palabras habladas. La implicación es que las palabras de la boca son un paralelo a la meditación del corazón (Salmo 19:14). En este sentido, la meditación es la verbalización externa de los pensamientos de uno ante Dios, con respecto a sus enseñanzas (la Biblia) y sus obras. Significa articular, en un tono bajo, pensamientos de adoración, asombro y alabanza. Esta forma de verbalización permite orar con un sentido superior de intensidad y *kavanah* (que es propósito), atención, dirección.

Para reflexionar: Ante tanto ajetreo profesional y empresarial ¿Inviertes tiempo en meditar en la palabra, los hechos y los atributos de Dios?

Jesús A. Sampedro Hidalgo. Valencia, Venezuela.

Mis notas

_____
_____
_____
_____
_____
_____
_____

SEMANA 9 - DÍA 3

INFORMES VERACES

«Y cuando llegaron al lugar llamado de la Calavera, le crucificaron allí,
y a los malhechores, uno a la derecha y otro a la izquierda»
LUCAS 23:33 RVR

Lectura: Lucas 23:33, 39-43	El Nuevo Testamento en un año: Marcos 6:29-7:3

E l contador decía: *«Pero no se preocupe. Todo el mundo lo hace. Así podemos dejar de pagar impuestos. Es cuestión de 'organizar' las cifras».* Para el hombre de negocios no solo existen las leyes de su país, sino también las leyes de Dios. Las leyes del país son sujetas a interpretación y a negociación frente al fisco. Las leyes de Dios no admiten equívocos. Cuando encontré estas leyes en la Palabra de Dios, decidí que quería *«la paz de Dios, que sobrepasa todo entendimiento»* y que *«cuidará sus corazones y sus pensamientos en Cristo Jesús»* (Filipenses 4:7). Aunque, según el contador, usted *«haya dejado de ganar mucho dinero»*, el comportamiento y la paz, han llegado a ser un mensaje fuerte y claro para él, y ahora él también quiere tener esa paz. Los informes falsos han arruinado vidas, empresas, personas, y aun países. Vemos día a día que según la conveniencia los informes distorsionan, ocultan, interpretan fraudulentamente e inclusive cambian la verdad. Cuando un dirigente empresarial *«abusa de la interpretación de una ley en su favor»* le está enviando un claro mensaje a sus colaboradores: *«Con tal de obtener más dinero, todo vale».* Así también actuarán con él sus colaboradores.

Para reflexionar: El mensaje no es lo que decimos. El mensaje es lo que somos.

Hebert Reyes. *Bogotá, Colombia.*

Mis notas

_____
_____
_____
_____
_____
_____
_____
_____
_____
_____

SEMANA 9 - DÍA 4

FUEGO AMIGO
(PEREZA, DESLEALTAD Y DESÁNIMO)

«El que trabaja su tierra tiene abundancia de pan; el imprudente se ocupa en cosas sin provecho.»
PROVERBIOS 12:11 DHH

Lectura: Proverbios 12:11	El Nuevo Testamento en un año: Marcos 7:4-7:34

El profeta Jeremías fue llamado por Dios a vencer a sus adversarios; no se trataba de naciones extrañas, o de los antiguos pobladores paganos de la tierra prometida, sino de los reyes, autoridades, sacerdotes y demás ciudadanos de su propio país. Los más fieros ataques que recibiría el profeta serían lo que hoy se llama *fuego amigo*. (Ver Jeremías 1:17-19). En la jerga militar se denomina fuego amigo a los disparos provenientes del propio bando. He descubierto que hay promesas que aún no se han hecho una realidad en mí porque neciamente he abrazado a verdaderos enemigos, los cuales no encontré en la nueva vida que Dios me ha dado, sino que los he arrastrado por años, tales como: La pereza, la deslealtad y el desánimo. El remedio que la Biblia ofrece para el combatir la pereza es abrazar la diligencia, en vez de la almohada. Dice la Escritura: *«El indolente ni aun asará lo que ha cazado; Pero haber precioso del hombre es la diligencia»* (Proverbios 12:27 RVR1960). La palabra diligencia proviene del latín diligere. Se forma combinando dis (separar) legere (elegir, escoger), y se refiere a escoger una tarea por encima de todas las demás. Evidentemente, la diligencia, es un asunto de elección personal. El perezoso no requiere saber qué es lo que debe hacer, sino tan sólo preferirlo sobre su comodidad, apatía, desinterés e irresponsabilidad.

Para reflexionar: ¿Has visto a la hormiga? Sigue siendo ejemplo hoy de diligencia, como en los tiempos de Salomón.

Edgar Medina. Monterrey, México.

Mis notas

_____
_____
_____
_____
_____
_____

SEMANA 9 - DÍA 5

Un corazón lleno de amor

*«Si pudiera hablar todos los idiomas del mundo y de los ángeles pero no amara
a los demás, yo solo sería un metal ruidoso o un cimbalo que resuena.»*
1 Corintios 13:1 NTV

Lectura: 1 Corintios 13:1	El Nuevo Testamento en un año: Marcos 7:35-8:27

Sin amor estamos en bancarrota, no importa la fe que alberguemos, los dones y talentos que poseamos, ni las obras de servicio que realicemos; ni las habilidades, inteligencia y educación que tengamos. *«Si no tengo amor, nada soy»*. El amor es lo que le da valor a todo lo que somos y hacemos.

Un corazón sin amor es un corazón enfermo y estéril. Pero un corazón lleno de amor es un corazón sano. Un corazón lleno de amor es un corazón que sabe perdonar; que practica la tolerancia y la empatía, que se mueve a la compasión, que pone la fe por obra. Urge, entonces, entrar por la senda del amor. Esa senda es Dios.

El amor trae sanidad al corazón del hombre

El amor crea un ambiente psicológico y espiritual sano en el corazón del hombre. El amor sana nuestras emociones tóxicas y dañinas. El amor nos ayuda, por ejemplo, a vencer el temor paralizante. En 1 Juan 4:18 la Biblia dice: *«El amor perfecto echa fuera el temor...»* (NVI). El amor también es el mejor antídoto contra el enojo crónico y el odio. Por eso Jesús nos exhorta a amar a los que nos causan dolor y nos agravian, como la vía para lidiar con el resentimiento y el odio (Mateo 5:43-45).

Para reflexionar: El amor es la cura contra las faltas y el resentimiento.

Arnoldo Arana. *Valencia, Venezuela.*

Mis notas

_____

_____

_____

_____

_____

_____

_____

SEMANA 10 - DÍA 1

HIJOS CULMINANDO PROYECTOS INCOMPLETOS DE PADRES

«Y tomó Taré a Abram su hijo, y a Lot hijo de Harán, hijo de su hijo, y a Sarai su nuera, mujer de Abram su hijo, y salió con ellos de Ur de los caldeos, para ir a la tierra de Canaán; y vinieron hasta Harán, y se quedaron allí»
GÉNESIS 11:31 RVR

Lectura: Génesis 11:31; 12:8	El Nuevo Testamento en un año: Marcos 8:28-9:20

Muchos padres le dicen a sus hijos que están yendo en una dirección en la vida, pero no llegan. Algunos se dan por vencidos, otros prefieren quedarse en el camino, otros sencillamente conocieron que no les correspondía a ellos culminar cierta tarea, y a otros les afectan circunstancias fortuitas que les hacen estacionarse. ¿Cómo se siente un hijo que ve eso de su padre? La historia de Taré y de su hijo Abram da buen ánimo para sistemas familiares en pos de propósitos Divinos. Taré salió con su familia de un lugar llamado Ur, en dirección a la tierra de Canaán (v.31), pero más bien se estacionó, vivió y murió en un lugar remoto intermedio llamado Harán. Nunca llegó a Canaán. Sin embargo, luego Dios dijo a Abram que saliera en un viaje, cuyo destino final terminó siendo la tierra de Canaán, el objetivo nunca alcanzado por su padre Taré. Aunque la Biblia no narra detalles de los pensamientos y sentimientos de Abram, no es muy complicado imaginarse que obedecer la voz de Dios le implicó *«entregar»* los mapas mentales heredados de su padre y prefirió rendirse a la buena guía de Dios. Afortunadamente, y lo que parece una aparente coincidencia, Abram cumplió el trayecto originalmente planteado por su padre. Quizás la diferencia implicó que Taré salió por iniciativa propia, Abram por mandato de Dios. Cuando entregamos, rendimos y nos deshacemos de nuestros planes personales y familiares en obediencia a Dios, Él, muchas veces termina cumpliendo su plan en sinergia con los deseos de nuestro corazón.

Para reflexionar: ¿Ha dejado algún «proyecto de vida» personal o familiar por la mitad? Vaya y llévelo a cabo.

Jesús A. Sampedro Hidalgo. *Valencia, Venezuela.*

Mis notas

_____

_____

_____

SEMANA 10 - DÍA 2

APRENDIENDO A VIVIR SIN AFÁN

«Por eso les digo, no se preocupen por su vida, qué comerán o qué beberán; ni por su cuerpo, qué vestirán. ¿No es la vida más que el alimento y el cuerpo más que la ropa?»
MATEO 6:25 NBLH

Lectura: Mateo 6:25	El Nuevo Testamento en un año: Marcos 9:21-10:1

Usted ¿Vive en desasosiego y tensión? ¿Tiene problemas para concentrarse? ¿Se siente con frecuencia intranquilo e irritable? ¿Con frecuencia experimenta estados de ansiedad? Si la respuesta a estas preguntas es sí, usted necesita aprender a descansar en Dios. La palabra *preocupen* (6:25) viene de la palabra griega *merinnao (demerizo)*, que significa dividir en partes. Según Strong, esta palabra connota distracción, una preocupación por cosas que producen ansiedad, tensión y presión. Esta palabra bien describe a una persona que tiene la mente dividida. Significa ser atraído o estirado en diferentes direcciones. La preocupación le quita a nuestra mente su capacidad de concentración y enfoque, lo cual nos hace inefectivos. El preocuparse excesivamente y afanarse no va a arreglar sus problemas, ni va a resolver o suplir sus necesidades. Por el contrario, los va a agravar, en el sentido de que le va a anular / neutralizar en su capacidad de resolverlos. Por el contrario, la Biblia nos exhorta a descansar en Dios y evitar el afán. *«Por nada estén afanosos; antes bien, en todo, mediante oración y súplica con acción de gracias, sean dadas a conocer sus peticiones delante de Dios. Y la paz de Dios, que sobrepasa todo entendimiento, guardará sus corazones y sus mentes en Cristo Jesús.»* (Filipenses 4:6-7 NBLH)

Para reflexionar: El afán desenfoca la vida y la hace improductiva.

Arnoldo Arana. Valencia, Venezuela.

Mis notas

_____

_____

_____

_____

_____

_____

_____

SABIDURÍA EN TRANSICIONES DE LIDERAZGO

«Sin embargo, Roboam rechazó el consejo de los ancianos y pidió, en cambio, la opinión de los jóvenes que se habían criado con él y que ahora eran sus consejeros.»
REYES 12:8 NTV

Lectura: 1 Reyes 12:1-24	El Nuevo Testamento en un año: Marcos 10:2-10:32

El sentido común, la tendencia natural y lo normal de un líder en momentos de crisis o transición es consultar a la gente con quien ha tenido algún tipo de amistad, confianza o afinidad. Lo extraño sería buscar a personas desconocidas, de diferente generación o con quienes no haya ni una pizca de conexión. El joven Roboam, hijo y sustituto del Rey Salomón, al asumir su cargo de Rey procedió inmediatamente a consultar a los jóvenes que habían crecido con él, desechando automáticamente así el consejo de los sabios ancianos que habían aconsejado a su predecesor. Los jóvenes representaban la innovación y el cambio, mientras que los ancianos representaban la tradición y la estabilidad. Además, esta historia nos recuerda una realidad, cuando muchos gobernantes o líderes organizacionales llegan al poder, no piensan de manera natural en procurar capitalizar sobre lo que encuentran, sino más bien, muchas veces se enfocan en querer estampar su propio sello de autoría desde el principio de su gestión para diferenciar «lo que fue antes» de *«lo que será»* a partir de su gestión. Lo ideal es obtener sabiduría de lo alto para hacer lo que amerite el momento, lamentablemente no hay una receta única en cuanto a esto; sin embargo, algunas premisas pueden ayudar: 1) Esté abierto a varias perspectivas, no solo a las de sus cercanos. 2) Busque bien, de seguro que algo bueno hay en lo qué capitalizar de la gestión anterior. 3) Busque un punto de convergencia entre tradición e innovación, si lo hay. 4) Procure una transición progresiva y progresista, no intempestiva. 5) Considere a todos como seres humanos con dignidad. 6) Incorpore y consulte a Dios, especialmente para administrar sabiamente las premisas anteriores.

Para reflexionar: En toda transición hay tensión, busque en Dios sabiduría y sea sensible.

Jesús A. Sampedro Hidalgo. *Valencia, Venezuela.*

Mis notas

_____

_____

SEMANA 10 - DÍA 4

ACTÚE CON PERSEVERANCIA

«Pero tú sigue firme en lo que has aprendido, de lo que estás convencido.
Ya sabes de quiénes lo aprendiste.»
2 TIMOTEO 3:14 NBV

Lectura:	El Nuevo Testamento en un año:
2 Timoteo 3:14	Marcos 10:33-11:10

La perseverancia es la madre de todos los logros. Calvin Coolidge dijo: *«Nada en el mundo puede reemplazar la persistencia. No lo hará el talento; nada es más común que hombres de gran talento fracasados. No lo hará el genio; es casi proverbial un genio que no recibe recompensa. No lo hará la instrucción; el mundo está lleno de personas instruidas que andan a la deriva. Solo la persistencia y la decisión son omnipotentes».* La cultura contemporánea nos ha acostumbrado a las recetas instantáneas: comidas instantáneas, fotos instantáneas, píldoras de acción instantánea para aliviar las enfermedades, etcétera. Pero la excelencia, como el buen vino, requiere de maduración y no acepta atajos ni simplificaciones. Es el persistir en alcanzar una meta, o el insistir continuamente en desarrollar una habilidad, o el trabajar con perseverancia para conseguir un propósito, lo que nos hace diestros y corona nuestros esfuerzos, independientemente del talento que se posea. John Maxwell dice: *«La persistencia es necesaria para transformarnos en realizadores».* Pero no basta con persistir con la actitud de un estoico. Un acompañante necesario de la perseverancia es la consistencia. La perseverancia nos mantiene en la ruta, pero es la consistencia la que nos enfoca y logra los resultados de excelencia. Un corredor no gana un maratón, por el simple hecho de *«mantenerse en carrera»*; necesita mantener un ritmo y una velocidad constante.

Para reflexionar: Sólo el esfuerzo realizado con perseverancia garantiza el éxito y la excelencia.

Arnoldo Arana. *Valencia, Venezuela.*

Mis notas

_____
_____
_____
_____
_____
_____
_____

SEMANA 10 - DÍA 5

¿Y LOS DESLEALES?

«Este pueblo malvado, que rehúsa escuchar mis palabras, que anda en la terquedad de su corazón y se ha ido tras otros dioses a servirles y a postrarse ante ellos, ha de ser como este cinturón que no sirve para nada.»
JEREMÍAS 13:10 LBLA

Lectura:	El Nuevo Testamento en un año:
Jeremías 13:1-10	Marcos 11:11-12:8

El profeta Jeremías tuvo una duda: ¿Por qué parece que le va muy bien a quienes han sido desleales? ¿Por qué parece que tienen éxito los perversos? ¿Por qué las consecuencias de sus actos no los aplastan? Jeremías hizo algo bueno al respecto, decidió no quedarse con la duda. Consultó a Dios y él le respondió (ver Jeremías 12:1-2). La respuesta del Creador fue algo así como: *«Todo lo que consigan no servirá para nada»* (ver Jeremías 13:10). Es decir, finalmente, la deslealtad cobra un precio imposible de pagar en quienes no se retractan y dan la espalda a su pésima decisión. Los desleales caminan con un espíritu independiente, con expectativas insatisfechas, descontentos, criticando y desafiando a la autoridad.

Pudiéramos preguntarnos entonces: ¿por qué somos afligidos cuando servimos a Dios y a sus propósitos? Dios recordó a su pueblo la fidelidad que le rindieron, a pesar de las dificultades: *«...Me he acordado de ti, de la fidelidad de tu juventud, del amor de tu desposorio, cuando andabas en pos de mí en el desierto, en tierra no sembrada»* (Jeremías 2:12 RVR1960). Ese rasgo en el carácter Dios lo desea encontrar en nosotros también. Ser leales implica más que simplemente obedecer a Dios, es hacer nuestros sus propósitos y seguir unidos a él, a pesar de las dificultades.

Para reflexionar: Reconstruir la confianza es una tarea imposible, si no va la lealtad a la cabeza.

Edgar Medina. *Monterrey, México.*

Mis notas

_____

_____

_____

_____

_____

DESVIRTUANDO MITOS DE LOS NEGOCIOS

«El SEÑOR cumplirá Su propósito en mí; eterna, oh SEÑOR,
es tu misericordia; no abandones las obras de tus manos.»
SALMO 138:8 NBLH

Lectura: Salmo 138:8	El Nuevo Testamento en un año: Marcos 12:9-12:39

En la investigación realizada por la Universidad de Stanford, a las empresas más extraordinarias, es decir, más que prósperas y más que duraderas, se encontró que tuvieron una rentabilidad comparativo 15 veces mayor a las empresas promedio estudiadas de las *Fortune 500*, y además se desvirtuaron 12 mitos de los negocios. Veamos el primero:

Mito 1: Las compañías más exitosas existen para maximizar utilidades.

Aprendizaje: El Propósito es más importante que las utilidades.

Esta investigación mostró, que al contrario de lo que enseñan las escuelas de negocios, maximizar las utilidades no es la fuerza impulsora dominante de las empresas visionarias, buscan utilidades sí, pero lo que les guía son sus valores básicos y su sentido de propósito y el cumplimiento de su misión más allá de solo ganar dinero, pero paradójicamente ganan más que las que solo les anima el lucro. Sam Walton, Fundador de Wal-Mart dijo: *«Yo me he concentrado siempre en crear la mejor compañía minorista posible y punto. Crear una inmensa fortuna personal no fue nunca una meta particular mía.»* Para hacer de una empresa extraordinaria, es fundamental tener una clara definición de propósito, algo trascendente, de legado, que sea más importante que las utilidades y los propios socios, el valor agregado o contribución que la misma dejará a la sociedad, el por qué hace lo que hace, su razón de ser, por qué existe, cuál es su propósito superior. Al igual que la empresa, encontrar el propósito para nuestras vidas es sin duda la misión más importante que podemos emprender. Nunca es tarde para hacerlo. Es interesante ver cómo Dios mismo creó cada cosa con propósito, no hay nada en la naturaleza que no tenga un por qué, incluso el ser humano, tiene un propósito, ser su imagen y semejanza en cuanto a su carácter, por esto cultivar el carácter de Dios en nuestra vida es nuestro más grande propósito.

Para reflexionar: El propósito siempre es más grande que las metas, actualmente ¿Cuál es el propósito más grande de tu vida y tu empresa?

Julio Cesar Acuña, Quito, Ecuador.

Nuestra ayuda adecuada

«Después, el Señor Dios dijo: "No es bueno que el hombre esté solo.
Haré una ayuda ideal para él"»
GÉNESIS 2:18 NTV

Lectura: Génesis 2:18-25	El Nuevo Testamento en un año: Marcos 12:40-13:25

Te pregunto ¿Dónde buscarías a un buen asistente para tu trabajo? Posiblemente colocarías un aviso en el periódico, o llamarías a una agencia de búsqueda. Pedirías una *«ayuda adecuada a tu necesidad»*. Pero, ¿Cuándo estás en dificultades personales? ¿Cuándo se trata de tu hogar, de tu matrimonio o de tus hijos? Lamento decirte que no existe una agencia o un aviso en el periódico donde puedas buscar tal ayuda. Acudimos al psicólogo, al psiquiatra o al *Coach*. ¿Sabes con quién te enviaría Dios si le pidieras una *«ayuda adecuada»* para apoyarte en tus problemas de hogar? ¡Acertaste! Te enviaría con la ayuda que ya te dio. ¡Te enviaría con tu esposa! En nuestra soberbia y miopía, miramos con desdén y desconfianza a aquella mujer con quien nos comprometimos a apoyarnos en el éxito y en la adversidad. Confiamos más en un desconocido que en nuestra *«ayuda adecuada»*, provista por Dios. Puedes estar seguro que con una cercana relación con tu esposa y con una adecuada relación de los dos con Dios, encontrarán toda la fortaleza y sabiduría que se necesita para enfrentar con éxito todas las áreas de la vida.

Para reflexionar: El cordón de tres hilos, Dios, esposo y esposa, no se rompe fácilmente.

Hebert Reyes. *Bogotá, Colombia.*

Mis notas

_____
_____
_____
_____
_____
_____
_____
_____
_____
_____
_____

SEMANA 11 - DÍA 3

SEGUIDORES CONFIABLES

«Sin embargo, la orden del rey se impuso a Joab y a los jefes del ejército, y por lo tanto Joab y los jefes del ejército se retiraron de la presencia del rey para hacer el censo del pueblo de Israel.»

2 SAMUEL 24:4 DHH

Lectura:	El Nuevo Testamento en un año:
2 Samuel 24:3-4	Marcos 13:26-14:19

Te pregunto ¿A qué extremo te llevaría serle fiel a tu líder? ¿Crees en la disposición incondicional al liderazgo? En la Biblia hay varios ejemplos de seguidores fieles mostrando lealtad a su líder, inclusive hasta extremos sacrificiales que pudiesen ser incómodos para muchos. En 1 Crónicas 10:5 (RVR1960) dice que, *«Cuando su escudero vio a Saúl muerto, él también se echó sobre su espada y se mató.»* Otra historia encontrada en 2 Samuel 24:3-4 relata sobre Joab, jefe del ejército del Rey David, quien estando en desacuerdo con una orden real de hacer un censo poblacional; aun así, la llevó a cabo. Joab pudo haber no obedecido a la orden del rey argumentando incoherencia o cualquier otra razón; sin embargo, él comprendió que las consecuencias de llevarlo a cabo serian para el rey David, no para él mismo. Joab intentó persuadir al rey de no hacerlo, pero ante la insistencia del rey, llevó a cabo la encomienda entregada. ¡Qué gran lección! ¿Cuántas veces nos encontramos en desacuerdo con órdenes de algún superior? (aun teniendo nosotros buenas y sensatas razones). Los líderes se equivocan, pero sus errores no tienen por qué ser razones para la rebeldía de los seguidores. Si los seguidores tuviesen que comprender cada instrucción de sus líderes, quizás entonces afectaría su efectividad y serían percibidos como seguidores cuestionadores, argumentativos, en pocas palabras no confiables. El secreto es la intención y manifestación de lealtad al líder, eso es lo que Dios ve. Un seguidor es considerado fiel por su capacidad de llevar a cabo instrucciones, no de comprenderlas. Dios es quien se encarga de tratar con el líder en sus decisiones.

Para reflexionar: La fidelidad del seguidor es a la autoridad puesta por Dios, no al líder humano e imperfecto que quizás veamos.

Jesús A. Sampedro Hidalgo. *Valencia, Venezuela.*

Mis notas

_____

_____

_____

SEMANA 11 - DÍA 4

TRES LUGARES

«Le dijo Jesús: Yo soy la resurrección y la vida; el que cree en mí, aunque esté muerto, vivirá. Y todo aquel que vive y cree en mí, no morirá eternamente. ¿Crees esto?.»
JUAN 11:17 RVR1960

Lectura: Juan 11:17-27	El Nuevo Testamento en un año: Marcos 14:20-14:50

Crecí escuchando la frase: *«Los viajes ilustran»*, quizá esa sea la razón por la que me gusta tanto viajar. Sin embargo, la persona que más ha influenciado mi vida sólo viajó fuera de su país en una ocasión; me refiero a Jesús. Tres ciudades muy significativas en la vida de Jesús son: Belén, la que le vio nacer; Nazaret, la que le vio crecer; y Jerusalén, la que le vio morir y resucitar. Creo que muchos guardan una curiosa similitud con Belén, saben tanto de Jesús como alguien que nació, pero no están familiarizados ni con su vida ni con su obra; no lo conocen en verdad. Otros tienen un corazón como Nazaret, la ciudad donde Jesús creció en sabiduría y en estatura. Ahí la gente lo conocía pero no lo seguía; le escuchaban, pero no le creían; formaba parte de sus vidas, pero no era su vida. Finalmente, otros tienen el corazón como Jerusalén, pues esta ciudad guarda un testimonio que nadie, a lo largo de toda la historia, ha logrado rebatir: la tumba de Jesús está vacía. Esa tumba distingue a Jesús de cualquier otro personaje de la historia; pues, nadie ha logrado vencer el enemigo infalible: la muerte; sólo Jesús. Jesús llamó hombres y mujeres a seguirle; llamó a sus seguidores discípulos, y a sus discípulos: testigos, pues cada uno sería el fiel testimonio de una vida transformada por el poder de la resurrección.

Para reflexionar: Eres tú, el más cercano testimonio de la resurrección de Jesús para muchos.

Edgar Medina. Monterrey, México.

Mis notas

SEMANA 11 - DÍA 5

EL INSTINTO POR LO ETERNO

«Él, en el momento preciso, todo lo hizo hermoso; puso además en la mente humana la idea de lo infinito, aun cuando el hombre no alcanza a comprender en toda su amplitud lo que Dios ha hecho y lo que hará»
ECLESIASTÉS 3:11 DHH

Lectura:	El Nuevo Testamento en un año:
Eclesiastés 3:11	Marcos 14:51-15:9

La Biblia dice que Dios ha puesto eternidad en el corazón del hombre. Ese principio de eternidad – hambre por la inmortalidad, mantiene al hombre con un instinto de búsqueda por lo trascendente. Por eso el ardiente deseo por lo espiritual nunca podrá morir en el corazón del hombre. Sin Dios la vida para el hombre carece de sentido. San Agustín decía: *«¡Oh Dios!, tú nos creaste para que te adoremos, y nuestra alma no descansa, hasta que no reposa en ti»*. El hombre fue creado para los propósitos de Dios, más el hombre persiste en vivir para sus propios sueños y propósitos, sin considerar a Dios. Pero como dice Rick Warren: *«Enfocarnos en nosotros mismos nunca podrá revelarnos el propósito de nuestra vida. Dios es tu punto de partida, tu creador. Existes tan sólo porque él desea que existas. Fuiste creado por Dios y para Dios, y hasta que lo entiendas, tu vida no tendrá ningún sentido. Sólo en él encontramos nuestro origen, nuestra identidad, nuestro sentido, nuestro propósito, nuestro significado y nuestro destino. Cualquier otra ruta termina en un callejón sin salida»*. Bertrand Russell lo dijo de la siguiente manera: *«A menos que se dé por hecho la existencia de Dios, la búsqueda del propósito de vivir no tiene sentido»*.

Para reflexionar: La trascendencia es una necesidad inherente al ser humano, y sólo Dios la satisface plenamente.

Arnoldo Arana. *Valencia, Venezuela.*

Mis notas

SEMANA 12 - DÍA 1

LÍDERES MANSOS, NO MENSOS

«Bienaventurados los mansos, porque ellos recibirán la tierra por heredad»
MATEO 5:5 RVR1960

Lectura: Mateo 5:5	El Nuevo Testamento en un año: Marcos 15:10-15:39

La Biblia es hermosamente descriptiva sobre cómo Dios transforma a hombres impetuosos en hombres mansos. No los induce a ser mensos, sino que anhela que lleguen a ser mansos. Les conduce el carácter a una posición de efectiva mansedumbre. En el famoso Sermón del Monte, Jesús refirió: *«Bienaventurados los mansos, porque ellos recibirán la tierra por heredad»* (Mateo 5:5). Ser manso significa tener poder bajo control. Implica estabilidad emocional y balance. No sobre-emocionarse con los triunfos, ni desesperarse con los fracasos. Hay varios ejemplos en la Biblia. Un ejemplo fue Moisés, quien a pesar de haber matado a un egipcio en un arranque de impulsividad, años más tarde llegó a conducir al inmenso pueblo de Dios por el desierto hacia la tierra prometida. Sin embargo, eso ocurrió solo después de Moisés haber pasado por 40 años siendo procesado por Dios en condiciones desérticas peculiares hasta que llegó a ser descrito así: *«Y aquel varón Moisés era muy manso, más que todos los hombres que había sobre la tierra»* (Números 12:3 RVR1960). Otro ejemplo fue Jacob. Quien trató a su propio hermano y a su tío con viveza o astucia; sin embargo, Dios terminó cambiándole el nombre por «Israel» luego de tratar con su carácter en varias oportunidades. El astuto fue capturado en su astucia, Jacob fue un «cazador cazado». Otro gran ejemplo fue Abraham. En una ocasión arriesgó la integridad física y moral de su esposa ante un Rey foráneo por miedo a ser descubierto como impostor. A este también Dios le transformó, cambiándole la cobardía por un combo de confianza y seguridad al actuar.

Para reflexionar: Es mejor ser amansado, que ser amañado.

Jesús A. Sampedro Hidalgo. *Valencia, Venezuela.*

Mis notas

_____
_____
_____
_____
_____
_____

SEMANA 12 - DÍA 2

NIÑOS DE HOY, DIRIGENTES DE MAÑANA

«La humildad y el respeto hacia el Señor llevan al hombre a la riqueza,
a la honra y a una larga vida»
PROVERBIOS 22:4 NBV

Lectura: Proverbios 22:4-6	El Nuevo Testamento en un año: Marcos 15:40-Lucas 1:3

Y tú ¿te has tomado el tiempo para observar un grupo de niños o un grupo de muchachos, en su ambiente *«natural»*, especialmente cuando creen que nadie les observa? Piensa que hace solo algunos años tú mismo eras un chiquillo jugando con tus amigos. Solo unos años pasarán hasta que esos muchachos que miras hoy lleguen a ser los dirigentes de esta sociedad. Serán los ejecutivos y empresarios que te reemplazarán. Se encargarán de elegir presidentes y gobernantes. Serán quienes decidan sobre tu sistema de retiro. Establecerán los cambios de las leyes que gobernarán tus nietos. Serán quienes criarán a tus nietos, bisnietos… en fin. Hoy mismo existe una falta de asumir compromisos de nuestros ejecutivos(as). Los padres que creen que la responsabilidad de la educación es del colegio, la responsabilidad de la formación en fe es de la iglesia y que la responsabilidad de la creación de buenos esquemas sociales es del gobierno; no se dan cuenta que lo que pase con sus hijos en cuanto a la educación, la fe y lo ciudadano, hoy ¡es responsabilidad de ellos, de los padres! Por esto si quieres asegurarte del futuro de tus hijos y nietos hazle caso a la palabra de Dios. Instruye al niño en el camino correcto. Háblale de la dignidad con que Dios creó al hombre. Háblale de la razón de por qué hoy hay tanta maldad, que fue la caída del hombre y su depravación. Háblale de la reconciliación que Dios plantea a través de su hijo amado Jesucristo. Háblale de la redención que nos otorga la gracia de poder ser perdonados y hechos de nuevo hijos de Dios. ¿Crees que algún sistema educativo o gubernamental, o incluso eclesial lo hará por ti?

Para reflexionar: Educad al niño y no tendréis que castigar al hombre.

Hebert Reyes. Bogotá, Colombia.

Mis notas

_____

_____

_____

_____

_____

SEMANA 12 - DÍA 3

CASO: UN LÍDER QUE LAVA LOS PIES A SUS SEGUIDORES

«Después de lavarles los pies, se puso otra vez el manto, se sentó y preguntó: ¿Entienden lo que acabo de hacer?»
JUAN 13:12 NTV

Lectura:	El Nuevo Testamento en un año:
Juan 13:12-17	Lucas 1:4-1:34

Sinceramente ¿cuántas veces ha visto usted a un líder lavándole los pies a sus seguidores? Quizás no muchas. En una oportunidad Jesucristo tomó la iniciativa de limpiarles los pies a sus discípulos o seguidores. En la última y gran cena que El vivenció con ellos antes de su partida, él tomó la iniciativa de hacer algo que culturalmente para esa época (y quizás para esta también) podía ser considerado un tanto denigrante. Jesús se ofreció para el trabajo, iniciando así un liderazgo de servicio ante un acto que quizás nadie más haría. Él tomó el riesgo y emprendió el servicio. Según refiere EQUIP, él *«no esperó un "rally para lavar los pies" para comenzar»*. Su acción trascendente no solo honró la humanidad de los presentes a través del servicio práctico y real; sino que también fue una oportunidad para inspirarles a hacer lo mismo ya que les retó refiriéndoles: *«Después de lavarles los pies, se puso otra vez el manto, se sentó y preguntó: —¿Entienden lo que acabo de hacer? 13 Ustedes me llaman "Maestro" y "Señor" y tienen razón, porque es lo que soy. 14 Y, dado que yo, su Señor y Maestro, les he lavado los pies, ustedes deben lavarse los pies unos a otros. 15 Les di mi ejemplo para que lo sigan. Hagan lo mismo que yo he hecho con ustedes.»*(Juan 13:12-15 NTV) Quién lo pensaría, una toalla se convirtió en una poderosa herramienta de influencia.

Para reflexionar: Servir es sinónimo de liderar.

Jesús A. Sampedro Hidalgo. *Valencia, Venezuela.*

Mis notas

_____
_____
_____
_____
_____
_____
_____
_____

SEMANA 12 - DÍA 4

UN CORAZÓN QUE ANDA EN RECTITUD

«Confía en el SEÑOR con todo tu corazón; no dependas de tu propio entendimiento»
PROVERBIOS 3:5 NTV

Lectura: Proverbios 3:5	El Nuevo Testamento en un año: Lucas 1:35-1:64

La evidencia de un corazón sano se expresa en los comportamientos. Un comportamiento santo, recto e íntegro - que camina en verdad y justicia - es la prueba de que hay sanidad en el corazón. Ahora, un comportamiento santo, recto e íntegro es consecuencia de apoyarse en el consejo de Dios, de reconocerle en nuestros caminos y, como consecuencia, experimentar su guía, dirección y favor.

No hay nadie más confiable que Dios. Él nunca falla, ni se equivoca, ni decepciona. Dios es ciento por ciento confiable. El proverbista consciente de que Dios es totalmente confiable, lanza el desafío de fiarse de Dios de todo corazón. Fiarse en Dios de todo corazón significa apoyarse y confiar enteramente en él, con todo lo que somos. No es una mera abstracción, creencia o asentimiento emocional, sino que abarca la totalidad de nuestro corazón: intelecto, emociones y voluntad. El corazón es el *yo* mismo de la persona. Fiarse en Dios implica poner todo el corazón (el yo) en apoyarse y confiar en Dios, sin dudar ni vacilar.

Un corazón apoyado cien por ciento en Dios, es confiable. Lo opuesto a apoyarse cien por ciento en Dios, es apoyarse en la propia inteligencia y sabiduría, a lo cual la palabra de Dios nos exhorta a no hacerlo: *«y no te apoyes en tu propia prudencia»* (Proverbios 3:5 RVR1960). La razón de esta advertencia es que el corazón es engañoso, tal como lo expresa Jeremías 17:9: *«Engañoso es el corazón más que todas las cosas, y perverso; ¿quién lo conocerá?»* (RVR1960)

Para reflexionar: Una forma de fiarse en Dios es reconocerlo en todos nuestros caminos (Proverbios 3:6) y encomendar a Dios nuestros caminos (Salmos 37:5).

Arnoldo Arana. *Valencia, Venezuela.*

Mis notas

_____
_____
_____
_____
_____

-69

CARÁCTER: MÁS VALIOSO QUE EL DIAMANTE (PARTE 1)

«En vista de todo esto, esfuércense al máximo por responder a las promesas de Dios complementando su fe con una abundante provisión de excelencia moral; la excelencia moral, con conocimiento.»
2 PEDRO 1:5 NTV

Lectura:	El Nuevo Testamento en un año:
2 Pedro 1:5-7	Lucas 1:65-2:15

Los avestruces son atraídos por las cosas brillantes, al igual que el ser humano. Por esto el oro y los diamantes nos llaman tanto la atención. Para calificar un metal precioso no sólo se puede utilizar el término «*raro*», sino también natural, brillante y dúctil. Un metal precioso debe poseer un alto punto de fusión, una baja reactividad, y lo más importante, no debe ser radiactivo. Igualmente, para valorar a un hombre o a una mujer como preciosos, se precisa un alto nivel de consistencia, una baja reactividad y lo más importante un buen carácter. Según la *International Association of Character Cities*, Carácter es «*la motivación interna para hacer lo correcto cueste lo que cueste.*» El carácter es el predictor más seguro de la conducta futura de cualquier persona, y es por eso fundamental conocer el carácter de una persona en procesos como: contratación, selección de socios, e incluso de pareja. El carácter, como el diamante, debe ser pulido y perfeccionado a través de la creación de hábitos que vayan transformando, paso a paso, los defectos de carácter en virtudes. Un ejemplo sería trabajar en convertir impuntualidad en puntualidad, ira en paciencia, pereza en diligencia, y muchas otras (49) cualidades como las sugiere el *Instituto de Carácter*.

Para reflexionar: El fruto muestra si un árbol está bien cultivado; así, el argumentar revela el carácter del hombre.

Julio César Acuña. *Quito, Ecuador.*

Mis notas

_____
_____
_____
_____
_____
_____
_____
_____

SEMANA 13 - DÍA 1

CARÁCTER: MÁS VALIOSO QUE EL DIAMANTE (PARTE 2)

«También nos alegramos al enfrentar pruebas y dificultades porque sabemos que nos ayudan a desarrollar resistencia.»
ROMANOS 5:3 NTV

Lectura: Romanos 5:3-5	El Nuevo Testamento en un año: Lucas 2:16-2:46

La palabra *diamante* significa etimológicamente inalterable, lo que no es nada sorprendente dada su muy elevada dureza, índice 10 en la escala de dureza Mohs, que va de 1 a 10. El diamante es un mineral compuesto de carbono puro cristalizado, es la piedra preciosa cuya composición es la más simple. El cristal de diamante se habría formado por la repetición y el apilado en las 3 direcciones del espacio de átomos de carbono. Cada átomo está vinculado, enganchado a otros por enlaces muy fuertes y muy cortos. Ahora bien, ¿Cómo se relaciona el diamante con el carácter? El carácter refleja los comportamientos inalterables y predecibles de una persona, son las reacciones naturales de un individuo, por ejemplo la puntualidad, humildad o generosidad. También el carácter es una composición de acciones simples repetidas consistentemente a lo largo del tiempo; por ejemplo, llegar a tiempo siempre, te convierte en una persona puntual. Es simple. Cada acción del individuo corresponde a una cualidad de carácter que el individuo posee. Se perdona una ofensa porque en el corazón de esa persona habita la cualidad del perdón. Por otro lado, aunque también el grafito está compuesto por carbono, es un mineral blando. Al contrario que el diamante sus átomos están bastante alejados unos de otros y están débilmente vinculados. En este sentido, cuando nuestras acciones son inconsistentes muestran entonces debilidad de carácter. Ser consistentes con nuestras convicciones reflejará acciones predecibles, las cuales a su vez mostrarán quienes verdaderamente somos, es decir, mostrarán nuestro carácter.

Para reflexionar: *«Siembra un pensamiento, cosecharás una acción, siembra una acción, cosecharás un hábito, siembra un hábito, cosecharás carácter, siembra carácter y cosecharás tu destino»*.

Julio César Acuña. Quito, Ecuador.

Mis notas

_____

_____

_____

SEMANA 13 - DÍA 2

FUERZA PARA RESISTIR

«Ustedes no han sufrido ninguna tentación que no sea común al género humano. Pero Dios es fiel, y no permitirá que ustedes sean tentados más allá de lo que puedan aguantar. Más bien, cuando llegue la tentación, él les dará también una salida a fin de que puedan resistir»
1 CORINTIOS 10:13 NVI

Lectura:	El Nuevo Testamento en un año:
1 Corintios 10:13	Lucas 2:47-3:25

En su libro *Secretos infelices de la vida cristiana*, Tim Stafford cuenta la trágica historia de cómo el submarino nuclear *Thresher* fue demasiado profundo en el océano y fue aplastado en pequeños trozos por la implosión que luego casi nada pudo ser identificado. Un submarino necesita sendos pedazos de acero de espesor para soportar la presión del agua cuando se sumerge. Sin embargo, hay pocas paredes que los seres humanos pueden construir en submarinos que les permita resistir la presión de las partes más profundas del océano. Y, sin embargo, en esas mismas aguas profundas del océano, donde había sido triturado el submarino de acero, pequeños peces nadan sin importarles lo que pasa a su alrededor. ¿Cómo es esto posible? ¿Cuál es su secreto? El secreto está en el hecho de que tienen un sistema de presión incorporado que permite que su presión interna corresponda perfectamente a la presión que es ejercida desde el exterior sobre ellos. Tú y yo podemos intentar y esforzarnos al máximo en construir muros de acero para bloquear las presiones externas (tentación), pero nunca será suficiente. Lo que necesitamos es un poder dentro de nosotros que se sobreponga a la presión ejercida desde el exterior. Ese poder es Jesús, que reside en nosotros por el Espíritu Santo. La presión desde el exterior es muy grande. El mundo, la carne y el diablo, pueden poner presión contra nosotros enormemente, pero a causa de Jesús, tenemos la respuesta interna a la presión exterior.

Para reflexionar: La presión desde afuera nunca es mayor que el poder de Dios activado en el creyente.

Jesús A. Sampedro Hidalgo. Valencia, Venezuela.

Mis notas

_____

_____

_____

_____

_____

SEMANA 13 - DÍA 3

FABRICACIÓN DE LÍDERES A LA ANTIGUA

«No abusen de la autoridad que tienen sobre los que están a su cargo,
sino guíenlos con su buen ejemplo.»
1 PEDRO 5:3 NTV

Lectura: 1 Pedro 5:2-3	El Nuevo Testamento en un año: Lucas 3:26-4:17

La tecnología ha avanzado enormemente en los últimos años, muchas de las cosas que hoy consumimos ya no se fabrican como en el pasado. Procesos de elaboración que tomaban semanas enteras y una buena cantidad de obreros, hoy son efectuados en cosa de minutos, por menos personas e incluso sin ellas. Sin embargo, las nuevas generaciones de líderes se siguen *«fabricando»* de la misma manera desde hace siglos. Los líderes del mañana —al igual que los del ayer—, requieren ser mentoreados por otros líderes, tanto reales como maduros, que impacten positivamente sus vidas; que los posicionen y reconozcan. Requieren, los discípulos de hoy, lo mismo que los discípulos que Jesús entrenó, la cercanía de su mentor, del cual reciban: ejemplo, impulso, adopción e inspiración. Los futuros líderes de hoy suplican —aunque muy pocas veces con sus palabras—, tiempo. Justo el que se requiere para ser capacitados y recibir la estafeta de nuevos desafíos; la paciencia de aguardar que cada ladrillo sea ubicado en su lugar hasta culminar el gran palacio que construimos juntos. Sí, tiempo; el tiempo que demanda: un consejo, una exhortación y de cuando en cuando una mano que restaure un corazón herido.

Para reflexionar: Muchas cosas han cambiado, pero, los líderes se siguen fabricando a la antigua.

Edgar Medina. *Monterrey, México.*

Mis notas

_____
_____
_____
_____
_____
_____
_____
_____
_____
_____

LAS CIRCUNSTANCIAS ADVERSAS FORJAN NUESTRO CARÁCTER

«Hermanos míos, que les dé gran alegría cuando pasen por diferentes pruebas»
SANTIAGO 1:2 NBV

Lectura:	El Nuevo Testamento en un año:
Santiago 1:2-4	Lucas 4:18-5:4

Noad Werster, en su diccionario de 1828, define carácter como *"estampar y gravar a través de presión"*. Es a través de enfrentar las difíciles, comprometedoras o ambiguas circunstancias de la vida, con sus presiones asociadas, que se forma el carácter. Las adversidades, las crisis y circunstancias difíciles de la vida, ponen de manifiesto nuestro real carácter, revelan lo que hay adentro; revelan también nuestras grietas y debilidades. Las crisis no necesariamente forman nuestro carácter, pero la forma como decidimos enfrentarlas, la manera como reaccionamos, sí edifican nuestro carácter: débil o fuerte, íntegro o con doblez, verdadero o falso.

Un rasgo en que se aprecia nuestro carácter es la paciencia. El apóstol Santiago dice (1:4:): «...*y que la paciencia tenga su perfecto resultado, para que sean perfectos y completos, sin que nada les falte.*» (Santiago 1:4 NBLH). Desarrollar paciencia, desarrolla carácter. Si queremos crecer en carácter, necesitamos madurar en el rasgo de la paciencia.

La paciencia connota largura de ánimo, tardar en responder. Refleja dominio propio y control de sí mismo para no reaccionar con impulsividad y de manera irreflexiva ante situaciones adversas. La paciencia se muestra como una actitud reflexiva que piensa mucho y con cuidado antes de actuar o responder emocionalmente. La paciencia es contraria a la impaciencia, la intolerancia y la ira impulsiva. Está más conectada con la mansedumbre y el dominio propio.

Para reflexionar: Madura tu carácter aprendiendo a ser paciente.

Arnoldo Arana*. Valencia, Venezuela.*

Mis notas

_____
_____
_____
_____

SEMANA 13 - DÍA 5

4:40

«Poned el corazón en lo que hagáis, como si lo hicierais para el Señor
y no para gente mortal»
COLOSENSES 3:23 BLP

Lectura:	El Nuevo Testamento en un año:
Colosenses 3:23-24	Lucas 5:5-5:35

Para muchos latinoamericanos, 4:40 les recuerda al cantante de merengue y bachata dominicano, Juan Luis Guerra. Hemos conocido por años a Juan Luis Guerra y su 4:40 pero pocos se han preguntado qué significan esos números. Un día estaba acompañando a mi esposa para escuchar la preproducción de su primer CD como solista y en la conversación (desde mi curiosidad) salió la relevancia de que los instrumentos de estudio de grabación sean cuidadosamente tratados y estén perfectamente «entonados», a eso se le llama estar 4:40. Su referencia técnica internacional fue aceptada desde 1936 y se le llama así al sonido que produce una vibración a 440 Hz; acordando que en él la que se encuentra a la derecha del do central del piano se afinará a 440 Hz. El término es usado más coloquialmente en referencia a la *«perfecta entonación»* e implica que los instrumentos sean aptos para la óptima ejecución de los maestros musicales de estudio (destacados por su excelente ejecución). Esto nos habla no solo de la excelencia con la que Juan Luis Guerra ha trabajado intencionalmente por años con su equipo profesional de músicos, sino también nos habla de la excelencia que se requiere al producir cualquier proyecto musical. Esto también me hizo reflexionar sobre la necesidad de trabajar con excelencia que todo creyente lleva en sus hombros. Cada vez que hagamos algo, oremos y trabajemos para tener un 4:40 en todo lo que hacemos, ya que al fin, todo lo hacemos para Dios. Otra reflexión significativa que tuve, fue acerca de lo importante que es que los instrumentos estén bien entonados para que sean tocados al estándar de la excelencia del músico que los usara. En este sentido, Dios pide de nosotros santidad (estar afinados en la 4:40 de su corazón) para poder usarnos mejor; de esa manera su música inspirará y deleitará a muchos que muy probablemente terminarán siendo sus fans.

Para reflexionar: ¡Qué bien podemos sonar como instrumentos en la 4:40 en sus manos!

Jesús A. Sampedro Hidalgo. Valencia, Venezuela.

Mis notas

SEMANA 14 - DÍA 1

MÁS QUE SOLO BUENOS DESEOS

«Sin embargo, Cristo ya cumplió el propósito por el cual se entregó la ley. Como resultado, a todos los que creen en él se les declara justos a los ojos de Dios.»
ROMANOS 10:4 NTV

Lectura:	El Nuevo Testamento en un año:
Romanos 10:1-15	Lucas 5:36-6:27

Hace años fueron editados unos libros llamados «Si en realidad quisiera...», la serie incluía temas como: bajar de peso, ser feliz, acercarme a Dios y otros. Los publicadores acertaron en resaltar que muchos de nuestros *«buenos propósitos»* no están respaldados por un verdadero anhelo.

— ¡Quiero dar la vuelta al mundo igual que el año pasado!
— dijo un hombre.
— ¿Diste la vuelta al mundo el año pasado?
— responde con asombro su compañero.
— No,
— aclara el primero,
— pero ¡también quise!

Queremos muchas cosas, pero, se requiere más que sólo querer; hay que anhelarlas, antes de que podamos verlas una realidad. El apóstol Pablo comprendía que muchos de sus amigos y familiares necesitaban conocer a Jesús, pues su amor, su celosa entrega y todos sus esfuerzos por alcanzar la gloria equivaldrían a tratar de hacer avanzar un barco empujándolo por la proa. Sin embargo, Pablo no se limitó a sus buenos deseos; mucho menos a lamentar el reiterado rechazo a Jesús y a su mensaje; él hizo tres cosas para que Cristo fuera una realidad en sus vidas: primero, anheló con todo su corazón la salvación de su gente. En segundo lugar, oraba por ellos de manera persistente y fiel. Finalmente, se mantenía alerta para no dejar pasar ninguna oportunidad de testificar quién era su Señor.

Para reflexionar: ¿Qué harías, si en realidad quisieras, que tus amigos y familiares conocieran a Jesús?

Edgar Medina, Monterrey, México

Mis notas

_____

_____

SEMANA 14 - DÍA 2

APROVECHE LA OPORTUNIDAD MIENTRAS HAY TIEMPO

«Saquen el mayor provecho de cada oportunidad en estos días malos»
EFESIOS 5:16 NTV

Lectura: Efesios 5:16	El Nuevo Testamento en un año: Lucas 6:28-7:8

Has pensado ¿qué es el tiempo? El tiempo es la duración de las cosas sujetas a mudanza. La medida del devenir de lo existente. Oportunidad de hacer alguna cosa. Esta última definición es la que más queremos explotar. El tiempo para el hombre significa oportunidad. La duración concreta de la ocasión o chance para sacar provecho, dentro de nuestras circunstancias particulares. Y ¿qué es una oportunidad? Es la coyuntura o conveniencia de tiempo y lugar en la que podemos sacar provecho.

Ahora, aprovechar las oportunidades demanda andar con diligencia en el uso del tiempo, tal como lo expresa la Biblia. En el pasaje que leímos aprovechar el tiempo está asociado a aprovechar una oportunidad. El tiempo y la oportunidad están estrechamente vinculados. Cuando desperdiciamos el tiempo, en realidad desperdiciamos oportunidades. El tiempo es la duración de las posibilidades; pasadas esas posibilidades podemos decir que también ha pasado con ellas el tiempo de aprovecharlas. En tal sentido, no es propiamente el tiempo lo que se va sino la oportunidad que estuvo a nuestro alcance y ya no volverá a estarlo.

La expresión *«aprovechar (o redimir) bien el tiempo»* no es una idea vaga o abstracta. No se está hablando del tiempo en general. La palabra griega para tiempo es la palabra kairos. Esta palabra indica un tiempo de especial significación, de crisis u oportunidad (tiempo de calidad), que puede pasar pronto, por lo que hay que aprovecharla mientras dure.

Para reflexionar: El tiempo es recurso no renovable, y también el factor que más limita tu éxito.

Arnoldo Arana. *Valencia, Venezuela.*

Mis notas

_____
_____
_____
_____

COLUMNAS ESPIRITUALES (BASA, FUSTE Y CAPITEL)

«Y la paz de Dios, que sobrepasa todo entendimiento, guardará sus corazones y sus mentes en Cristo Jesús.»
FILIPENSES 4:1-8 NBLH

Lectura:	El Nuevo Testamento en un año:
Filipenses 4:1-8	Lucas 7:9-7:39

Mi suegro es un muy destacado ingeniero civil, a él y a varios de sus hijos, incluida mi hermosa esposa Yessi, les encanta la construcción y los bienes y raíces. Yo en cambio, con dificultades logró abrir la puerta de mi casa y cruzar por ella, mucho menos pudiera pensar en construir una. Sin embargo, hace días, el verso ocho del capítulo cuarto de la carta que Pablo escribe a los Filipenses me hizo abrazar —al menos un poco—, la afición por la construcción que tiene mi familia política. Pues hallé aquí siete principios que se erigen como columnas de la mentalidad que Dios desea encontrar en nosotros. Estudié que las columnas están compuestas por tres elementos esenciales: La basa, el fuste, y el capitel. Muchos de nuestros pensamientos son sencillamente incapaces de soportar las cargas del llamado que de Dios hemos recibido por no estar éstos —como lo hace el fuste—, firmemente apoyados en la basa que representa: Quién es Dios y cuál es su naturaleza. Probablemente no ignoramos de su poder, pero seguimos recurriendo a apoyos falsos e inestables. Nuestra conducta externa, tal como lo hace el capitel en la parte más alta de la columna, conecta nuestros pensamientos y convicciones con la carga del ministerio, vocación y profesión.

Para reflexionar: Naciste para tener un pensamiento firmemente fundado en Dios, sólo así tu conducta será fiel soporte a tu llamado.

Edgar Medina, *Monterrey, México.*

Mis notas

_____
_____
_____
_____
_____
_____
_____

LA PRÁCTICA DE PERDÓN REMUEVE LOS OBSTÁCULOS QUE IMPIDEN LA LIBERACIÓN DE MI POTENCIAL

«Tengan cuidado. No vayan a perderse la gracia de Dios; no dejen brotar ninguna raíz de amargura, pues podría estorbarles y hacer que muchos se contaminen con ella»

HEBREOS 12:15 RVC

Lectura: Hebreos 12:15	El Nuevo Testamento en un año: Lucas 7:40-8:20

El perdón permite retomar la vida después de haber experimentado ofensas, agravios y perjuicios por otra (s) persona (s). Cuando perdonamos detenemos la cadena de dolor – enojo, asimilamos la experiencia, sanamos las heridas, generamos aprendizajes, y continuamos con la vida. También facilita el proceso de autoconocimiento: recursos y fortalezas emocionales, conciencia de nuestra fragilidad y vulnerabilidad, límites, valores, nivel de espiritualidad, etc.

El perdón libera para que las personas se orienten con creatividad, enfoque y motivación hacia sus procesos de crecimiento: la felicidad, el cumplimiento de metas, el amor, la trascendencia, etc.

El perdón también nos alinea con Dios – nos pone en un mismo espíritu con Él – para andar en comunión con Dios, recibir su revelación y cumplir con los propósitos que Él tiene para nuestras vidas.

Para reflexionar: El tiempo es recurso no renovable, y también el factor que más limita tu éxito.

Arnoldo Arana. *Valencia, Venezuela.*

Mis notas

_____

_____

_____

_____

_____

_____

_____

_____

SEMANA 14 - DÍA 5

PERDÓN EN LOS NEGOCIOS

«... y no teniendo ellos con qué pagar, perdonó generosamente a los dos.
¿Cuál de ellos, entonces, lo amará más?»
LUCAS 7:42 NBLH

Lectura: Lucas 7:41-42	El Nuevo Testamento en un año: Lucas 8:21-8:51

El mundo de los negocios perdona poco. Las obligaciones generan deudas, y las deudas son para ser pagadas. Cuando alguna de estas cosas no ocurre, el ciclo normal de los negocios se rompe y se genera una seguidilla de desajustes a lo largo de la cadena de relaciones comerciales. Se imagina recibir una carta de su condominio que diga: *«Hemos decidido exonerarle su cuota de condominio este mes»*; o un banco que le informe *«Durante este año, no le cobraremos su cuota de crédito de vehículo»*; ¡¡Seria genial!! Pero, difícilmente ocurrirá. No es usual conseguir que se decida perdonar la deuda de alguien. Es importante saber que el amor obliga, es decir, revuelve el corazón a tal punto que lo torna en agradecimiento. Además, el amor muchas veces implica perdón. Si alguien decide perdonarnos algún tipo de deuda, eso automáticamente ha de quedar registrado en el *«Hall de la Fama»* de nuestro corazón y lo normal sería ser agradecido proporcionalmente a la dimensión de esa deuda. Y aunque esta no es una práctica habitual en las relaciones y en los negocios, aun así es una poderosa práctica de transformación. En Lucas 7:41-42, vemos cómo Jesús aborda a un fariseo que estaba incómodo por el humanamente *«inmerecido»* trato de aceptación y perdón que Jesús le daba a una mujer de no tan buena reputación. El genera una pregunta a fin de ponderar la dimensión de agradecimiento que se produce en personas con aparentemente menos cosas en su inventario personal que perdonar. Aterrizando así el aprendizaje en que al que mucho se le perdona, mucho ama. Aunque a todos Dios nos ha perdonado mucho, solo pocos lo han reconocido (por lo tanto han agradecido poco y han perdonado poco a otros). No digo que tengamos que perdonar desde hoy en adelante todo lo que las personas o empresas nos adeuden; solo seamos líderes que aplican sabiamente y reconocen el perdón como una práctica de gran poder en las relaciones y práctica profesional.

Para reflexionar: Deuda grande perdonada, agradecimiento grande. Deuda pequeña perdonada, agradecimiento pequeño.

Jesús A. Sampedro Hidalgo. Valencia, Venezuela.

Mis notas

_____

_____

SEMANA 15 - DÍA 1

TOMA TIEMPO PARA LO BUENO

«Así que debemos tener mucho cuidado porque, aunque todavía está vigente la promesa que Dios le dio a ese pueblo de entrar a disfrutar del reposo de Dios, puede ser que algunos de ustedes no entren allí»
HEBREOS 4:1 PDT

Lectura: Hebreos 4:1	El Nuevo Testamento en un año: Lucas 8:52-9:25

V ivimos en el mundo de los viajes en avión, de súper-autopistas, el uso de los satélites, los teléfonos celulares, las computadoras portátiles, el fax, las fotocopiadoras, el internet, con su chat y correo electrónico, las impresoras láser, las cámaras digitales, etc. Podemos contar con innumerables servicios Express como la comida, fotografías y mucho más en unos cuantos minutos. ¿Acaso no son fantásticos los electrónicos que nos ayudan ahorrar tiempo y a hacer nuestra vida más fructífera y a la vez más calmada, más relajada, sin sombra de estrés, verdad? Pues no; no es así. El latino trabaja, hoy en día, un par de horas diarias más que en el pasado. Y ¿qué hay de los cristianos? ¿Estamos viviendo el reposo del que nos habla la palabra? Alguien escribió:

- Toma tiempo para trabajar, porque es el precio del éxito.
- Toma tiempo para pensar, porque esa es la fuente de la creatividad.
- Toma tiempo para jugar, porque es el secreto de la eterna juventud.
- Toma tiempo para la amistad, porque ese es un camino a la felicidad.
- Toma tiempo para soñar, porque fuiste creado para ser libre.
- Toma tiempo para amar y ser amado, porque ese es el privilegio de la gente redimida.
- Toma tiempo para mirar a tu alrededor, porque el día es muy corto para ser egoísta.
- Toma tiempo para reír, porque la risa es la música del alma.
- Toma tiempo para Dios, porque es el único valor perdurable de tu vida.

Para reflexionar: El tiempo que a Dios damos es semilla que dará como fruto reposo.

Edgar Medina. Monterrey, México.

Mis notas

_____
_____
_____
_____
_____

SEMANA 15 - DÍA 2

¿EN MANOS DE QUIÉN ENTREGAS TU DÍA?

«Encomienda al SEÑOR tu camino; confía en él, y él actuará.»
SALMOS 37:5 NVI

Lectura:	El Nuevo Testamento en un año:
Salmos 37:5	Lucas 9:26-9:56

Andrés se levantó presuroso, se duchó, vistió y desayunó -si acaso se le puede llamar desayuno al sorbo de café que tomó-, para luego salir disparado a su trabajo. Mientras conducía *se acordó»* de dar gracias a Dios por un día más de vida, y así lo hizo, aunque no pudo concentrarse pues sus ojos, manos, pies y mente estaban ocupados. Finalmente llegó a su almacén, emprendimiento que llevaba hace casi tres años y donde las cosas no iban de lo mejor. Quitó los seguros de las puertas, desactivó las alarmas, ordenó todo y abrió el local. Su día laboral de 12 horas había comenzado.

¿Le suena esto conocido? Es la típica historia de los miles de emprendedores que día a día se esfuerzan por sacar adelante su negocio, proyecto, idea, trabajo, el producto que Dios les dio. Y sin embargo, se olvidan de lo más importante si desean que sus negocios marchen bien en verdad. ¿Saben qué es lo más importante? El Salmo 37:5 lo declara: *«Encomienda al SEÑOR tu camino; confía en él, y él hará.».* (Salmos 37:5 RVA). Una versión moderna diría: *«Entrega a Dios tus proyectos* (cualquiera sean éstos), *deposita en el Señor tu confianza y verás cómo los hace realidad».*

Para reflexionar: Hay un secreto que garantiza el sostenimiento de nuestro día a día ¡¡Poner a Dios como el piloto que dirige nuestras vidas!!

Gabriel Gil. *Santiago, Chile.*

Mis notas

_____

_____

_____

_____

_____

_____

_____

_____

_____

_____

APRENDIZAJES DEL LIDERAZGO DE NEHEMÍAS

«Venid, reedifiquemos la muralla de Jerusalén para que ya no seamos un oprobio.»
NEHEMÍAS 2:17B LBLA

Lectura: Nehemías 2:11-20	El Nuevo Testamento en un año: Lucas 9:57-10:25

Nehemías demostró a los miembros de su comunidad que era un hombre con objetivos claros y concretos, alineados a llevar los planes que Dios había puesto en su corazón. El líder auténtico precisa llevar su idea de la cabeza al interior de su corazón, pues así podrá inspirar a los miembros de su equipo a responder con entusiasmo. Nehemías demostró que tenía la *«camiseta puesta»*, puesto que estuvo al frente en la trinchera exponiendo sus manos a la ardua tarea de reconstruir el muro de Jerusalén. Demostró ser un modelo de integridad y de trabajo duro, ingredientes necesarios para lograr el éxito en todo proyecto al que se nos ha encomendado. El líder verá reflejado su carácter y competencia en la conducta de sus dirigidos, pues el papel de modelo será un ejemplo a seguir por los miembros de su equipo. Si tú quieres ser un líder auténtico asegúrate de colocar altas normas de desempeño, mantenerte en contacto (tanto con tu equipo de trabajo como con tus clientes) y liderar con integridad. Algunos rasgos del verdadero liderazgo:

1. El mejor uso del poder está en no tener que usarlo, pues las personas siguen a los grandes líderes porque los respetan, no por el poder que ellos ostentan.
2. Los líderes inspiran a otros al demostrar su pasión interna, y exteriorizan su latente potencial a través de un sano carácter y competencias sólidas que inspiran seguridad y confianza a quienes se le unen en la búsqueda de un beneficio mayor.
3. Una de las cualidades del líder auténtico es la humildad, que ayuda a la persona a estar consciente de sus fortalezas y debilidades.
4. La confianza es una de las herramientas más poderosas de motivación e inspiración con que cuenta todo verdadero líder.
5. Los líderes auténticos valoran ambas áreas: el lado social (personas) y el de los procesos (aspectos técnicos), alineando ambas áreas a través del propósito fundamental de la empresa para llegar a hacer la gran diferencia.

Para reflexionar: *«Aún el niño es conocido por sus obras, si su obra fuere limpia y recta.»* (Proverbios 20:11 JBS)

Antonio SanClemente. *Bogotá, Colombia.*

SEMANA 15 - DÍA 4

UN CORAZÓN CON SENTIDO DE PROPÓSITO

*«Pues somos la obra maestra de Dios. Él nos creó de nuevo en Cristo Jesús,
a fin de que hagamos las cosas buenas que preparó para nosotros tiempo atrás.»*
EFESIOS 2:10 NTV

Lectura:	El Nuevo Testamento en un año:
Efesios 2:10	Lucas 10:26-11:13

Un corazón sano vive con sentido de propósito; consciente de que Dios nos creó para sus propósitos.

La búsqueda del significado - el propósito de tu vida - es el empeño más importante que puedas tener. Como dijo Albert Camus, *«el sentido de la vida es la pregunta más apremiante»*. El autor Rick Warren agrega: *«El propósito de tu vida excede en mucho a tus propios logros, a tu tranquilidad o incluso a tu felicidad. Es mucho más grande que tu familia, tu carrera o aun tus sueños y anhelos más vehementes»*.

Sin un sentido de propósito la vida se hace insoportable de vivir. Se llena de frustración, de aburrimiento, de vacío existencial; se convierte en una carga pesada difícil de sobrellevar, tal como lo afirma el psicólogo Rollo May: *«El ser humano no puede vivir una condición de vacío por mucho tiempo: si él no está creciendo hacia algo, no solamente se estanca; las potencialidades reprimidas se convierten en morbosidad y desesperación y eventualmente en actividades destructivas»*. La falta de propósito empuja al hombre a vivir una vida disoluta, egoísta y utilitaria; carente de compromiso y responsabilidad genuina. Por el contrario, *«cuando la vida tiene sentido, puedes soportar cualquier cosa. Cuando no lo tiene, resulta insoportable»* (Rick Warren). Dice también el Dr. Victor Frankl: *«Lo esencial de la condición humana es el hecho de auto-trascenderse, el que haya algo más en mi vida que no sea yo mismo... Algo o alguien, una cosa u otra persona distinta que yo»*.

Para reflexionar: Dios tiene un propósito eterno para cada vida, que trasciende aún esta vida terrenal. El sabio Salomón dijo que Dios *«ha puesto eternidad en el corazón del hombre»* (Eclesiastés 3:11 RVR1995).

Arnoldo Arana. *Valencia, Venezuela.*

Mis notas

_____

_____

_____

SEMANA 15 - DÍA 5

¿DÓNDE SE INCUBA EL CARÁCTER?

«Los bienes que se adquieren de prisa al principio, No serán al final bendecidos.»
PROVERBIOS 20:21 RVR1960

Lectura: Proverbios 20:21	El Nuevo Testamento en un año: Lucas 11:14-11:44

Muchas de las incomodidades del pasado son historia, pero, hay muchas cosas que ningún aparato tecnológico será capaz de hacer por nosotros, sin importar cuán avanzado sea. Tu teléfono inteligente de última generación no llamará por ti a tu amigo el día en que más lo necesite. Tu iPad no te dará el valor que se requiere para resolver un asunto pendiente. Tu GPS no te va a tele transportar a la fiesta que prometiste no faltar de tu hijo. La vida, sigue siendo la vida, y tiene una factura por cobrar que no va a pagar por ti nada que se pueda obtener con dinero. Todo lo que verdaderamente vale debajo del sol requiere de nuestra inversión de tiempo y esfuerzo.

Salomón dijo: *«Los bienes que se adquieren de prisa al principio, No serán al final bendecidos.»* (Proverbios 20:21 RVR1960). La vida se trata de relaciones personales, esas requieren de nosotros mismos, no sólo de lo que hacemos o tenemos. Esas relaciones se construyen como los grandes palacios; un ladrillo a la vez. La gran virtud de la vida disciplinada está en los pequeños y cotidianos detalles que muestran amor, paciencia, tolerancia, empatía y atención en otros y en las cosas que pueden hacer mejores sus vidas.

Para reflexionar: Lo más importante de la vida vale para nosotros lo que invertimos de tiempo y esfuerzo en ello.

Edgar Medina, Monterrey, México.

Mis notas

SEMANA 16 - DÍA 1

¿AMAS EL VIERNES MÁS QUE EL LUNES?

*«Y todo lo que hagáis, hacedlo de corazón, como para el Señor
y no para los hombres»*
COLOSENSES 3:23 LBLA

Lectura:	El Nuevo Testamento en un año:
Colosenses 3:23	Lucas 11:45-12:21

Dos títulos de libros cautivantes son *«Ateo del Lunes por la Mañana»* (Monday Morning Atheist) de Doug Spada y *«Amando el Lunes»* (Loving Monday) de John D. Beckett. Ambos dedicados a aquellos que viven en la división de lo secular y lo espiritual, de lo sagrado y lo divino, de lo concerniente a Dios y lo concerniente al sistema de valores reinante en el mercado. Ambos libros traen una nueva perspectiva para los que piensan o viven inconscientemente así: *«El domingo, Dios y los asuntos espirituales; desde el lunes en adelante, mis negocios y yo en el sistema del mundo».* Hay muchos que ponen a Dios el domingo en el centro de su vida, pero la actividad del resto de la semana la llevan a cabo según su propia sabiduría (sin considerar, consultar o incorporar voluntariamente a Dios). Son básicamente fieles creyentes el domingo, pero ateos desde el lunes hasta el próximo fin de semana. La espiritualidad del domingo parece apagarse con el despertador del lunes por la mañana. La epístola a los Colosenses (v. 3:23) refiere a que sí es posible hacer todo para agradar a Dios, y eso incluye nuestro trabajo. Según Os Hillman la palabra *«Trabajo»,* en sus distintas formas es mencionada más de 800 veces en la Biblia. Dios creó el trabajo y Él es de hecho trabajador (Juan 5:17). El mismo autor Hillman amplía al respecto al comentar que: *«Es interesante considerar que de las 132 apariciones de Jesús en el Nuevo Testamento, 122 ocurrieron en el medio ambiente laboral o de negocios. De las 52 parábolas que Jesús compartió, 45 tenían un contexto laboral. De los 40 milagros registrados en el libro de los Hechos de los Apóstoles, 39 ocurrieron en el mercado.»* Todo esto apunta a que sí es posible vivir de forma integrada y coherente los siete días de la semana, y que el lunes puede ser tan emocionante como el viernes ya que puede convertirse en nuestra oportunidad de poner en práctica las convicciones de fe, no de ocultarlas.

Para reflexionar: El lunes es tu día de acción espiritual, no de desconexión espiritual.

Jesús A. Sampedro Hidalgo. Valencia, Venezuela.

Mis notas

_____

_____

LA ACTITUD: UNA POSTURA ANTE LA VIDA

«No que hable porque tenga escasez, pues he aprendido a contentarme cualquiera que sea mi situación»
FILIPENSES 4:11 LBLA

Lectura: Filipenses 4:11	El Nuevo Testamento en un año: Lucas 12:22-12:52

L as actitudes son más importantes que los hechos», decía el Dr. Karl Menniger. También, William James acotaba: *«El gran descubrimiento de mi generación es que los seres humanos pueden alterar sus vidas al modificar las actitudes de su mente»*. La actitud positiva permite adaptarnos exitosamente al entorno, por muy cambiante y adverso que resulte. Esto lo podemos ver ejemplificado en la vida de San Pablo. El apóstol había desarrollado la habilidad de ajustar su actitud a la medida de la situación que le tocaba vivir. Ahora, el aprender esta conducta no le vino automáticamente. Pablo aprendió a focalizarse en el lado optimista y esperanzador de la vida, y a ver las circunstancias adversas no como problemas, sino como oportunidades de aprendizaje y de madurar y crecer en carácter. No se trata de un simple estado de conformismo, sino de adaptación y flexibilidad al entorno y circunstancias que le toque vivir, manteniendo un estado de contentamiento – alegría y optimismo, independientemente de las circunstancias - favorables o desfavorables. Tener una correcta actitud positiva no hace desaparecer los problemas, pero sí nos coloca en el mejor estado mental para enfrentar las dificultades y desafíos de la vida.

Para reflexionar: *«La actitud adecuada permite que nuestra respuesta esté al nivel del desafío que nos toca enfrentar»* S. Covey.

Arnoldo Arana. Valencia, Venezuela.

Mis notas

_____
_____
_____
_____
_____
_____
_____
_____
_____
_____

TIEMPO Y PERSEVERANCIA, ALIADOS DE LA PREPARACIÓN

«Este Esdras salió de Babilonia, y era un escriba con amplios conocimientos de la ley que el Señor y Dios de Israel le había dado a Moisés. El rey Artajerjes le concedió a Esdras todo lo que éste le pidió, porque el poder del Señor estaba con él.»

ESDRAS 7:6 RVC

Lectura:	El Nuevo Testamento en un año:
Esdras 7:6	Lucas 12:53-13:23

La preparación es parte importante de todo proyecto de vida que busque trascender los límites terrenales. En estos tiempos turbulentos enmarcados por crisis de toda índole, esforzarse en la preparación personal para crecer en cada una de las cinco dimensiones del ser humano, a saber, la intelectual, relacional, física, económica y la espiritual, le ayudará a adquirir la disciplina necesaria para trasladarla a los ámbitos tanto familiar como empresarial. Si usted entra a ser parte de una empresa deberá esforzarse en aprovechar al máximo el tiempo de inducción y de entrenamiento que la empresa ha diseñado para que pueda cumplir con sus deberes y obligaciones. Durante este tiempo haga suficientes preguntas y aprópiese del conocimiento adquirido para dominar el puesto asignado a usted. En todo momento dé lo mejor de sí mismo, como dice la palabra, haciendo todo como si fuera para el Señor (Colosenses 3:23). Aproveche todo intercambio con colegas y superiores que le ayude a discernir aquello que pueda ser beneficioso para sus futuros desafíos. Además de las oportunidades que le brinda su empresa en materia de capacitación, aproveche el tiempo para ampliar la base de su conocimiento en variados aspectos que le servirán en su proyecto de vida en el campo laboral. La lectura de publicaciones sobre negocios, ya sea a través de libros, revistas y el Internet le podrán ampliar su perspectiva. La preparación exige perseverancia y no debe dejarse por excusas o distracciones que lo alejen de esta actividad tan importante para su crecimiento como persona y parte de la estructura empresarial. La recompensa se verá reflejada en su momento a través de una promoción o de una satisfacción del deber cumplido.

Para reflexionar: *«Necio es quien confía en sí mismo, pero los que aplican la sabiduría de Dios están a salvo»* (Proverbios 28:26 CST).

Arnoldo Arana. Valencia, Venezuela.

Mis notas

_____

_____

SEMANA 16 - DÍA 4

ACEPTA EL DESAFÍO DE ENSEÑAR A OTROS LA DISCIPLINA

«La verdadera humildad y el temor del SEÑOR conducen a riquezas, a honor y a una larga vida.»
PROVERBIOS 22:4 NTV

Lectura: Proverbios 22:4	El Nuevo Testamento en un año: Lucas 13:24-14:19

Sólo los milagros pueden superar los resultados que ofrece la disciplina, y aunque no descartamos que los milagros ocurran, sí podemos estar seguros de que Dios está más interesado en forjar nuestro carácter que en procurar nuestra comodidad, por ello la gran mayoría de las cosas trascendentes de la vida serán resultado de atender disciplinadamente las pequeñas y las grandes cosas que exigen. El mundo tuvo en Houdini al más grande escapista de la historia, pero más de uno lo haría ver como un novato si se trata de *«escapar»* de la disciplina y la responsabilidad. No conozco a algún empresario, profesor o padre de familia que acepte gustoso la indisciplina de la gente a su cargo, pero a veces se falla en transmitir la enseñanza de la disciplina por el terrible obstáculo del mal ejemplo.

El libro de Proverbios expresa: *«Dirige a tus hijos por el camino correcto, y cuando sean mayores, no lo abandonarán»* (Proverbios 22:6 NTV), me habla muy fuerte la palabra dirige. Es común que enseñemos a otros indicándoles qué es lo correcto, pero si me observan infringiendo la ley, mintiendo, fallando en cumplir mis promesas o metiéndome en la fila indebidamente será una tarea infructuosa o incluso contraproducente.

Aceptar el desafío de enseñar a otros el valor de la disciplina nos debe enfocar en dar muestra con el testimonio de una vida disciplinada. El líder, el jefe, la maestra o la mamá que dirige deben ponerse a la cabeza y decir —sin palabras— *"vean como se hace, esto es lo correcto".*

Para reflexionar: Vivir disciplinadamente debe ser la primera conquista personal de un vencedor.

Edgar Medina. *Monterrey, México.*

Mis notas

-89

SEMANA 16 - DÍA 5

UN ESPÍRITU SUPERIOR EN EL TRABAJO

«Pero Daniel mismo era superior a estos sátrapas y gobernadores, porque había en él un espíritu superior; y el rey pensó en ponerlo sobre todo el reino.»
DANIEL 6:3 RVR1960

Lectura:	El Nuevo Testamento en un año:
Daniel 6:1-3	Lucas 14:20-15:15

El personaje Bíblico Daniel, quien había sido llevado de joven en exilio de Israel al Imperio Babilónico, logró llegar a ser reconocido y destacado entre muchos otros gobernantes por el rey Darío. La referencia de Daniel 6:3 (RVR1960) dice así: *«Pero Daniel mismo era superior a estos sátrapas y gobernadores, porque había en él un espíritu superior; y el rey pensó en ponerlo sobre todo el reino.»* Sin duda que el Rey vio algo diferente en Daniel, él tenía algo que lo distinguía positivamente por encima de los demás. El original en arameo para la palabra *«Superior»* es *«Yattiyr»*, y denota a alguien que es excelente, preeminente, extraordinario y que sobrepasa a los demás. Así como una montaña sobresale entre varias otras, así mostró Daniel cualidades sobresalientes tales como integridad, confiabilidad, convicción y espiritualidad (Daniel 6:4-6). No solo Daniel se destacaba entre los sátrapas, sino también se destacaba entre los gobernadores y por eso el Rey pensó en *«ponerlo sobre el reino»*. Daniel no se auto-promocionó para escalar posiciones, fue de quien estaba en eminencia que él recibió una invitación a tomar nuevas y mayores responsabilidades. De esto es posible considerar que un hombre o mujer de Dios será considerado/a para una responsabilidad superior en la medida en que tenga un espíritu superior en lo que hace en su posición de responsabilidad actual; solo así será notado, reconocido y considerado.

Para reflexionar: No es posible destacarse si no hay un espíritu superior en nosotros, y este lo da Dios.

Jesús A. Sampedro Hidalgo. *Valencia, Venezuela.*

Mis notas

_____

_____

_____

_____

_____

_____

APRENDIENDO A GERENCIAR AL ESTILO DE DIOS

«Llamando a diez de sus siervos, les repartió diez 10 minas (salario de unos mil días) y les dijo: 'Negocien con esto hasta que yo regrese.'»
LUCAS 19:13 NBLH

Lectura: Lucas 19:13	El Nuevo Testamento en un año: Lucas 15:16-16:14

El estilo de gerenciar Dios nuestras vidas nos señala un modelo a imitar. El propietario rico, quien simboliza a Dios, encomendó sus negocios a algunos de sus siervos, con la instrucción de que negociaran mientras él estaba ausente.

En esta parábola hay valiosos principios de gerencia:

1. El empresario conocía muy bien a sus siervos. Sabía cuáles eran las habilidades, talentos y conocimientos. Pudo discriminar el grado de capacidad de cada uno de ellos.

2. Utilizó como criterio para asignar las responsabilidades, los talentos y habilidades de cada uno.

3. Les fijó objetivos claros, pero amplios al mismo tiempo. La instrucción dada fue: *«Negociad entre tanto que vengo»*, lo cual implica un proceso de rendición de cuenta de cada siervo, una vez que el propietario regresase.

4. Los acontecimientos posteriores muestran que este empresario utilizaba los resultados como parámetro para medir y recompensar el desempeño de sus siervos o trabajadores (meritocracia).

5. Como buen empresario estaba dispuesto a correr riesgos para ganar, pero era prudente al diversificar el riesgo, distribuyendo sus bienes entre varios de sus siervos.

Para reflexionar: Dios te usa a la medida de lo que tú eres, y con lo que Él te ha capacitado.

Arnoldo Arana. *Valencia, Venezuela.*

Mis notas

_____

_____

_____

_____

_____

SEMANA 17 - DÍA 2

BUSCANDO UN BUEN EQUILIBRIO

«Por eso, también nosotros, que estamos rodeados de tantos testigos, dejemos a un lado lo que nos estorba, en especial el pecado que nos molesta, y corramos con paciencia la carrera que tenemos por delante.»
HEBREOS 12:1 NBV

Lectura: Hebreos 12:1	El Nuevo Testamento en un año: Lucas 16:15-17:13

Mantener foco en los planes de largo plazo sin perder de vista las exigencias del corto y mediano plazo hace una gran diferencia cuando se trata de lograr buenos resultados en el transcurso de los años de vigencia de un negocio. El cumplimiento de las metas del día a día son el combustible que impulsa a todo el equipo de trabajo para estar centrado en el curso previamente establecido del largo plazo. Existen varios factores que atentan contra el curso normal de las actividades de un negocio. Uno de ellos es la fatiga por el arduo y continuo trabajo que demanda el mercado. Tal como lo describe el pasaje, el corredor de maratón debe mantener un paso firme y sostenido para no desfallecer en su intento de lograr alcanzar la meta, y no perder el foco en ningún momento del trayecto a recorrer. El gerente efectivo debe mantener un sano equilibrio entre actividades de trabajo y actividades que le brinden descanso apropiado por fuera del trabajo, y poder sostener el paso firme sin que su efectividad se vea afectada por la fatiga y el cansancio. Administrar bien el tiempo es clave para mantener ese sano equilibrio, otorgando a las prioridades la mayor importancia, para ir disminuyendo cada vez las demandas urgentes que suelen robar el tiempo disponible para llevar a cabo las que son importantes. Programar semanalmente un tiempo con el Señor, el cónyuge, los hijos y las actividades recreacionales. En el trabajo, planear y cumplir con sus fechas de compromisos, para anticiparse a toda situación que pueda presentarse intempestivamente.

Para reflexionar: *«Si alguno de ustedes quiere construir una torre, ¿qué es lo primero que hace? Pues se sienta a pensar cuánto va a costarle, para ver si tiene suficiente dinero.»* (Lucas 14:28 TLA.)

Antonio SanClemente. *Bogotá, Colombia.*

Mis notas

_____

_____

_____

SEMANA 17 - DÍA 3

¿CUÁL ES EL PROPÓSITO DE LA DISCIPLINA?

«No te desgastes tratando de hacerte rico, sé lo suficientemente
sabio para saber cuándo detenerte»
PROVERBIOS 23: NTV

Lectura: Proverbios 23:4	El Nuevo Testamento en un año: Lucas 17:14-18:7

Crecer en disciplina personal es una verdadera locura si se pretende sin una dirección clara de qué es lo que queremos. Quienes ahorran sin un propósito son solamente unos avaros; quienes acumulan sin un propósito son unos compulsivos; quienes se levantan de la cama antes de que amanezca sin un propósito ¡deberían, al menos, prepararnos el desayuno! Todo en la naturaleza tiene un propósito, cada parte de nuestro organismo lo tiene, por pequeña que sea. Muchos no sienten ningún tipo de entusiasmo por crecer en carácter, actitud o disciplina por el simple hecho de que no tienen un propósito definido para sus vidas.

En el extremo opuesto encontramos a quienes trabajan incansablemente por alcanzar objetivos claros, pero que no fueron decididos en oración ni son fruto de su relación personal con Dios. Estos se toparán con el terrible hecho de haber trabajado toda una vida levantando una escalera para descubrir —al llegar a la parte más alta— que la recostaron en una pared equivocada.

El libro de Proverbios enseña: *«No te desgastes tratando de hacerte rico, sé lo suficientemente sabio para saber cuándo detenerte»* (Proverbios 23: NTV), hay que notar que el esfuerzo y sacrificio que se requiere para construir una vida de éxito no es suficiente, se requiere sabiduría. Esa es la parte que nos conecta con nuestro Creador y lo hace más que un socio activo en nuestra vida, lo convierte en el protagonista. Esa sabiduría no sólo nos indicará cómo y con quién hacer las cosas, sino hasta cuándo.

Para reflexionar: La vida corre sin parar, debes saber cuándo detenerte para vivirla.

Edgar Medina. Monterrey, México.

Mis notas

_____

_____

_____

_____

_____

SEMANA 17 - DÍA 4

META EN SU MOCHILA TODAS LAS PROVISIONES NECESARIAS

«Supongamos que alguno de ustedes quiere construir una torre. ¿Qué tendría que hacer primero? Tendría que sentarse a calcular el costo, para ver si tiene lo suficiente para terminarla.»
LUCAS 14:28 NBV

Lectura: Lucas 14:28	El Nuevo Testamento en un año: Lucas 18:8-18:38

Esta ilustración tenía como objetivo hacer reflexionar a los potenciales discípulos de Jesús, sobre los costos que implicaba seguirle a Él – costos del discipulado. Pero además nos habla de la necesidad de actuar en la vida con previsión, con mentalidad estratégica, lo cual es opuesto a la improvisación y a la conducta ligera e irreflexiva, que no pondera las posibles consecuencias de las decisiones que se toman. Sería muy triste que después de iniciar con grandes expectativas y entusiasmo un proyecto o una empresa, abandonáramos a mitad de camino, porque nos dimos cuenta que no teníamos el talento, el conocimiento o los recursos financieros necesarios para acabar lo que empezamos. Cuando actuamos con enfoque estratégico, nos movemos con proactividad, no en forma reactiva, lo cual nos permite tener capacidad de reacción ante situaciones imprevistas. No se trata de llenarnos de cuentas y análisis rigurosos, aunque el análisis es necesario, sino más bien de aprender a pensar en forma estratégica, a ser previsivo y proactivo, más que reactivo. Pensamiento estratégico: reflexión + análisis de la situación + evaluación de recursos + metas + plan de acción + retroalimentación.

Para reflexionar: Antes del éxito ocurre la preparación.

Arnoldo Arana. *Valencia, Venezuela.*

Mis notas

_____

_____

_____

_____

_____

_____

_____

_____

_____

SEMANA 17 - DÍA 5

TRANSPARENCIA

«Así no sentiría yo vergüenza de atender a todos tus mandamientos.»
SALMO 119:6 RVC

Lectura: Salmo 119:6	El Nuevo Testamento en un año: Lucas 18:39-19:26

U n líder auténtico construye una cultura donde la verdad prevalece y donde no hay excepción a la regla. Transparencia y apertura son dos pilares de su comportamiento en todas sus actuaciones, tanto hacia el interior de la empresa con sus colaboradores, como hacia afuera con sus clientes, proveedores, y accionistas. Por el contrario, empresas donde todo es permitido tarde o temprano esto conducirá a resultados adversos. La credibilidad de los responsables por llevar las riendas de la empresa dejará mucho que desear, y por lo tanto la falta de confianza tan importante para que todo fluya armónicamente pasará un impuesto muy alto en todos los ámbitos de la empresa. Conducir sus tareas con la máxima integridad y ser diligente para responder con los problemas que atentan contra la sana ética es la mejor práctica para evitar caer en situaciones embarazosas, tales como caer en manipulaciones con nuestros clientes, proveedores y accionistas. Cada día debemos hacernos una autoevaluación y reflexionar sobre cómo está respondiendo cada colaborador a las políticas y procedimientos frente a su responsabilidad con la ética. Si cada trabajo se lleva a cabo con diligencia y honestidad, entonces no habrá de qué preocuparse que se descubra algo ilícito que golpee a la buena reputación de la empresa. Encierra un sano entendimiento de parte de la persona que declaró: *«vivir con la verdad es más simple y menos complicado que mantener ocultándola».*

Para reflexionar: *«El hombre fiel recibe muchas bendiciones; el que quiere hacerse rico no sale bien librado.»* (Proverbios 28:20. RVC)

Antonio SanClemente. *Bogotá, Colombia.*

Mis notas

_____
_____
_____
_____
_____
_____
_____
_____

LOS 3 CONSEJOS PARA DESARROLLAR DETERMINACIÓN

«Si fueres flojo en el día de trabajo, Tu fuerza será reducida.»
PROVERBIOS 24:10 RVR1960

Lectura: Proverbios 24:10	El Nuevo Testamento en un año: Lucas 19:27-20:8

L a determinación es aquello que nos permite permanecer de pie ante los embates que la vida suele presentarnos. Es la condición que sirve de fundamento para muchas otras cualidades como la disciplina, la diligencia, la lealtad, el ahorro, la generosidad y el esmero, entre muchas más. El rey más sabio y rico que ha existido lo expresó así: *«Quien se rinde ante un problema, no demuestra fuerza ni carácter.»* (Proverbios 24:10 TLA)

El primer consejo para desarrollar determinación es… *Persevera*. Perseverar es mantenerse constante en lo que se comenzó. Mantenerse constante en lo que se comenzó es ponerse metas a corto plazo, a mediano plazo y agarrarse el alma para no claudicar.

El segundo consejo para desarrollar determinación es tan importante como el primero, y es… *Persevera*. Perseverar es mantenerse constante en una actitud. Aquí es donde entra la capacidad de controlarse, independientemente de las circunstancias o las reacciones de otros.

El tercer consejo para desarrollar determinación es tan importante como el segundo, y es… *Persevera*. Perseverar es mantenerse constante en una opinión. Tuve que enfrentar una difícil situación hace un tiempo, sabía que tenía que notificar a ciertas personas claves en una organización de una decisión que tomé. No estaba seguro de con qué reacción me iba a topar, pero estaba seguro que era una decisión correcta, por el tiempo y la oración que invertí en tomarla y el consejo que recibí de hombres maduros. La respuesta fue mucho peor de lo que esperaba; aun así me mantuve firme. Hoy, corrido el velo del tiempo, sé que tuve razón.

Para reflexionar: La determinación es el alma del carácter.

Edgar Medina. Monterrey, México.

Mis notas

SEMANA 18 - DÍA 2

SOBREPONIÉNDONOS DEL TEMOR A FRACASAR

«Así que tuve miedo y escondí tu dinero en la tierra. Aquí tienes lo que es tuyo.»
MATEO 25:24-25 RVC

Lectura: Mateo 25:24-25	El Nuevo Testamento en un año: Lucas 20:9-20:39

Al siervo que pronunció estas palabras en esta parábola no le gustaba asumir riesgos, ni experimentar la posibilidad de fracasar. Tenía tanto temor de decepcionar a su señor, de ser criticado o cuestionado por otras personas, a equivocarse, a exponerse intentando hacer algo, que optó por la acción pasiva. Al asumir esta actitud y dar lugar al temor, se convirtió en un siervo inútil: *«siervo malo y negligente»*.

El temor al fracaso es, tal vez, el mayor de los responsables de por qué las personas no traten de desarrollar sus talentos identificados. El temor hace que las personas opten por no correr riesgos.

El temor al fracaso, no es más que el temor a exponer nuestro ego, temor a experimentar el rechazo o la decepción de las personas. Muchos de nosotros nos cuidamos de exponernos públicamente al desarrollar nuestras fortalezas. Preferimos permanecer encerrados en nuestra sala de trabajo sellando las grietas.

Pero si ha intentado hacer algo y ha fracasado, está en mucha mejor posición que cuando tiene éxito sin hacer algo, porque como Stephen Covey dice: *«La vida es aprendizaje, tanto a partir de nuestros errores como de nuestros aciertos»*. En la vida - dijo alguien - *«el único error verdadero es aquel del que nada aprendemos»*.

Para reflexionar: El temor a fracasar es uno de los principales enemigos del desarrollo del potencial.

Arnoldo Arana. *Valencia, Venezuela.*

Mis notas

_____
_____
_____
_____
_____
_____

SEMANA 18 - DÍA 3

A PALABRAS ÁSPERAS RESPUESTAS SUAVES

«No hagas caso de discusiones que no tienen ton ni son; ya sabes
que terminan en peleas.»
2 TIMOTEO 2:23 DDH

Lectura:	El Nuevo Testamento en un año:
2 Timoteo 2:22-26	Lucas 20:40-21:23

Los conflictos en el lugar de trabajo son inevitables. Pero según cómo se manejen estas diferencias será su resultado final. Antes de responder debemos mantener nuestra disciplina y autocontrol para conservar los puentes que sirven de comunicación entre unos y otros. Responder con una actitud amable es determinante para resolver favorablemente cualquier diferencia de enfoque. Abocarse en comprender los pormenores que generan este tipo de enfrentamientos a través de escuchar atentamente a la otra persona y usando el método de hacer preguntas que afloren a la luz sus verdaderos argumentos nos ayudará a entender claramente el cuadro completo. Frecuentemente de un enfoque constructivo hacia las diferencias que puedan surgir entre los miembros de un equipo aparecen oportunidades para generar confianza entre los mismos, y sabemos que la confianza es el pegamento que mantiene sanas nuestras relaciones personales y profesionales. Decisiones tomadas con la información adecuada provenientes de los diferentes actores en juego, no solamente reflejarán tú fe y confianza hacia los miembros de tu equipo, sino que despejarán el camino hacia el futuro progreso de la empresa. Conocer las dinámicas del conflicto, estar consciente de sus propias reacciones al involucrarse en un conflicto, y promover respuestas constructivas en el conflicto y al mismo tiempo desarticular toda respuesta destructiva que potencialmente encienda las llamas del mismo, son habilidades que debe poseer toda persona que se desempeñe en una posición de autoridad.

Para reflexionar: *«La respuesta suave aparta el enojo, pero las palabras ásperas provocan disputas.»* (Proverbios 15:1 RVA 2015)

Antonio SanClemente. *Bogotá, Colombia.*

Mis notas

_____

_____

_____

_____

_____

_____

SEMANA 18 - DÍA 4

¿ES USTED UN ESPECTADOR O UN PROTAGONISTA?

«El alma del perezoso desea, pero nada consigue, mas el alma de los diligentes queda satisfecha.»
PROVERBIOS 13:4 LBLA

Lectura:
Proverbios 13:4

El Nuevo Testamento en un año:
Lucas 21:24-22:15

Sin decisión y compromiso no hay éxito duradero. Hay personas que esperan que las cosas sucedan. Muchos asumen su papel en la vida como simples espectadores, pero otros deciden ser actores principales – protagonistas. Hay personas que dejan sus resultados al azar, al juego de las circunstancias, a la inercia de los acontecimientos o a las decisiones de otras personas, pero las personas diligentes asumen la responsabilidad de que las cosas sucedan; se fabrican sus propias oportunidades y no desperdician las oportunidades que se les presentan. Son comprometidas; asumen la responsabilidad por su destino, no delegan a otros su educación, su futuro y las decisiones importantes. No dejan en manos de otras personas o al azar, la velocidad, el ritmo, ni la intensidad con que van a avanzar en la consecución de sus metas y aspiraciones.

El éxito lo construye y lo determina usted, con su decisión y su compromiso asumido. Somos responsables de causar nuestros propios efectos en la vida. Decía Benjamin Disraeli: *«Las circunstancias caen fuera del dominio del hombre; pero la manera de conducirse en ellas es cosa que está en su mano».*

Para reflexionar: El éxito está al alcance de los protagonistas y no de los espectadores.

Arnoldo Arana. *Valencia, Venezuela.*

Mis notas

_____
_____
_____
_____
_____
_____
_____
_____

SEMANA 18 - DÍA 5

HUMILDAD: REQUISITO IMPRESCINDIBLE

«Asimismo ustedes, los más jóvenes, estén sujetos a los mayores (los ancianos). Y todos, revístanse de humildad en su trato mutuo, porque Dios resiste a los soberbios, pero da gracia a los humildes.»
1 PEDRO 5:5 NBLH

Lectura:	El Nuevo Testamento en un año:
1 Pedro 5:5	Lucas 22:16 - 22:46

Uno de los atributos de un líder auténtico es la humildad, característica que no se encuentra entre los dirigentes que son orgullosos. La humildad está mal entendida en nuestro medio, pues se le ha tomado peyorativamente. La humildad bien entendida, es aquella cualidad del ser humano que lo lleva a entender cuáles son sus fortalezas y cuáles sus debilidades. La humildad así entendida, no es pensar menos de uno mismo, sino es pensar menos en sí mismo y estar dispuestos a destacar lo que hacen los otros integrantes del equipo. De otra parte, el orgullo interrumpe la sana comunicación entre las personas comprometidas con una visión común. Crea barreras de separación entre personas pertenecientes a un mismo cuerpo, ya sea la empresa, la familia, la comunidad en general. El líder orgulloso de sí mismo piensa básicamente en su fama, poder, posición, vanagloria, y no piensa en los demás. En un estudio de investigación llevado a cabo por Jim Collins y que dio origen a su libro *«Empresas que sobresalen»* destaca dos características del líder auténtico, humildad y firme voluntad, cualidades que no encontraron en aquellas personas que estuvieron en algún momento de sus vidas al comando de empresas que no perduraron o se sostuvieron en el tiempo. La humildad aunada a otras cualidades forma parte del carácter de la persona. De ahí la importancia de seleccionar a los miembros de nuestro equipo, siguiendo el criterio de un firme y sano carácter como premisa para conformar un equipo altamente competitivo.

Para reflexionar: *«Vivan en armonía unos con otros. No sean arrogantes, sino traten como iguales a la gente humilde ¡y no se hagan como que lo saben todo!»* (Romanos 12:16 NBV)

Antonio SanClemente. Bogotá, Colombia.

Mis notas

_____

_____

_____

_____

_____

TRANSFORMA EL ENOJO EN DETERMINACIÓN

«El necio da rienda suelta a sus impulsos, pero el sabio acaba por refrenarlos.»
PROVERBIOS 29:11 DHH

Lectura: Proverbios 29:11	El Nuevo Testamento en un año: Lucas 22:47-23:6

Te pregunto¿qué suele impedirnos ser personas más determinadas? Creo que la lista bien pudiera comenzar con el miedo a salir de la zona de comodidad. Ningún afroamericano había llegado tan lejos en busca del sueño de ser un profesional del béisbol antes de Jackie Robinson, pero él se determinó a pagar el precio que fuera necesario. Por supuesto que la influencia nociva de otros puede también empujarnos a limitar nuestro potencial y determinación, por ello es necesario desarrollar una visión clara de hacia dónde hemos sido llamados a llegar para permanecer firmes ante los embates de los demás. Podemos sumar la falta de convicción personal, cuando nuestros deseos no están enraizados en nuestro corazón serán fácilmente arrastrados por el fluir de las circunstancias.

La falta de determinación puede tener su origen en una falla en el carácter como lo es la baja autoestima, que a su vez es falta de fe en creer lo que Dios dice que somos. Podemos agregar también las fallidas experiencias pasadas, cuando ha habido fracasos en intentos anteriores se crea en nuestra memoria un archivo que asocia el intento con la derrota —de eso hay que deshacerse.

Finalmente, creo que la lista no pudiera estar completa sin los límites referentes, si Jackie hubiese tomado en cuenta que ningún negro había logrado jugar de manera profesional se hubiera conformado con participar en la liga de negros, pero decidió superar la marca y rebasar el límite que se tenía como referente en ese momento.

Para reflexionar: La determinación usa nuestro enojo a nuestro favor.

Edgar Medina. *Monterrey, México.*

Mis notas

_____

_____

_____

_____

_____

_____

SEMANA 19 - DÍA 2

LA INTEGRIDAD ES RENTABLE

«El impío hace obra falsa; Mas el que siembra justicia tendrá galardón firme.»
PROVERBIOS 11:18 RVR1960

Lectura:	El Nuevo Testamento en un año:
Proverbios 11:18	Lucas 23:7-23:37

Dice el sabio rey Salomón: *«Las riquezas mal habidas no tienen ningún valor duradero; pero vivir debidamente puede salvar tu vida»* (Proverbios 10:2 NTV). Lo que se construye sin sentido ético, obviando la verdad y el recto proceder, tiene poca duración en el tiempo. Por el contrario, gestionarse con integridad en las actividades empresariales y mercantiles es un buen negocio. Eso es lo que es sustentable en el tiempo. Se recoge según la semilla que se siembra. Las ganancias y recompensas del engaño, la mentira y la deshonestidad, que no proceden del trabajo recto y las relaciones justas, son engañosas. En palabras del rey Salomón: *«Tal vez sea agradable ganarse el pan con engaños, pero uno acaba con la boca llena de arena»* (Proverbios 20:17 NTV).Actuar con integridad en los negocios, no es un asunto con puras implicaciones ético–morales, sino que tiene importantes repercusiones legales, económicas, sociales y relacionales. La integridad es un factor de producción tan importante como el dinero, los sistemas, la tecnología o los procesos de trabajo. La falta de integridad crea desconfianza, y ésta es un impuesto muy alto a la prosperidad y a la productividad. Ese impuesto se expresa en la forma de pérdida de clientes, desmotivación de los trabajadores, percepción negativa del mercado, descontento de la ciudadanía, entre otros. Sin confianza no se puede edificar una empresa, gobernar una nación, ni mantener una relación. La falta de confianza hace todo más lento y burocrático. Y aumenta los costos de cualquier proceso de negocio, pues requiere hacer uso de mayores controles.

Para reflexionar: *«Si la integridad disminuye, disminuye la capacidad de trabajo, y así como la capacidad de trabajo se reduce, el valor o la oportunidad de ejecutarlo, disminuye»* Michael Jensen.

Arnoldo Arana. *Valencia, Venezuela.*

Mis notas

_____
_____
_____
_____
_____

SEMANA 19 - DÍA 3

CUIDADO CON LOS ATAJOS

«Al que es honrado, él le concede el tesoro del sentido común.
Él es un escudo para los que caminan con integridad»
PROVERBIOS 2:7 NTV

Lectura: Proverbios 2:7	El Nuevo Testamento en un año: Lucas 23:38-24:11

Se sabe que la distancia más corta entre dos puntos es una línea recta, y se oye decir que la distancia más larga entre esos mismos puntos ¡es un atajo! En una cultura avocada a elegir lo más cómodo muchos no dudan en acortar la distancia aunque eso represente hacer algo indebido.

La falta de integridad no siempre resulta en papeles tan bochornosos, la mayoría de las personas en alguna medida hemos caído en ella; pero, parecería que el problema no es la falta de rectitud, ¡sino que te atrapen!

Un papá llevó a su hijo al parque de béisbol, al llegar a la taquilla pidió dos entradas. La vendedora le hizo saber que en ese día los menores de siete años no pagan el acceso. El hombre respondió con orgullo:

—Mi campeón tiene ocho años.

La señorita entonces dijo:

—Yo no me daría cuenta de su edad si usted me dijera que tiene siete.

—Usted no, —aclaró el hombre— pero él sí.

No ser íntegro siempre tiene consecuencias adversas, aunque no sean inmediatas. El ejemplo que damos tarde o temprano podrá ser usado en nuestra contra.

Para reflexionar: Pocas veces reflejamos mejor nuestra integridad que cuando actuamos donde nadie nos observa.

Edgar Medina. *Monterrey, México.*

Mis notas

_____

_____

SEMANA 19 - DÍA 4

¿EXAMEN DE CONCIENCIA?

«No seas sabio a tus propios ojos; Teme (Reverencia) al SEÑOR
y apártate del mal.»
PROVERBIOS 3:7 NBLH

Lectura:	El Nuevo Testamento en un año:
Proverbios 3:7	Lucas 24:12-24:42

Crecí en un ambiente religioso y aprendí desde niño a realizar el llamado 'Examen de conciencia'. Recuerdo que cada viernes se destinaba un tiempo para que todos los niños del colegio confesáramos nuestras faltas; mi frase favorita en el confesionario era: «Fueron los mismos pecados de la semana pasada». Por supuesto que no entendía mucho lo que significaba arrepentirse y determinarse en cambiar de rumbo.

El libro de Proverbios dice: «*No seas sabio en tu propia opinión...*» (Prov. 3:7 RVR1960) el auto examinarse nos hace juez y parte a la vez, y muchos solemos ser autocomplacientes. Evaluamos a los demás por sus acciones, pero nos justificamos por nuestras intenciones.

Varios siglos antes de Cristo el hombre más íntegro sobre la tierra era, sin duda, el profeta Isaías. Cuando él se presentó delante de Dios exclamó impresionado: «*¡Ay de mí! que soy muerto...*» (Isaías 6:5 RVR1960), la palabra hebrea que traduce 'muerto' significa también desintegrado. Piensa en esto, ¡el hombre más íntegro sobre la tierra ante Dios se siente desintegrado!

La integridad nunca será resultado de no haber cometido errores, sino por presentarse valientemente ante Dios, para que él nos vuelva a dar forma como le sucede al barro en las manos del alfarero.

Para reflexionar: El secreto de la integridad está escondido en las manos de Dios.

Edgar Medina. Monterrey, México.

Mis notas

_____
_____
_____
_____
_____

SEMANA 19 - DÍA 5

DIOS DEMANDA QUE SEAMOS PERSONAS ESFORZADAS

«Por la mañana, cuando pasaban, vieron la higuera seca desde las raíces.»
MARCOS 11:20 LBLA

Lectura: Marcos 11:12-14,20	El Nuevo Testamento en un año: Lucas 24:43-Juan 1:20

En este pasaje Jesús maldijo una higuera porque no tenía higos, a pesar de que se suponía que no debía tener higos, porque como lo dice el pasaje «*... pues no era temporada de higos*». No se espera fruto de un árbol fuera de su temporada de cosecha, pero Jesús de todas maneras se molestó con este árbol ¿Acaso Jesús ignoraba que no era temporada de higos, y por esto fue injusto? En todo caso no se necesitaba ser Dios para saber que no era temporada de higos. Eso lo podía conocer cualquier ciudadano observador. Lo que él quería transmitirles a sus discípulos, es que Dios no espera de nosotros solamente lo que sale de manera natural, lo que nos es cómodo. La expectativa de Dios es que hagamos mucho más de lo que nos sale natural y cómodo. El éxito requiere que salgamos de nuestra zona de confort. Es fácil ser buen empresario cuando la economía está en auge o el entorno es favorable. Pero lo que nos sale de manera cómoda es mediocridad – es promedio – y lo último que Dios quiere es que nosotros seamos personas promedio.

Para reflexionar: El esfuerzo es el factor común a cualquier capacidad y habilidad que lleve al éxito.

Arnoldo Arana. *Valencia, Venezuela.*

Mis notas

_____
_____
_____
_____
_____
_____
_____
_____
_____
_____

LÍDERES PENDIENTES DE SUS SEGUIDORES

«Y el siervo de cierto centurión, a quien este tenía en mucha estima, estaba enfermo y a punto de morir. Cuando oyó hablar de Jesús, le envió ancianos de los judíos para rogarle que fuera y sanara a su siervo.»
LUCAS 7:2-3 RVA-2015

Lectura: Lucas 7:1-10	El Nuevo Testamento en un año: Juan 1:21-1:51

El que tiene tienda, que la atienda»; es un dicho cotidiano latinoamericano que nos acerca a la idea de que el líder ha de estar pendiente del buen funcionamiento de su empresa, incluyendo el bienestar de los empleados. El sabio rey Salomón recomendó en referencia a esto, *«Sé diligente en conocer el estado de tus ovejas, Y mira con cuidado por tus rebaños»* (Proverbios 27:23 RVR 1960). Poniendo así una alta expectativa en el enfoque, el esfuerzo y la intención de asegurar un óptimo estado de aquello (el talento) que hace posible el éxito de cualquier empresa. El relato de Lucas 7, (especialmente los versos 2 y 3) muestra cómo un centurión abogó por la salud de uno de sus siervos; y permite extraer algunos aprendizajes sobre un líder que está pendiente de sus seguidores o colaboradores:

1) Se resalta el aprecio del centurión, no la eficacia del siervo. Aunque no hay evidencia de por qué lo quería mucho; lo cierto es que lo quería mucho (v.2). Es posible que haya sido un buen siervo, pero el relato no lo especifica. La expresión de aprecio se evidenció, y tomó forma de acción, indistintamente del mérito.

2) El centurión hizo algo por su siervo enfermo. Los líderes son buenos en movilizar personas y recursos alrededor de iniciativas de trasformación; pero un líder que aprecia genuinamente a sus colaboradores, logrará la movilización en pro del bienestar de ellos.

3) El centurión buscó a Jesús. A los hombres de poder les cuesta pedir ayuda, han trabajado tan duro en posicionarse como líderes que ven como signo de debilidad confiar en un *«ser superior»*. Un líder (como el centurión) que quiere genuinamente a sus siervos, reconoce que no es *«omnipotente»* y busca a Jesús para intervenir sobrenaturalmente e impactar positivamente la vida de sus siervos (colaboradores), y por consiguiente a su organización.

Para reflexionar: El aprecio de los líderes por sus colaboradores moviliza, especialmente a buscar a Jesús.

Jesús A. Sampedro Hidalgo. *Valencia, Venezuela.*

SEMANA 20 - DÍA 2

LÍDERES QUE INFORMAN BIEN - ACTIVAN EL PODER DE EQUIPOS COMPROMETIDOS

«Ya no los llamo siervos, porque el siervo no sabe lo que hace su señor; pero los he llamado amigos, porque les he dado a conocer todo lo que he oído de Mi Padre.»
JUAN 15:15 NBLH

Lectura: Juan 15:15	El Nuevo Testamento en un año: Juan 2:1-3:5

Un colaborador desinformado no puede rendir lo que de él se espera. Cuando a las personas se les involucra dándoles la información pertinente para realizar bien su trabajo, éstas responderán con sentido de pertenencia y por consiguiente estarán más comprometidas a cumplir con sus responsabilidades. Un colaborador no involucrado, es un colaborador no comprometido. La comunicación periódica en dos vías es imprescindible para lograr una mayor efectividad en la obtención de las metas y objetivos de la empresa. Cada integrante del equipo debe conocer cómo cada esfuerzo individual contribuye a la visión de su organización. Diariamente debe hacerse una revisión de aquellos aspectos relevantes que deben ser abordados y así generar un flujo constante de comunicación entre cada líder y su equipo de trabajo. El ejemplo nos lo da Jesús en este pasaje sobre el tipo de comunicación que debe existir entre las personas encargadas de llevar a cabo la misión que se les ha encomendado. Modelar una actitud positiva hacia sus colaboradores en la que ellos se sientan involucrados y apreciados puede hacer una gran diferencia en el ejercicio diario de sus funciones. Empleados comprometidos elaboran productos y servicios de mejor calidad que impactan positivamente a más clientes satisfechos y éstos a su vez generan el crecimiento de la empresa.

Para reflexionar: *«Sin dirigentes sabios, la nación está en problemas; pero con buenos consejeros hay seguridad.»* (Proverbios 11:14 RVA).

Antonio SanClemente. *Bogotá, Colombia.*

Mis notas

_____
_____
_____
_____
_____
_____

SEMANA 20 - DÍA 3

¿SABE USTED, REALMENTE, A DÓNDE VA SU TIEMPO?

«Por tanto, tengan cuidado cómo andan; no como insensatos sino como sabios»
EFESIOS 5:15 NBLH

Lectura: Efesios 5:15-16	El Nuevo Testamento en un año: Juan 3:6-3:36

Saber a dónde va su tiempo implica invertirlo en prioridades, no malgastarlo enteramente en atender urgencias. No diluirlo en actividades rutinarias, que no contribuyen a la consecución de nuestras metas y sueños. Para saber a dónde se va nuestro tiempo resultar más útil una brújula que un reloj. El reloj cuenta nuestro tiempo, pero la brújula nos da sentido de dirección. El reloj nos ayuda a planificar nuestro tiempo, mientras que la brújula nos ayuda a administrarnos a nosotros mismos. Un enfoque, el del reloj, hace énfasis en las cosas y el tiempo; y el otro, el de la brújula, hace énfasis en las expectativas, en los resultados y en la contribución. El reloj está asociado al tiempo kronos y la brújula está asociada al tiempo kairos. El griego clásico conoce una doble terminología para señalar el tiempo. Uno es el tiempo kronos o tiempo cronológico y el otro es el tiempo kairos o tiempo de oportunidad. Kronos indica el fluir del tiempo sobre el hombre, mientras que kairos indica una oportunidad o crisis que hay que aprovechar. El tiempo kronos es un tiempo lineal, cargado de tareas y gobernado por el reloj. El tiempo kairos es un tiempo cargado de significados, que puede ser comparado con la brújula como metáfora; un intento de rescatar el tiempo de su caducidad.

Para reflexionar: El tiempo es oro. Es la única de las posesiones personales no renovables.

Arnoldo Arana. *Valencia, Venezuela.*

Mis notas

_____
_____
_____
_____
_____
_____
_____
_____
_____

La maestría en finanzas de mis padres

«Las hormigas, insectos muy pequeños que guardan comida en el verano,
para tener suficiente en el invierno.»
PROVERBIOS 30:25 TLA

Lectura:	El Nuevo Testamento en un año:
Proverbios 30:25	Juan 4:1-4:31

Después de 20 años de haber terminado mi maestría en negocios MBA, regresando la vista atrás, me doy cuenta que las mejores enseñanzas de finanzas las recibí de mis padres.

Fueron cinco cosas que también quiero heredar a mis hijos:

1. Visión: con los años fui observando cómo mis padres fueron construyendo paso a paso cada uno de sus sueños, a pesar de sus limitados ingresos, claramente tenían metas progresivas, por lo cual eran sabios a la hora de gastar, lo que les permite ahora disfrutar.

2. Ser productivo: Un adagio ancestral dice: *«No mentir, no robar y no ser ocioso»* estas son claves de una economía saludable. Proverbios 6:6 dice: *«Ve a la hormiga, oh perezoso, mira sus caminos, y sé sabio»* Es vivir con un enfoque en la productividad, en crear y agregar valor, que es distinto de un enfoque en el dinero. Mirar el trabajo como una oportunidad maravillosa de crecer y crear, no como la obligación para hacer dinero, sino como la consecuencia de servir.

3. Ahorro: un estilo de vida austera, que es sencilla y sin alardes ni adornos superfluos, les permitía tener para las emergencias, y paulatinamente hacer progresos cuando las oportunidades de acuerdo al plan se presentaban.

4. Ser generoso: siempre vi como mi madre tenía el corazón abierto para compartir, le era natural, y siempre tenía para dar a quien lo necesitaba. También un corazón para ofrendar a Dios con gratitud y no por obligación.

5. Disfrutar: no de los lujos ni placeres temporales, disfrutar de las cosas que no tienen precio, la familia, la educación, la bondad, las experiencias de vida, la salud.

Para reflexionar: Nuestro manejo del dinero, no solo refleja nuestro carácter, sino que predice nuestro futuro.

Julio César Acuña, Quito, Ecuador.

SEMANA 20 - DÍA 5

SIN ESFUERZO NO HAY RECOMPENSA

«Ningún soldado en servicio activo se enreda en los asuntos de la vida civil,
porque tiene que agradar a su superior.»
2 TIMOTEO 2:4 DHH

Lectura:	El Nuevo Testamento en un año:
2 Timoteo 2:4	Juan 4:32-5:8

Ningún atleta ha ganado una olimpíada haciendo lo que le era cómodo y natural. Ningún soldado ha ganado una batalla haciendo el mínimo indispensable para prepararse. Igualmente, ningún campesino ha recogido una abundante cosecha haciendo lo que le era cómodo, por eso Pablo le dijo a Timoteo que se esforzara.

Para que alguien pueda ganar una olimpíada tiene que ir en contra de su naturaleza y forzar su cuerpo más allá de sus límites y hacer lo que no es cómodo y natural para él. Tú como atleta de alto nivel no puedes decir que no puedes entrenar porque no es temporada o a tu cuerpo no le apetece entrenar hoy o estás adolorido. No, para ganar una olimpíada tienes que renunciar a tu comodidad y forzarte más allá de tus límites y aún sobreponerte al dolor.

Para consolidar una empresa exitosa, crecer en un área profesional, levantar una familia funcional y sana, alcanzar metas y sueños personales, se requiere de mucha dedicación, esfuerzo y enfoque.

Para reflexionar: Detrás de bastidores del éxito están el esfuerzo sostenido, la disciplina y la constancia.

Arnoldo Arana. *Valencia, Venezuela.*

Mis notas

_____
_____
_____
_____
_____
_____
_____
_____
_____
_____
_____

SEMANA 21 - DÍA 1

PLANES

«Porque, ¿quién de ustedes, deseando edificar una torre, no se sienta primero
y calcula el costo, para ver si tiene lo suficiente para terminarla?»
LUCAS 14:28 NBLH

Lectura: Lucas 14:28	El Nuevo Testamento en un año: Juan 5:9-5:38

Los planes son una guía que hacen posible alcanzar los objetivos en el camino hacia el logro de la visión. Sin una adecuada planeación los objetivos a alcanzar se diluyen en el tiempo, y los costos de llevar a cabo una serie de actividades dentro del plan se incrementan considerablemente haciendo más difícil su ejecución. Considerar metas específicas, medibles en el tiempo, atractivas y ambiciosas, y centradas en el cliente final quién es la razón de nuestros productos o servicios, ayudará a disciplinarnos y a evitar que nos desviemos de los objetivos predeterminados. Dentro de las cuatro actividades claves contempladas para el buen desarrollo de un proyecto, la planeación antecede a la ejecución, a la comprobación y finalmente a los ajustes o cambios que sean indispensables para acercar el proyecto a su etapa de culminación exitosa. Las metas alcanzadas dentro de un plan bien concebido nos contagian de entusiasmo y nos brindan la esperanza para alcanzar nuevos horizontes. Los tiempos actuales en los que la incertidumbre es una constante que nos obliga a mantenernos alerta a considerar cambios e introducir nuevas maneras de pensar en la ejecución de nuestros planes. En Proverbios 18:15 (NTV) dice que *«Las personas inteligentes están siempre dispuestas a aprender; tienen los oídos abiertos al conocimiento.»* Por lo tanto debemos considerar en nuestros planes el proceso del mejoramiento continuo, siempre inquietos en búsqueda de la excelencia.

Para reflexionar: *«La mente del hombre planea su camino, Pero el Señor dirige sus pasos.»* (Proverbios 16:9 NBLH)

Antonio SanClemente. *Bogotá, Colombia.*

Mis notas

SEMANA 21 - DÍA 2

8 CONDICIONES BASADAS EN LAS BIENAVENTURANZAS

«Viendo la multitud, subió al monte; y sentándose, vinieron a él sus discípulos.»
MATEO 5:1 RVR1960

Lectura: Mateo 5:1-12	El Nuevo Testamento en un año: Juan 5:39-6:22

Jesucristo compartió con sus seguidores el «*Sermón del Monte*», un compendio de enseñanzas admiradas mundialmente, y dignas de reflexión para todo líder. Allí esta una serie de declaraciones denominadas «*Bienaventuranzas*», que plasman ocho características esenciales para el liderazgo (adaptando del autor J. Oswald Sanders) y se pueden agrupar así:

Cualidades del Ser (Condiciones personales pasivas)
• Insuficiencia. Bienaventurados los pobres de espíritu. ¡Ah, la dicha de los que reconocen su bancarrota espiritual! El primer paso para el éxito consiste en reconocer que se tiene necesidades.
• Contrición. Bienaventurados los que lloran. ¡Ah, la dicha de los infelices! Luego de saber y reconocer el vacío, viene un sentir de inconformidad con una connotación positiva.
• Humildad. Bienaventurados los mansos. ¡Ah, la dicha de los humildes! La mansedumbre no es blandura, es más bien fortaleza que ha sido canalizada apropiadamente (es decir, bien dirigida).
• Aspiración. Bienaventurados los que tienen hambre y sed de justicia. ¡Ah la dicha de los insatisfechos! De quienes quieren llenar sus tanques (emocionales, espirituales, relacionales).

Cualidades del Hacer (Condiciones sociales activas)
• Compasivo. Bienaventurados los misericordiosos. ¡Ah, la dicha de los misericordiosos! Extender empatía comprensiva (sin crítica o rencor), y librar la culpa a otros a través del perdón.
• Enfocado. Bienaventurados los limpios de corazón. ¡Ah la dicha de los sinceros! Se trata de la realidad interna sincera (libre de impurezas) que facilite ir con enfoque hacia la esperanza futura.
• Conciliatorio de Espíritu. Bienaventurados los pacificadores. ¡Ah la dicha de los que fomentan la armonía! Los que reconocen que la paz no es ausencia de confrontacio

Para reflexionar: El ser y el hacer componen el liderar.

Jesús A. Sampedro Hidalgo. *Valencia, Venezuela.*

112-

MÁS BIENAVENTURADO ES DAR QUE RECIBIR

«Siempre les he enseñado que así se debe trabajar y ayudar a los que están en necesidad, recordando aquellas palabras del Señor Jesús: "Hay más dicha en dar que en recibir."»
HECHOS 20:35 DHH

Lectura:	El Nuevo Testamento en un año:
Hechos 20:35	Juan 6:23-6:53

El dar es un acto de entrega a otro; es un acto de gracia. La gracia da con amor y liberalidad; la gracia otorga, no evalúa méritos, no condiciona. La palabra griega didomi, traducida por dar en Hechos 20:35, connota ofrendar, donar o conceder, libremente y sin ser forzado, algo de valor.

Damos según el fruto que producimos, y producimos de lo que somos. Un manzano produce manzanas y no naranjas u otra fruta. No puede producir un fruto diferente a su naturaleza. Jesús dijo que *«por el fruto se conoce el árbol»*. Dado que nuestra vida es ilustrada en forma figurativa como un árbol, necesitamos responder la pregunta: ¿Qué clase de fruto hay en mi árbol?

La Biblia nos exhorta, con prioridad, a cultivar una actitud liberal en cuanto al dar, más que una actitud de recibir. Ahora, esta actitud no emerge en forma automática; necesita ser trabajada, y aun forzada para que crezca y se desarrolle, hasta que se haga natural, un hábito.

Recibir puede resultar más natural que dar. La vida está direccionada, por lo menos en todo el proceso de su crecimiento, por un continuo recibir. El bebé reclama con su llanto la comida y el afecto y atención de su madre. El esposo y la esposa esperan mutuamente por los elogios y las caricias hacia el otro. Todos esperamos recibir. Todos anhelamos ser reconocidos. Todos queremos ser estimados. Pero la vida también es dar.

Para reflexionar: El dar es uno de los sellos distintivos de los verdaderos líderes.

***Arnoldo Arana**. Valencia, Venezuela.*

Mis notas

SEMANA 21 - DÍA 4

Armas espirituales

«Atemorizado, Josafat decidió consultar al SEÑOR y proclamó un ayuno en todo Judá.»

2 Crónicas 20:3 NVI

Lectura: 2 Crónicas 20:1-3	El Nuevo Testamento en un año: Juan 6:54-7:13

■ Sabías que estamos en guerra? Si, independientemente del país donde vivas, ¿ tenemos muchos tipos de guerras alrededor nuestro. Las puedes ignorar o desconocer pero están allí. Algunas son externas, en el mundo de los negocios por ejemplo, guerras de precios, éticas, nichos de mercados, espacios en la percha; en las relaciones: generosidad vs. egoísmo, honestidad vs. codicia, transparencia vs. mentira; algunas internas, procastinación vs. diligencia, prioridades vs. urgencias, tolerancia vs. enojo, la vida vs. la muerte, materialismo vs. espiritualidad y muchas más. Toda guerra se gana con armas y estrategia. Quisiera poner en tus manos unas armas espirituales no siempre utilizadas, a pesar de ser las más poderosas y estratégicas para todas tus batallas:

1. Apego a la palabra de Dios. Josué 1:8 (BLPH) dice: *«Medita día y noche el libro de esta ley teniéndolo siempre en tus labios; si obras en todo conforme a lo que se prescribe en él, prosperarás y tendrás éxito en todo cuanto emprendas.»*

2. Fe: Después de escuchar directamente las promesas de Dios para ti, debes confiar y creer que éstas se cumplirán aunque las circunstancias digan lo contrario.

3. Oración: Rodillas y rostro en tierra. El genio por excelencia Einstein dijo *«nunca un hombre es tan grande como cuando está de rodillas»*.

4. Ayuno: 2 de Crónicas 20:3 dice *«Josafat sintió miedo y decidió acudir al Señor. Así que anunció un ayuno en todo Judá, y la gente de Judá se reunió para pedir ayuda al Señor.»*

Para reflexionar: *«Hijitos, ustedes son de Dios y han vencido a esos mentirosos, porque el que está en ustedes es más poderoso que el que está en el mundo.»* (1 Juan 4:4 DHH).

Julio César Acuña. *Quito, Ecuador.*

SEMANA 21 - DÍA 5

Enseña a otros

«También os rogamos, hermanos, que amonestéis a los ociosos, que alentéis a los de poco ánimo, que sostengáis a los débiles, que seáis pacientes para con todos.»
1 Tesalonicenses 5:14 RVR1960

Lectura: 1 Tesalonicenses 5:14	El Nuevo Testamento en un año: Juan 7:14-7:43

Una de las formas más efectivas de servir a otros es contribuir con su proceso de crecimiento y aprendizaje. Al respecto comenta Ron Jenson: *«Las personas se animan cuando ven crecimiento en sus vidas. Pero el crecimiento no ocurre por sí solo. Como una llama, el crecimiento es encendido y avivado por personas amorosas que nos demuestran su interés por ayudarnos a desarrollar una habilidad, a corregir una actitud, a construir un marco de referencia mental u obtener discernimiento».*

De lo que estamos hablando es de convertirnos en un habilitador, coach o asesor para otros. Creo que la mejor ayuda que podemos darle a otros, es ayudarles a que se ayuden a sí mismos. Ayudar a otros es habilitarles para desempeñarse con autonomía e independencia. Cuando habilitamos a otros los ayudamos a desarrollar responsabilidad por su propia vida, a adquirir confianza en ellos mismos.

Obviamente esta no es una tarea de un solo día. No basta con dar consejos. Necesitamos invertir tiempo en la gente. Dice Rich DeVos: *«La auténtica solidaridad logra más que proveer de un respiro momentáneo y breve. Las limosnas, cuando mucho, son soluciones temporales…pero la verdadera solidaridad es mucho más que caridad. Ayudar a la gente a corto plazo, no es suficiente. La solidaridad auténtica es ayudar a la gente a que se ayude a sí misma… y a largo plazo».*

Para reflexionar: La mejor ayuda que podemos darle a otros es enseñarles a hacerse responsable de su vida.

Arnoldo Arana. *Valencia, Venezuela.*

Mis notas

_____
_____
_____
_____
_____

SEMANA 22 - DÍA 1

UN LIDERAZGO ESTRATÉGICO PREPARA Y DELEGA

«Cuando David ya era muy anciano y colmado de días,
puso a su hijo Salomón como rey sobre Israel.»
1 CRÓNICAS 23:1 NBLH

Lectura:	El Nuevo Testamento en un año:
1 Crónicas 23:1	Juan 7:44-8:22

Uno de los aspectos fundamentales de todo buen empresario es tener en consideración planes de delegación del mando en el momento de retiro de sus responsabilidades para con su empresa y sus accionistas. Este momento de gran decisión se puede realizar de una manera gradual, si dentro de los planes anuales se incluye la oportunidad de otorgar cierta delegación de responsabilidades entre los líderes que mayor efectividad han demostrado durante el ejercicio de sus funciones. De esta manera gradual se expone a los candidatos para que demuestren sus capacidades frente a niveles de una mayor exigencia. Muchos hombres de empresa piensan que ellos van a estar en esa posición por siempre y que tan solo ellos son capaces de hacer las cosas como ellos las hacen. Esta manera de pensar los conduce a no planear para que otro u otros reciban las riendas de la empresa en el momento oportuno. Ya podemos imaginar el caos y la confusión que se habría presentado si David no hubiese nombrado con antelación a Salomón su hijo para llevar las riendas del reino de Israel. El pueblo se hubiese sentido sin un líder que guiase los destinos de su nación. La responsabilidad como líder le llama a escoger sabiamente a su sucesor. El legado que usted deje dependerá mayormente qué tan bien haya llevado los planes para su retiro.

Para reflexionar: *«El hombre propone y Dios dispone»* (Proverbios 16:1 NVI)

Arnoldo Arana. *Valencia, Venezuela.*

Mis notas

_____
_____
_____
_____
_____
_____
_____
_____

CRECIENDO A TRAVÉS DEL CONFLICTO

«El hierro se afila con hierro, y el hombre con otro hombre.»
PROVERBIOS 27:17 DHH

Lectura:	El Nuevo Testamento en un año:
Proverbios 27:17	Juan 8:23-8:53

Así como el hierro le saca filo a otro hierro, así un hombre se afina sólo sacando limaduras y asperezas con otro. Bajo esta perspectiva el conflicto no es necesariamente negativo; más aún puede considerarse como una fuente de crecimiento.

No podemos evitar que surjan conflictos con otras personas. Como personas tenemos paradigmas diferentes, visiones de la vida diferentes y respuestas emocionales distintas, por lo que el conflicto es inevitable, y aún normal. Cuando hablamos de conflictos no significamos guerra entre las personas, o disputas enconadas, sino desacuerdos y discrepancias en la forma de ver las cosas. Si el conflicto se maneja adecuadamente es provechoso (conflicto funcional).

Hay personas que se obsesionan con la idea de no tener nunca conflictos, evitando a toda costa la más mínima confrontación. Esta actitud no es saludable. La ausencia de conflicto puede ser una señal de falta de comunicación franca y sincera en una relación. O tal vez una señal de que en dicha relación existen resentimientos o falta de confianza. Muchas veces el conflicto es la vía para edificar relaciones más profundas y saludables. Al mismo tiempo contribuye a la madurez emocional de nuestro carácter, ayudándonos a desarrollar empatía, tolerancia y respeto por las opiniones de los demás. Es así como otras personas, a través de la oposición que nos hacen, del conflicto que nos imponen, incluso su actitud negativa, contribuyen a nuestra madurez de carácter.

Para reflexionar: El conflicto no es bueno ni malo. En lo que se convierte el conflicto depende de cómo se gestione.

Arnoldo Arana. Valencia, Venezuela.

Mis notas

-117

FAVORITISMO

«Ahora pues, que el temor del SEÑOR esté sobre ustedes. Tengan cuidado en lo que hacen, porque con el SEÑOR nuestro Dios no hay injusticia ni acepción de personas ni soborno.»
2 CRÓNICAS 19:7 NBLH

Lectura: 2 Crónicas 19:7	El Nuevo Testamento en un año: Juan 8:54-9:25

Uno de los detonantes más severos contra el buen clima de una organización es la parcialidad de los líderes para con algunos integrantes de su equipo. En ocasiones el favoritismo entre jefe y colaborador deja pasar por alto fallas de este último que de haber sido corregidas imparcialmente no hubiesen atentado contra el buen trabajo en equipo, pues las otras personas se sentirían desanimadas al responder efectivamente con sus propios deberes. Una política común en todas las empresas modernas es la evaluación del desempeño de todos sus asociados. Este ejercicio bien ejecutado por cada uno de los líderes que tienen personas a su cargo es de suma importancia para la viabilidad de la empresa. Cuando se violan algunos de sus principios, como es el de la imparcialidad que debe imperar en la revisión de metas y objetivos de cada individuo, se cae en un estado de complacencia para con algunos, y no se mide por igual las acciones de cada integrante del equipo. Este pasaje como también en 1 Timoteo 5:21 hace claridad sobre este aspecto de la imparcialidad con que debemos conducir todos nuestros actos de gobierno. Con el fin de evitar la imparcialidad debemos establecer claramente desde un principio las metas y objetivos a cumplir por cada persona responsable por una determinada actividad dentro de cada proceso. Debe asegurarse que cada empleado entienda perfectamente el resultado que se espera de él y el grado de calificación que recibirá, resultado óptimo, satisfactorio o inaceptable. Con reglas claras desde un inicio el ejercicio de evaluación del desempeño fluirá sin inconvenientes. De esta manera no habrá sorpresas ni falsas expectativas durante la sesión de evaluación.

Para reflexionar:*«El rey que juzga con verdad a los pobres afianzará su trono para siempre.»* (Proverbios 29:14 RVA)

Antonio SanClemente. *Bogotá, Colombia.*

Mis notas

_____

_____

_____

SEMANA 22 - DÍA 4

El mejor negocio

«Vale más tener buena fama y reputación, que abundancia de oro y plata.»
PROVERBIOS 22:1 DHH

Lectura:	El Nuevo Testamento en un año:
Proverbios: 22:1	Juan 9:26-10:14

El sabio Salomón ya lo descubrió hace miles de años. Este principio funciona hasta el día de hoy. El mejor negocio es tener una buena reputación. Entre los beneficios, la buena reputación te aporta: prestigio y notoriedad, diferenciación y valor a tu marca, mejora la estima de tus colaboradores, fideliza a tus clientes, flexibiliza a proveedores y atrae inversionistas.

En el marketing moderno, se le llama la estrategia del Mouth marketing, o boca a boca, un cliente satisfecho comenta a otro cliente satisfecho una experiencia altamente positiva. Se conoce que una experiencia negativa se comenta al menos a siete personas, mientras que una positiva a tres que se convierten en potenciales futuros clientes.

Tres estrategias para mejorar tus referencias son:

1. Medir la satisfacción de cada uno de tus clientes de manera objetiva y tener estándares objetivos para alcanzarlo y mejorarlo.
2. Recompensar a quienes te recomiendan.
3. Compensar a quienes están insatisfechos, con algo adicional para restituir y mostrar que el cliente te interesa y estás comprometido con el servicio.

Alguna vez alguien me comentó: *«los cristianos somos clientes satisfechos»*, simplemente hablamos de nuestra experiencia transformadora. Somos agradecidos de lo que Dios hizo en nuestras vidas a partir de conocerlo personalmente. ¿Lo conoces tú?

Para reflexionar: La reputación es algo que se construye día a día y se puede perder en un instante.

Julio César Acuña, *Quito, Ecuador.*

Mis notas

_____

_____

_____

SEMANA 22 - DÍA 5

EXISTE LA NECESIDAD DE RENOVAR NUESTRA ACTITUD

«Por lo demás, hermanos, todo lo que es verdadero, todo lo digno, todo lo justo, todo lo puro, todo lo amable, todo lo honorable, si hay alguna virtud o algo que merece elogio, en esto mediten.»
FILIPENSES 4:8 NBLH

Lectura: Filipenses 4:8	El Nuevo Testamento en un año: Juan 10:15-11:3

La actitud positiva (ánimo, entusiasmo, optimismo) no es estática, es un proceso continuo y dinámico, de orientación y focalización hacia el lado positivo y esperanzador de la vida. En este sentido es oportuna la exhortación del apóstol Pablo a los filipenses. Verdaderamente un buen consejo, *«en esto pensad»*. Concentre su atención es estos seis aspectos específicos de la vida: no en sueños fantásticos e improbables, sino en lo verdadero, real, válido; no en las cosas baratas, ligeras y superficiales, antes en aquello que es honesto , es decir, digno de respeto ; no en lo malo, injusto, crítico o negativo, sino en lo justo; no en las cosas carnales, indecentes y obscenas, sino en lo puro; no en lo que incita a la discusión y la defensa a otras personas, sino todo lo contrario, en aquello que es amable, agradable, atractivo y simpático; y, por último, no en cosas tales como la calumnia, el chismorreo y los desaires, sino en lo que es de buen nombre, edificante, y que hace que la gracia fluya.

Para reflexionar: Es importante reconocer que nuestra actitud es cambiante y requiere un mantenimiento preventivo para evitar caer en actitudes negativas.

Arnoldo Arana. Valencia, Venezuela.

Mis notas

_____
_____
_____
_____
_____
_____
_____
_____
_____
_____

SEMANA 23 - DÍA 1

DEUDAS

«El rico se enseñorea de los pobres,
y el que toma prestado es siervo del que presta.»
PROVERBIOS 22:7 RVR1960

Lectura: Proverbios 22:7	El Nuevo Testamento en un año: Juan 11:4-11:34

Cuando un negocio necesita hacer un préstamo para financiar su operación, ya sea para adquirir equipo y maquinaria para expandir su capacidad de producción, para aumentar sus inventarios, o planear competir en nuevos mercados, es importante discernir sabiamente sobre esta decisión y contemplar diferentes escenarios sobre los posibles impactos en la sobrevivencia del negocio. En tiempos de bonanza el servicio de la deuda puede ser honrado con cierta facilidad y puede llegar la tentación de sobre extenderse en créditos por las condiciones favorables que se le ofrecen. Pero los tiempos pueden cambiar de un momento a otro, y la situación de la economía tornarse difícil para el normal desarrollo de los negocios. No falta recordar que las condiciones exigidas por las entidades bancarias generalmente van más allá de los intereses que se deben pagar periódicamente, sino que algunas veces va hasta pedir el respaldo personal de socios con sus respectivos patrimonios. Si el banco determina que alguna de sus cláusulas no se ha cumplido según lo estipulado en el contrato celebrado entre las partes, éste podrá declarar que el préstamo debe ser declarado inexistente y por lo tanto sujeto a ser reembolsado en su totalidad. Esta situación queda reflejada en la declaración del rey Salomón en Proverbios 22:7 (NBV), en el que el que presta dinero se convierte en esclavo del prestamista. No sobra hacer algunas recomendaciones para el momento de tomar la decisión de pedir dinero prestado: 1. ¿Es absolutamente imprescindible hacerlo? 2. ¿Qué otras fuentes de financiación aparte de las oficiales se pueden identificar? 3. ¿Si el préstamo tomado es reclamado hoy día estaría en capacidad de honrarlo? 4. ¿Estoy al día en el pago de mis cuentas por pagar rutinarias? Llegar a una situación de insolvencia significa que el monto total de las deudas es mayor que el monto representado por los activos. En este momento el negocio ya no le pertenece a usted sino a sus acreedores.

Para reflexionar: *«De repente tus deudores tomarán medidas. Se volverán en tu contra y te quitarán todo lo que tienes, mientras que tú te quedarás temblando e impotente.»* (Habacuc 2:7 NTV)

Antonio SanClemente. *Bogotá, Colombia.*

Mis notas

SEMANA 23 - DÍA 2

¿ES USTED UN COLECCIONISTA DE AGRAVIOS?

«Más tarde, como saben, quiso recibir en herencia la bendición, pero en vano; aunque lo suplicó entre lágrimas, ya no pudo cambiar lo que había hecho»
HEBREOS 12:17 BLPH

Lectura:	El Nuevo Testamento en un año:
Hebreos 12:12-17	Juan 11:35 - 12:7

Algunas personas con el correr del tiempo se convierten en unos expertos en el arte de amargarse. Algunos, inclusive, se sienten cómodos y a gusto con el estado de amargura. Pero la amargura es una enfermedad del alma y conlleva a la infelicidad. Nos empobrece espiritualmente. De allí la exhortación de la Biblia: *«Arrojen de ustedes la amargura, el enojo, la ira, los gritos, las calumnias y todo tipo de maldad»* (Efesios 4:31 NBV)

• ¿Cómo podemos identificar a un coleccionista de agravios?
• ¿Se siente constantemente desairado, incomprendido o agraviado por la vida o las personas que le rodean?
• ¿Cree que la gente lo trata injustamente?
• ¿Tiende a tomar las cosas por el lado trágico?
• ¿Tiene un estilo negativo de reaccionar ante los sucesos y circunstancias que le ocurren? ¿Tal vez fatalista?
• ¿Constantemente culpa a otras personas por sus errores y fracasos?
• ¿Mantiene resentimiento en su corazón?

Si su respuesta es afirmativa a la mayoría de las preguntas, entonces usted es un coleccionista de agravios. Los coleccionistas de agravios no se dan cuenta que su propia actitud negativa es la que les gana la aversión y el relegamiento – falta de simpatía- de otras personas.

Para reflexionar: Andar por la vida recogiendo y coleccionando agravios, crea un tipo de individuo difícil de sobrellevar para el resto de las personas.

Arnoldo Arana. *Valencia, Venezuela.*

Mis notas

_____
_____
_____
_____
_____

SEMANA 23 - DÍA 3

LAS CIFRAS ATERRIZAN LAS EMOCIONES

«Porque ¿quién de vosotros, queriendo edificar una torre, no se sienta primero
y calcula los gastos, a ver si tiene lo que necesita para acabarla?»
LUCAS 14:28 RVR1960

Lectura:	El Nuevo Testamento en un año:
Lucas 14:28	Juan 12:8-12:38

Jaime Lopera, en su Libro *Memos para la Gerencia*, titula su segundo memo *«Los números matan las emociones»*. No tiene por qué ser así en realidad. Si las cifras matan las emociones, entonces ¿para qué las usamos?, más bien podemos afirmar que *«Las cifras aterrizan las emociones»*. Todo proyecto, todo plan o iniciativa organizacional exige un presupuesto y al respecto Dios nos da unas pautas. Lo primero es ser justos en las finanzas, cuando se tienen responsabilidades económicas, no debemos equivocarnos pretendiendo sacar ventaja de los recursos productivos, debemos planear para cada uno conforme a su esfuerzo; en el evangelio según San Lucas 16:11 (RVR1960), se refiere a: *«Pues si en las riquezas injustas no fuisteis fieles, ¿quién os confiará lo verdadero?»* Lo segundo es hacer estimaciones y proyecciones de ingresos sin hacernos esclavos de ellos. En este sentido es importante mantener siempre consciencia de que los propósitos de Dios están por encima de todo lo demás. En Mateo 6:24 (RVR1960), el Señor Jesús refiere a que *«Ninguno puede servir a dos señores; porque o aborrecerá al uno y amará al otro, o estimará al uno y menospreciará al otro. No podéis servir a Dios y a las riquezas.»* Lo tercero es estar feliz, siempre contento con lo que se logre, sea abundancia o escasez. No permitir que lo ejecutado de un presupuesto nos llene de euforia, ni menos aún que nos descomponga y motive a que atropellemos a otros. En Filipenses 4:11-13 el apóstol Pablo resalta la importancia de saber vivir en cualquier condición, en abundancia o en necesidad. Es de esta forma como debemos manejar las cifras, haciendo que éstas aterricen nuestras emociones y no que las entierren, menos que nos eleven a tal grado de exaltación que lleguemos a desarrollar un auto-concepto mayor que nuestra fe.

Para reflexionar: Las cifras dan nociones, pero Dios define dirección.

Mauricio Ramírez Malaver. Bogotá, Colombia.

Mis notas

_____

_____

_____

_____

APRENDIENDO A MANEJAR LA IRA

«Si se enojan, no cometan el pecado de dejar que el enojo les dure todo el día.»
EFESIOS 4:26 NBV

Lectura:	El Nuevo Testamento en un año:
Efesios 4:26	Juan 12:39-13:19

En el contexto de la carta a los Efesios, la palabra airaos (del griego *orgizo*) significa llegar a exasperarse o enojarse. Pablo está reconociendo que el enojo o ira es una reacción natural y humana; pero que debemos esforzarnos para que estando enojados no pequemos. Es inevitable enojarse, pero sí podemos evitar pecar (ofender, traspasar los límites de otro, actuar con violencia, etc.) cuando nos enojamos.

Bajo este contexto, el pecado- la acción indebida – no está en la emoción, sino en la acción que cometemos bajo el efecto de enojo. Con esta frase Pablo está afirmando que la ira como emoción natural en los seres humanos no es "mala o negativa" per se. Cómo dice Maickel Malamed: *«Lo moral está en la acción, no en el sentimiento.»*

A mucha gente le cuesta reconocer que tiene problemas para manejar la ira adecuadamente. Hay mucha gente que vive enojada sin admitirlo. Sin embargo, al observar su mal humor, su cinismo, su hostilidad, sus estallidos ocasionales es evidente su condición de enojo cronificado.

No podemos evitar sentir la ira, dado que es una emoción inherente a la naturaleza humana, pero sí podemos aprender a expresarla en forma constructiva, lo cual requiere determinación, además del fruto del Espíritu Santo. Un buen consejo en ese sentido, es el prescrito en Efesios 4:31-32 (NTV): *«Líbrense de toda amargura, furia, enojo, palabras ásperas, calumnias y toda clase de mala conducta. Por el contrario, sean amables unos con otros, sean de buen corazón, y perdónense unos a otros, tal como Dios los ha perdonado a ustedes por medio de Cristo.»*

Para reflexionar: Lo moral no está en la rabia, sino en cómo nos comportamos.

Arnoldo Arana. *Valencia, Venezuela.*

Mis notas

_____

_____

_____

SEMANA 23 - DÍA 5

KINTSUKUROI

«En ese momento la palabra del SEÑOR vino a mí, y me dijo: 6 «Pueblo de Israel, ¿acaso no puedo hacer con ustedes lo mismo que hace este alfarero con el barro? —afirma el SEÑOR—. Ustedes, pueblo de Israel, son en mis manos como el barro en las manos del alfarero.»
JEREMÍAS 18:5-6 NVI

Lectura: Jeremías 18:1-6	El Nuevo Testamento en un año: Juan 13:20-14:12

El escritor Leonard Sweet tiene en su cuenta de Twitter una interesante foto, una vasija que había sido rota y que fue restaurada con oro. Al arte japonés que se dedica a esto se le conoce como, Kinsukuroi; y refiere al oficio de reparar potería con oro, con la idea implícita de que la pieza ahora es más bonita gracias al hecho de haber sido quebrada y reconstruida hermosamente. Qué interesante y esperanzadora metáfora para describir la belleza que también surge en los seres humanos que habiendo sido *«quebrados»* por circunstancias en la vida fueron reconstruidos para ser ahora más bonitos y valiosos. Además, de que en el proceso pudieron conocer la determinación y el poder restaurador de un amoroso restaurador (Dios) que se empeñó en mostrarnos lo hermoso que somos en El. En el mundo profesional y corporativo interactuamos diariamente con personas heridas, lastimadas y desgastadas; muchas, incluso, creen que ya no hay esperanza para que ellos puedan otra vez ver su matrimonio, familia, carrera profesional, o situación financiera lucir bien otra vez. El cantante latino Michael Rodriguez plasma en una canción *«Oh, alfafero, hazme de nuevo»*, evocando así la narración bíblica de Dios como alfarero y al hombre como el barro que es moldeado en sus manos. Los que son obra del *«kintsukuroi»* de Dios, que han conocido y sido transformados por Jesucristo, saben que sí hay esperanza, y son a la vez las mejores referencias multiplicadoras a través del *«boca a boca»* de las virtudes experienciales y transformativas del maestro artesano que repara vidas con oro proveyéndoles hermosura y valía duradera.

Para reflexionar: Las duras pruebas de la vida, en las manos correctas, terminan por embellecernos.

Jesús A. Sampedro Hidalgo. Valencia, Venezuela.

Mis notas

_____

_____

_____

SEMANA 24 - DÍA 1

FACTOR HAMBRE

«Pon en manos del SEÑOR todo lo que haces,
para que tus planes se hagan realidad.»
PROVERBIOS 16:3 PDT

Lectura: Proverbios 16:3	El Nuevo Testamento en un año: Juan 14:13-15:11

Hicieron una investigación en Harvard a 100 de los más exitosos y antiguos empresarios de la nación norteña; también estudiaron a los hijos de estos hombres, pero sólo a quienes habían heredado la dirección de las Compañías de sus padres. La mayoría de estos hijos tenían en su haber doctorados en economía, MBA en prestigiosas universidades, estudios avanzados en liderazgo y administración entre otros diplomas; y sin embargo, sus logros no llegaban ni a la mitad de lo que sus padres habían conseguido con mucho menos de lo que ahora tenían ellos, esto según la comparación realizada por la investigación.

Los investigadores llegaron a una conclusión aplastante: Los de la escuela antigua, es decir los *«CEO seniors»* lo habían hecho desde abajo, desde la pobreza misma -o casi desde ella-, lo que los eruditos de Harvard llamaron jocosamente *«Factor Hambre»*..., ¡la necesidad los llevó a ser creativos, persistentes y ejecutivos! Sus hijos en cambio no pasaron por todas las *«pellejerías»* que sus viejos vivieron, y por tanto, su pasión por triunfar en los negocios era algo más de índole motivacional, mientras que para sus papás era algo simple pero eficiente: O surgían con el emprendimiento que estaban montando o se morían de hambre.

Para reflexionar: Que nuestros emprendimientos, proyectos y servicio sean impulsados por el hambre de hacer las cosas bien, de hacerlas con excelencia.

Gabriel Gil. *Santiago, Chile.*

Mis notas

_____
_____
_____
_____
_____
_____
_____

SEMANA 24 - DÍA 2

EL PERDÓN LIBERA DEL ESTANCAMIENTO ESPIRITUAL Y EMOCIONAL

«Buen remedio es el corazón alegre, pero el ánimo triste resta energías.»
PROVERBIOS 17:22 DHH

Lectura: Proverbios 17:22	El Nuevo Testamento en un año: Juan 15:12-16:15

El perdón tiene el potencial de liberar el corazón del resentimiento y el sufrimiento que aprisionan al corazón que ha sido ofendido y agraviado.

El perdón permite retomar la vida después de haber experimentado ofensas, agravios y perjuicios por otra(s) persona(s). Más aun cuando hemos sufrido heridas existenciales (abandono paterno/materno, asesinato de un ser querido, abuso sexual, etc.).

Al no perdonar las heridas no sanan, y la persona se queda anclada en el sufrimiento y el resentimiento; y esas heridas las llevan al matrimonio, a la vida laboral, a su rol como padre o madre, etc., con un efecto negativo en esas áreas. Vivir resentido o victimizado en el sufrimiento es un trabajo muy demandante que consume mucha energía y tiempo, que dejan ser utilizados en actividades más productivas y creativas. La actitud de perdonar permite sanar las heridas emocionales, reorganizar su vida, desarrollar una actitud resiliente ante la tragedia vivida, y continuar hacia adelante, sin amargarse y autodestruirse.

Cuando perdonamos detenemos la cadena de dolor – enojo, asimilamos la experiencia, sanamos las heridas, generamos aprendizajes, y continuamos con la vida. De esta forma traemos salud al cuerpo y a la siquis.

La falta de perdón, por el contrario, nos mantiene en el sufrimiento y el resentimiento. Y desde esos estados emocionales es imposible crecer. Es como si al elegir rumiar nuestras heridas y ofensas recibidas, nos paralizáramos y detuviéramos nuestro desarrollo humano. Cuando nos aferramos al dolor añejo, la autocompasión empaña nuestra capacidad de dar a los demás y, al asumir el papel de mártires, nos sentamos a esperar que alguien mágicamente resuelva nuestra vida.

Para reflexionar: Sin perdón no podemos crecer ni fortalecernos con la adversidad. No lograremos tampoco ser resilientes.

Arnoldo Arana. *Valencia, Venezuela.*

SEMANA 24 - DÍA 3

RESILIENCIA: DONDE CONVERGEN LOS TIEMPOS

«También nos alegramos al enfrentar pruebas y dificultades porque sabemos que nos ayudan a desarrollar resistencia.»
ROMANOS 5:3 NTV

Lectura:	El Nuevo Testamento en un año:
Efesios 3:14-21	Juan 16:16-17:13

La resiliencia es la capacidad de aguantar, mantenerse cumpliendo la misión y sostener buen ánimo a pesar de los embates de la realidad. La resiliencia es esa capacidad que nos permite atravesar dificultades y salir fortalecidos. En lo espiritual, la resiliencia está asociada a las capacidades inherentes y desarrolladas desde la vida espiritual que da recursos de abordaje tales como determinación para actuar, fortaleza para soportar, creatividad para resolver, sabiduría para aprender, y alegría para vivir. Para desarrollar resiliencia espiritual se necesita una armonía conjugada entre el pasado, el presente y el futuro de una persona o entidad:

• El pasado ha de estar liberado, desde el perdón. En una oportunidad un deportista estaba en un momento cumbre de su carrera, listo para su primera prueba olímpica, y le vino a la mente: *«¿Será que mi papá me está viendo?»* Él no había resuelto un asunto importante con su papá, y justo emergió en su mente en el peor momento. Cualquier episodio pasado o temor que no se aborde, libere o perdone pudiese ser usado en nuestra contra en el momento de la prueba (que es cuando más se necesita la resiliencia), por eso ha de ser abordado previo a las dificultades.
• El presente ha de anclarse, desde el carácter. La realidad ha de enfrentarse con determinación, capacidad y confianza. Obtener una recarga continua de inspiración y capacidad espiritual es fruto de estar conectado diariamente a Dios por medio de su palabra y de desarrollar un sistema sólido de valores, de información y de relaciones.
• El futuro ha de asegurarse, desde la esperanza. Zig Ziglar dijo, *«Si hay esperanza en el futuro, hay poder en el presente.»* Las promesas inalterables de Dios para esta vida y la venidera proveen un sentido de claridad, paz, certeza y esperanza sobrenatural que se traduce en confianza para actuar y alejamiento del temor sobre el porvenir.

Para reflexionar: Que bueno es saber que Dios se mantiene firme en el tiempo, no cambia y es fuerte para sostenernos así en dificultades (Hebreos 8:5; Santiago 1:17)

Jesús A. Sampedro Hidalgo. *Valencia, Venezuela.*

SEMANA 24 - DÍA 4

TAMBIÉN SE APRENDE DE LOS ERRORES

«El que encubre sus pecados no prospera; el que los confiesa y se aparta de ellos alcanza la misericordia divina.»
PROVERBIOS 28:13 RVC

Lectura: Proverbios 28:13	El Nuevo Testamento en un año: Juan 17:14-18:18

Reconocer que podemos errar en determinado momento no nos hace perder méritos ante nuestros colaboradores, sino que por el contrario las personas que están a nuestro alrededor reconocerán nuestro valor y darán el respectivo respeto. Sin embargo, tratar de ocultar y no aceptarlos es contraproducente para la confianza que debemos inspirar en el grupo. Un enfoque cultural proactivo donde se practica el aprendizaje a partir de errores o fallas en el desarrollo de las actividades rutinarias de trabajo contribuye grandemente a evitar cometerlos nuevamente y que todos puedan aprender de estas experiencias y estén dispuestos a compartirlas, pues una falla que pase inadvertidamente puede causar grandes pérdidas en los procesos que llegan hasta las puertas de nuestros clientes. Cuando sabemos de fallas que afectan a nuestros clientes debemos ante todo presentar las disculpas que fuesen del caso, y evitar encubrirlas, pues eventualmente este procedimiento solo agravará más las cosas. Paso seguido debemos preguntar a nuestro cliente de qué manera podemos enmendar la situación, ya sea por reembolso, reemplazo, o un ajuste de precio, y nunca esperar que el cliente sufra por las consecuencias que nosotros hemos originado. Recuperar la confianza de nuestros clientes es el paso obligado a seguir, informándoles sobre los cambios efectuados, con el fin de evitar que esta situación se vuelva a repetir en un futuro. Cuando los gerentes reconocen sus errores y aprenden de ellos, las otras personas seguirán su ejemplo y la empresa será beneficiada por una alta moral y altos niveles de productividad.

Para reflexionar: *«Confiésense sus pecados unos a otros, y oren unos por otros para que sean sanados.»* (Santiago 5:16 NBV)

Antonio SanClemente. *Bogotá, Colombia.*

Mis notas

_____

_____

_____

_____

_____

SEMANA 24 - DÍA 5

CUATRO ALTERNATIVAS PARA EL DESARROLLO ESPIRITUAL

«Toda la Escritura es inspirada por Dios, y útil para enseñar, para reprender, para corregir, para instruir en justicia»
2 TIMOTEO 3:16 RVR1960

Lectura:	El Nuevo Testamento en un año:
2 Timoteo 3:16-17	Juan 18:19-19:8

El apóstol Pablo declaró lo siguiente a su joven pupilo Timoteo, *«Toda la Escritura es inspirada por Dios, y útil para enseñar, para redargüir, para corregir, para instruir en justicia, a fin de que el hombre de Dios sea perfecto, enteramente preparado para toda buena obra.»* (2 Timoteo 3:16-17 RVR1960). De allí se derivan cuatro alternativas de instrucción para cuatro distintos estados de existencia en la vida de cualquier creyente, especialmente aprovechables en el contexto con los líderes en formación cercanos: 1) Enseñar al que no sabe; 2) Redargüir (reprender) al que está errando; 3) Corregir al que quiere enderezar; y, 4) Guiar nuevamente hasta el buen camino al que quiere retomarlo. Todo esto se realiza con el anhelo de que este compendio de esquemas de abordaje, sirva, según el momento propicio de necesidad de cada alternativa, para preparar integralmente al hombre que pone intencionalmente a Dios de primero en su vida. La idea es que se convierta en alguien cabal, completamente calificado y equilibrado para enfrentar los retos de la vida y en pro de la acción llena de propósito, significado y de impacto positivo a la sociedad. Y usted, ¿Quiere eso en su vida? ¿En la de sus líderes cercanos? Asegúrese de disfrutar de la nutritiva savia de la palabra de Dios, sólo en ella tenemos garantía de que está todo lo necesario para cada necesidad particular y así desarrollar la vida integralmente.

Para reflexionar: ¿Qué necesitamos recibir y/o dar hoy: enseñanza, reprensión, corrección o guía?

Jesús A. Sampedro Hidalgo. *Valencia, Venezuela.*

Mis notas

PRIORIZAR ES LA DECISIÓN MÁS IMPORTANTE

«Hazme oír cada mañana acerca de tu amor inagotable, porque en ti confío.
Muéstrame por dónde debo andar, porque a ti me entrego.»
SALMOS 143:8 NTV

Lectura: Salmos 143:8	El Nuevo Testamento en un año: Juan 19:9-19:39

Definir qué es lo más importante cuando todo parece serlo se hace cada vez más complejo. Algunas recomendaciones que provienen de la sabiduría de Dios, nos permiten salir de la incertidumbre para asumir decisiones estratégicas. EL sabio Salomón dijo: *«El que confía en su propio corazón es necio; Mas el que camina en sabiduría será librado.»* (Proverbios 28:26 RVR1960). Hay cuatro parámetros con los que se puede definir una prioridad, se denominan por su acróstico UTIL: *Urgente, Tendencia, Importancia y Longitud.* Cada aspecto se evalúa de manera independiente, en una escala común, por ejemplo de 1 a 5 donde uno es menos grave y 5 es muy grave. Así lo *Urgente* es todo aquello para lo cual ya se nos agotó el tiempo, en la medida en que menos tiempo tenemos más o mayor tiempo ha transcurrido desde el momento en que debimos cumplir con lo evaluado, el aspecto se hace más grave. La *Tendencia* es el nivel de compromiso gerencial que exige una decisión, y está dada porque: las cosas tienden a empeorar si no interviene la gerencia (tendencia de mayor gravedad), las cosas se mantienen igual intervenga o no la gerencia (gravedad media) y se resuelven solas (gravedad mínima). Por otra parte está la Importancia, la cual hace referencia a las áreas o personas que se afectan con la decisión, si compromete a toda la empresa es grave, si compromete algunas áreas o pocas personas es gravedad media y si no afecta sino a quien toma la decisión es poco grave. El cuarto aspecto que permite tomar una decisión sabia es la *Longitud*, se relaciona a la rectitud de los caminos de Dios y depende de nosotros cuánto podamos recorrer de ellos sin desviarnos de su guía, sin añadir argumentos para justificar decisiones desalineadas de los principios bíblicos. En este sentido sólo hay una evaluación, ¿estamos siendo rectos o no?, rectos 5, desviados 0. Si tu evaluación es 0, la recomendación es que no importa que tan buena y prioritaria parezca la decisión no conviene tomarla.

Para reflexionar: ¿Sigue un plan dado por Dios y Sus directrices para guiar la organización?

Mauricio Ramírez Malaver. Bogotá, Colombia.

Mis notas

SIN ESPERANZA ES DIFÍCIL SOBRELLEVAR LA VIDA

«Y la paciencia, prueba; y la prueba, esperanza; y la esperanza no avergüenza; porque el amor de Dios ha sido derramado en nuestros corazones por el Espíritu Santo que nos fue dado.»
ROMANOS 5:4-5 RVR1960

| Lectura: Romanos 5:3-5 | El Nuevo Testamento en un año: Juan 19:40 - 20:28 |

La esperanza es fundamental en la vida de las personas, organizaciones y naciones. La esperanza altera nuestra manera de experimentar el presente; hace que la realidad sea más o menos tolerante. La esperanza es un manantial del que puede beber el cansado para calmar la sed, y así recuperar fuerzas y mantener el enfoque. La esperanza permite mantener una actitud positiva. La esperanza es también, según la organización Gallup, un factor que potencia el bienestar de las personas. Según Gerver Torres, la dirección en la que usted cree que se está moviendo es tan importante para su felicidad como la situación en la que se encuentra actualmente. Entre dos personas que tienen el mismo estado en el presente, aquella con esperanzas de un futuro mejor tendrá mayor bienestar. Ahora, la esperanza debe fundamentarse en una clara visión, para que no sea sólo una ilusión. La esperanza es una creencia fundada en una visión claramente definida. Sin visión es difícil albergar esperanza; pues tal esperanza se hace vaga y etérea. Pero una visión clara aporta convicción y sustenta la esperanza. Y mientras más clara y mejor estructurada es la visión (en términos de metas, planes de acción, etcétera), en consecuencia, más se progresa en el desarrollo de la misma, más fuerte y real es la esperanza. Necesitamos cultivar la esperanza a través del continuo enfoque en la visión abrazada.

Para reflexionar: Sin esperanza se pierde el enfoque y la pasión; pero mientras hay esperanza, contamos con las fuerzas para continuar.

Arnoldo Arana. *Valencia, Venezuela.*

Mis notas

_____

_____

_____

_____

_____

_____

SEMANA 25 - DÍA 3

DERRITIENDO NUESTRA PROFESIÓN

«Simón le dijo: «Maestro, toda la noche hemos estado trabajando,
y no hemos pescado nada; pero ya que tú me lo pides, echaré la red.»
LUCAS 5:5 RVR1960

Lectura:	El Nuevo Testamento en un año:
Lucas 5:1-11	Juan 20:29-Hechos 1:3

Por definición, un cristiano (desde que lo es) ya no es un profesional, es más bien un servidor de Cristo. Ser un profesional significa que alguien puede hacer las cosas bien por sí mismo, que se destaca y que se preparó para hacer profesionalmente su trabajo. Si somos profesionales en la forma en cómo llevamos nuestras labores o negocios, ¿entonces para qué necesitamos a Dios y su guía en ellos? El apóstol Pedro, antes de sus andanzas en los asuntos del Reino de Dios, era de oficio pescador y en una ocasión Jesús (de oficio carpintero), le solicitó a Pedro (el experto pescador), que lanzara de nuevo las redes para pescar, a lo que Pedro responde *«...Maestro, toda la noche hemos estado trabajando, y nada hemos pescado; más en tu palabra echaré la red.»* ¿Resultado?, la pesca fue abundante hasta el punto de que los pescadores presentes se atemorizaron (Lucas 5:1-11 RVR1960). Muchos líderes han entregado al Señor sus vidas, pero paradójicamente no el área del manejo y gestión de sus negocios o finanzas personales, y desaprovechan así el ver los resultados extraordinarios de Dios en acción en sus oficios. Muchas veces lo hacen porque perciben que en esa área Dios les ha dado sabiduría para manejarlas «ellos mismos». Sus títulos y logros profesionales interfieren en la intervención soberana de Dios en sus vidas. Parece que dejamos un último bastión sin conquistar; que nos quitamos de encima las piedras grandes pero nos guardamos unas pequeñas piedritas en el bolsillo; que confiamos en Dios en algunas cosas, y en otras no. Esto no conviene. Dios no puede manejar a plenitud nuestra vida si le entregamos el 99% de ella, Él necesita el 100%. Es importante que entreguemos toda nuestra vida y el control de todas sus áreas a su dueño original, eso incluye derretir nuestra profesión en el horno de la dependencia y el servicio absoluto al mejor Director Ejecutivo.

Para reflexionar: ¿Ya entregaste al Señor Jesucristo el control de tu profesión y/o negocios también?

Jesús A. Sampedro Hidalgo. *Valencia, Venezuela.*

Mis notas

_____

_____

SEMANA 25 - DÍA 4

APRENDIENDO A EQUILIBRAR NUESTRAS PRIORIDADES

«El maestro de la ley contestó: Ama al Señor tu Dios con todo tu corazón, con toda tu alma, con todas tus fuerzas y con toda tu mente; y, ama a tu prójimo como a ti mismo.»
LUCAS 10:27 DHH

Lectura: Lucas 10:27	El Nuevo Testamento en un año: Hechos 1:4-2:8

Decía Goethe: *«Lo que importa más nunca debe estar a merced de lo que importa menos.»* Debemos estar determinados a vivir por prioridades. Stephen Covey decía que *«Poner primero lo primero constituye un acto esencial en la vida.»* Las personas que logran efectividad entienden que actividad no es necesariamente realización. Estar ocupado no es sinónimo de productividad. Algunas personas están demasiado ocupadas resolviendo crisis - urgencias, que no tienen tiempo para centrarse en las cosas importantes.

Una forma de aprender a enfocarse en prioridades es contar con un centro confiable sobre el cual establecer nuestras prioridades. Equilibrar nuestras vidas en torno a un centro firme y duradero trae fortaleza y efectividad a nuestra vida. Ese centro confiable es Dios, tal como lo expresó el propio Jesús. Ante la pregunta que le formularon a Jesús, sobre cuál es el principal mandamiento. El respondió en forma simple pero con profunda sabiduría: *«...Ama al Señor tu Dios con todo tu corazón, con toda tu alma, con todas tus fuerzas y con toda tu mente; y, ama a tu prójimo como a ti mismo.»* (Lucas 10:27 DHH)

Tal como lo expresó Jesús, debemos tener un marco de referencia que nos ayude a discriminar lo que es importante y lo que no es. Primero necesitamos amar a Dios, y en segundo término amar a nuestro prójimo como a nosotros mismos. La base para saber amar es amar a Dios con todo nuestro ser, lo cual nos enseña a amarnos correctamente a nosotros mismos, y luego amar a otros genuinamente. Bajo este esquema Dios tiene la primera prioridad. Él debe ser el centro de nuestra vida. Cualquier otro centro no nos provee de un cimiento firme y seguro; cualquier otro centro es inestable y defectuoso.

Para reflexionar: Dios es el centro más confiable, seguro y estable que podamos conseguir.

Arnoldo Arana. *Valencia, Venezuela.*

SEMANA 25 - DÍA 5

IDENTIDAD EMPRESARIAL

«Esto significa que todo el que pertenece a Cristo se ha convertido en una persona nueva. La vida antigua ha pasado; ¡una nueva vida ha comenzado!»
2 CORINTIOS 5:17 NTV

Lectura: 2 Corintios 5:17	El Nuevo Testamento en un año: Hechos 2:9-2:38

ualquier sistema económico tiende a exigir al empresario y profesional, a tal punto que le puede llegar a alienar. Entendida la alienación como la pérdida de su personalidad, de su identidad. Esta realidad ha influido en algunos empresarios cristianos, inhibiendo su testimonio y determinación de seguir rigurosamente los principios del reino de Dios. Dando lugar más bien a que se les tache con regularidad de inconsistentes y contradictorios. Es preciso recuperar nuestra identidad cristiana como empresarios y profesionales, de reconocer su valor, y ponerla por encima de las pretensiones alienantes de cualquier sistema de negocios. En la 1ra Carta del Apóstol Pedro refiere a que *«Vosotros también, como piedras vivas, sed edificados como casa espiritual y sacerdocio santo, para ofrecer sacrificios espirituales aceptables a Dios por medio de Jesucristo»* (1 Pedro 2:5 RVR1960) Si esto hacemos, el respaldo de Dios no se hará esperar. Depositar nuestra confianza en Él y en sus promesas de bendición es la más sincera manifestación de fe. Su empresa es el lugar donde Dios desea lucirse. El apóstol Pablo refiere a esto al decir que: *«Porque somos hechura suya, creados en Cristo Jesús para buenas obras, las cuales Dios preparó de antemano para que anduviésemos en ellas.»* (Efesios 2:10 LBLA). Si Dios nos ha rescatado y si somos nuevas criaturas es hora de volver a nuestra vida de compromiso, de seguirle y ser inspiración para quienes se relacionan con nosotros en el mercado.

Para reflexionar: ¿Oculta su identidad Cristiana en su gestión empresarial/profesional, por temor a ser exigido o cuestionado?

Mauricio Ramírez Malaver. Bogotá, Colombia.

Mis notas

_____
_____
_____
_____
_____
_____
_____

SER FIEL EN PRODUCIR RESULTADOS

«Ustedes no me escogieron a mí, sino que yo los he escogido a ustedes
y les he encargado que vayan y den mucho fruto, y que ese fruto permanezca.
Así el Padre les dará todo lo que le pidan en mi nombre.»
JUAN 15:16 DHH

Lectura:	El Nuevo Testamento en un año:
Juan 15:16	Hechos 2:39-3:22

En el medio religioso, generalmente, se define fidelidad en términos de creencia. Se piensa que al mantener las creencias ortodoxas se es fiel. Pero las palabras de Jesús significaban mucho más que adherencia a las creencias. El definió la fidelidad en términos de comportamientos y actos de obediencia, es decir, estar dispuestos a realizar sin dilación el trabajo encomendado y aprovechar las oportunidades.

Dios brinda oportunidades para que sus hijos generen resultados. Una empresa comercial existe para producir ganancias. Una institución filantrópica funciona con la mira de ayudar efectivamente a otras personas. Una iglesia encuentra su razón de ser cuando gana almas para Dios. El fruto es la recompensa del trabajo productivo. Bajo la perspectiva bíblica las oportunidades se nos brindan para generar fruto (resultados) y para probar nuestra fidelidad al generar frutos.

El ejemplo más claro de esta verdad es la parábola de los talentos de Mateo 25:14-30. Los dos hombres que duplicaron los talentos que su amo les había dado fueron llamados «*siervos buenos y fieles*». Ellos probaron su fidelidad corriendo riesgos que produjeron frutos. El siervo pasivo y temeroso que no hizo nada con el talento que le habían dado, no produjo ningún resultado para su señor. A él se le llama «*siervo malo y negligente*». El propósito de Dios al mostrar esta historia es claro: Dios espera ver resultados.

Para reflexionar: Nuestra fidelidad se muestra por nuestros resultados.

Arnoldo Arana. *Valencia, Venezuela.*

Mis notas

_____

_____

_____

_____

_____

SEMANA 26 - DÍA 2

ESCONDITE TRANSFORMADOR

*«Pero tú, cuando te pongas a orar, entra en tu cuarto, cierra la puerta y ora
a tu Padre, que está en lo secreto. Así tu Padre, que ve lo que se hace en secreto,
te recompensará.»*
MATEO 6:6 NVI

Lectura: Mateo 6:6	El Nuevo Testamento en un año: Hechos 3:23 - 4:27

¿Tienes algún sitio al que corres cuando las cosas alrededor se ponen feas? ¿Algún sofá, algún lugar? ¿A dónde vas para recargar fuerzas y/o buscar sabiduría espiritual? La película Cuarto de Guerra muestra interesantemente como una mujer anciana gana grandes batallas espirituales desde un pequeño espacio en su casa que reservaba para la oración intencional, enfocada y continua. Mi esposa trabajó en la coordinación de secundaria de un colegio y cuando las situaciones se ponían complicadas y tensas, ella entraba en un pequeño lugar dentro de su oficina (una zona de lockers) que en algunas ocasiones le hizo invisible ante el mundo por unos breves minutos, era un escondite secreto, era un sitio de oración, de rendición y de búsqueda de sabiduría ante las dificultades cotidianas. Ella hacía un intercambio, allí ella entregaba sus preocupaciones a Dios y salía renovada, en paz y con estrategias; allí entregaba dudas y obtenía certezas; en ese pequeño lugar secreto salieron lágrimas que luego fueron convertidas en diamantes de fe. Jesús dijo que la oración más efectiva es la que ocurre en privado (Mateo 6:6), no la que se despliega en público para ganar fama. En la intimidad con Dios es donde encontramos nuestro ser, nuestro hacer y nuestro tener. Todo creyente en el mercado ha de tener al menos un cuarto secreto para encontrarse con Dios todos los días. Puede ser en la casa, en la oficina, en un pasillo, en un jardín, o en otro sitio. Ese ha de ser el sitio más estratégico en lo espiritual. De allí saldrán las soluciones y las condiciones (tanto personales como empresariales/profesionales) para enfrentar con éxito los retos cotidianos, allí Él nos encontrará.

Para reflexionar: Lo que ocurre en lo íntimo del cuarto conlleva a la transformación del mercado.

Jesús A. Sampedro Hidalgo. Valencia, Venezuela.

Mis notas

_____

_____

_____

SEMANA 26 - DÍA 3

LA VISIÓN ENCIENDE NUESTRO SENTIDO DE DESTINO

«Donde no hay dirección divina, no hay orden; ¡feliz el pueblo que cumple la ley de Dios!»
PROVERBIOS 29:18 DHH

Lectura: Proverbios 29:18	El Nuevo Testamento en un año: Hechos 4:28-5:21

Cierta vez le preguntaron a Hellen Keller qué sería peor que ser ciego de nacimiento. Ella respondió: *«Tener vista y no tener visión»*. Como dice el libro de Proverbios: Una vez alguien dijo refiriéndose a un hombre superficial: *«Es alguien que no tiene profundidad porque no tiene visión»*. John Maxwell agrega: *«La persona más pobre del mundo no es aquella que no tiene un centavo, sino aquella que no tiene una visión»*. Si usted no tiene un sueño (una visión, un propósito en su vida), nunca llegará a ser lo que podría ser, según el potencial que hay en usted. No puede cumplir su propósito ni cultivar su potencial si no sabe en qué dirección ir. Usted necesita identificar su destino y navegar hacia él. En otras palabras, necesita descubrir cuál es su sueño; la visión de lo que quiere ser y alcanzar.

Todos tenemos un poderoso deseo en lo profundo de nuestro corazón, un anhelo que nos motiva y toca las fibras más íntimas de nuestro ser, una pasión que enciende la chispa en nuestra alma, energizándola y movilizándola a la acción. Es aquello para lo cual hemos nacido. Los sueños encienden nuestro sentido de destino. Dice John Maxwell que es el sueño el que nos inicia en el viaje del éxito. El sueño nos proporciona ímpetu y energía para avanzar. El sueño nos motiva a la acción. Nos brinda dirección. Nos ayuda a establecer prioridades. Además saca lo mejor de nosotros, y nos impulsa a utilizar al máximo nuestras potencialidades. Nos moviliza a trabajar con excelencia. Muy acertadamente dice Zig Ziglar: *«Un individuo no es más grande que sus sueños, ideales, esperanzas y planes. Sencillamente tiene el sueño y trabaja en su cumplimiento. Es el sueño el que hace al individuo»*.

Para reflexionar: Sin visión no hay sentido de logro, ni hay la energía para avanzar, ni hay pasión por desarrollar nuestras potencialidades.

Arnoldo Arana. *Valencia, Venezuela.*

Mis notas

_____

_____

SEMANA 26 - DÍA 4

DIMENSIONES DE LA PAZ

«La paz les dejo, mi paz les doy. No como el mundo la da yo se la doy a ustedes. No se turbe su corazón ni tenga miedo.»
JUAN 14:27 RVA-2015

Lectura: Juan 14:27	El Nuevo Testamento en un año: Hechos 5:22-6:9

Jesús habló de paz en varias ocasiones. La Biblia se refiere a Él como *«Príncipe de Paz»*. No solo que en su venida el personificaría la paz para la humanidad, sino que también Él la describió en sus enseñanzas. En principio es importante comprender el significado en contexto de la palabra usada para paz, derivada del término hebreo *«Shalom»*. El autor Gothard dice que *«Esta palabra hebrea tiene un significado mucho más amplio que nuestra palabra paz. En Shalom, se incluyen la integridad personal, la salud, la integridad, la serenidad, el bienestar y el contentamiento, además de la amistad y la armonía con Dios y con las demás personas. Significa una ausencia de estrés negativo, de perturbaciones, tensiones y conflictos.»* Entonces, cuando alguien desea paz para sí mismo o para otros, realmente está abarcando prácticamente todas las áreas de su vida y abogando por una especie de estado de bienestar integral, duradero y de beneficio relacional extensivo. Por otra parte, Jesús refirió en el Sermón del Monte que los Pacificadores son Bienaventurados. Un pacificador es alguien de acción, que se involucra para forjar la paz en una situación donde no la hay. Aunque el mismo Jesús dijo que en el sistema de creencias e interacción del mundo se conseguiría continuamente aflicción, también dijo que su paz funciona como una realidad que emerge en medio de cualquier situación difícil. Por último, la paz que propone Jesús es diferente a la que muchos se imaginan ya que no es un asunto para abogar de forma generalizada o mundial, sino que es un asunto interno e individual, indistintamente de las condiciones externas. La bendición máxima que puede haber en la vida diaria de cualquier líder consiste en experimentar primero una paz amplia con Dios por medio de Jesucristo, lo cual le habilitará para que alcance paz duradera consigo mismo y por consiguiente con las demás personas.

Para reflexionar: La paz de Dios es expansiva, ¿está en ti?

Jesús A. Sampedro Hidalgo. Valencia, Venezuela.

Mis notas

_____

_____

_____

PERSEVERA Y ALCANZARÁS LA GLORIA

«Él se adelantó un poco más y se inclinó rostro en tierra mientras oraba: «¡Padre mío! Si es posible, que pase de mí esta copa de sufrimiento. Sin embargo, quiero que se haga tu voluntad, no la mía.»
MATEO 26:39 NTV

Lectura:	El Nuevo Testamento en un año:
Mateo 26:39	Hechos 6:10 - 7:25

Cada año todos los líderes organizacionales cuentan con objetivos y planes de trabajo; sin embargo, contar con estos planes no es lo que marca la diferencia entre ellos. Lo que realmente marca la diferencia es su capacidad de ejecutarlos. ¿Cuál es el factor clave para lograr que estos objetivos y planes se cumplan? Edwards Deming promotor del círculo PDCA (del inglés Plan-Do-Check-Act, esto es, Planificar-Hacer-Verificar-Actuar) o espiral de mejora continua, dice que una de las siete enfermedades de un gerente es la *«Falta de constancia en los propósitos»*. En otras palabras, Deming, señala que una competencia importante es la perseverancia. Esa capacidad de mantenerse en el camino, a pesar de los obstáculos, hasta llegar a la meta. Cuando Jesús oró: *«Padre mío, si es posible, líbrame de este trago amargo; pero que no se haga lo que yo quiero, sino lo que quieres tú»* (Mateo 26:39 DHH), estaba demostrando su perseverancia en una relación de dependencia con su Padre. Un líder cristiano, es un embajador de Jesucristo que persevera en los propósitos de Dios. Su habilidad de perseverar para hacer cumplir sus planes ejecutivos es la misma que Dios demanda para sus propósitos de impactar vidas con el mensaje de amor de Jesús. Si usted quiere lograr algo, asegúrese de tener buenos planes, pero no crea que es lo último, persevere y logre que se cumplan.

Para reflexionar: Perseverar es ser constante en los propósitos, sólo así se logran planes y objetivos.

Edison Celis. *Lima, Perú.*

Mis notas

_____
_____
_____
_____
_____
_____
_____

SEMANA 27 - DÍA 1

EL VALOR DE LAS PRUEBAS

«Hermanos míos, ustedes deben tenerse por muy dichosos cuando se vean sometidos a pruebas de toda clase.»
SANTIAGO 1:2 DDH

Lectura: Santiago 1:2-3	El Nuevo Testamento en un año: Hechos 7:26-7:56

Hay un inmenso valor y beneficio en las pruebas y dificultades que experimentamos. Ahora, el beneficio que podemos obtener de los momentos de prueba tiene que ver con la actitud que mostramos en esos momentos y circunstancias en que nuestro carácter y nuestra fe son probados. Lo más importante no es si las personas enfrentan pruebas o no, sino si las pruebas las afirman o destruyen. ¿Cómo responde usted ante las pruebas? La persona elige si las pruebas llegan a arruinarlas o edificarlas, dependiendo esto de sus reacciones. Nuestra fe y nuestro carácter necesitan ser probados para que se revele para nosotros lo que hay en nuestro interior. Las pruebas revelan nuestro carácter y la calidad de persona de la que estamos hechos. En ningún otro momento llegamos a conocernos tan profundamente. Las pruebas permiten darnos cuenta de la fortaleza de nuestro carácter (entereza, integridad) o de las debilidades del mismo. Las pruebas revelan para nosotros mismos nuestros límites, recursos de afrontamiento, calidad de nuestra gestión emocional, madurez de nuestra fe, entre otros aspectos propios. Por eso nuestra fe y nuestro carácter necesitan ser probados. No hay forma de crecer y madurar en la vida sin ser probados. Cómo desarrollar paciencia sino somos apremiados y presionados por problemas, como desarrollar fortaleza sin vencer obstáculos fuertes, cómo desarrollar la capacidad de perdonar sino somos agraviados y ofendidos. Una fe y un carácter sin probar no son confiables, como un barco no puede ser probado en un dique seco. Hay que sacar el barco a alta mar y enfrentarlo a las fuertes olas y tempestuosos vientos para saber si es confiable.

Para reflexionar: Las pruebas tienen el potencial de hacernos crecer o de destruirnos, dependiendo de nuestra actitud en los momentos de prueba.

Arnoldo Arana. Valencia, Venezuela.

Mis notas

_____

_____

_____

_____

_____

SEMANA 27 - DÍA 2

TRES MISIONES DE UN EMBAJADOR CORPORATIVO

«Somos embajadores de Cristo. Dios les habla a ustedes por medio de nosotros: En el nombre de Cristo les rogamos, ¡reconcíliense con Dios!»
2 CORINTIOS 5:20 NBV

| Lectura:
2 Corintios 5:20 | El Nuevo Testamento en un año:
Hechos 7:57-8:27 |

Todo cristiano llamado al mercado tiene la responsabilidad de expresar su fe, ser sal y luz (Mateo 5:13-16), y ser un embajador corporativo. Esas perspectivas bíblicas implican vida, cambio e influencia sobre la realidad imperante en el mundo profesional y empresarial. Implica la expresión de alguien que tiene claridad de los propósitos que ha de cumplir intencionamente. A continuación se presentan, adaptando del autor Ken Eldred, tres misiones esenciales de todo embajador corporativo:

Misión *EN EL* Trabajo. Esta misión se trata de *Darlo a Conocer*. Hablar de Dios, de sus atributos, de sus bondades y de lo que ha hecho en nosotros con quienes compartimos diariamente es un privilegio casi exclusivo de los que trabajan en el mercado. Es compartir la fe de forma sabia, respetuosa y creativa con sus compañeros de trabajo, clientes y proveedores.

Misión *DEL* Trabajo. Esta misión se trata de *Trabajar con Excelencia*. Trabajar es de por sí una excelente forma de poner en práctica las habilidades y talentos que Dios nos dio. Es por eso importante hacerlo bien, esforzadamente y asegurando que los productos y servicios resultantes mejoran la calidad de vida de la gente y el entorno.

Misión *AL* Trabajo. Esta misión se trata de *Generar Transformación*. Cambiar el ambiente laboral en pro de generar bienestar organizacional. Al conseguir corrupción, conflicto, maltrato, políticas incongruentes, falta de competitividad, entre otros; el embajador corporativo no se conforma, sino que aboga con sabiduría, templanza, paciencia, tolerancia y aprecio para transformarlo.

Se trata de dejar de ser *«agentes encubiertos»* y decidirse cumplir estas tres misiones, confeccionando así una gestión integral en el liderazgo diario.

Para reflexionar: El que no sabe las dimensiones de su misión, ¿Cómo podrá cumplirla?

Jesús A. Sampedro Hidalgo. *Valencia, Venezuela.*

SEMANA 27 - DÍA 3

SÓLO 10 MINUTOS DE PESCA

«Si se usa un hacha sin filo hay que hacer doble esfuerzo, por lo tanto, afila la hoja.
Ahí está el valor de la sabiduría: ayuda a tener éxito.»
ECLESIASTÉS 10:10 NTV

Lectura: Eclesiastés 10:10	El Nuevo Testamento en un año: Hechos 8:28-9:17

El águila pescadora de África sólo necesita 10 minutos de pesca al día para mantenerse viva. Habita en las riveras de lagos y ríos del continente africano y otros lugares del planeta. Cuando vuela desde los árboles hasta la superficie del agua es algo lenta, un poco perezosa se podría decir, pero muy eficiente. Cuando despliega sus alas y prepara sus garras es un golpe seguro, su nivel de efectividad en la pesca es de un 98%. Esta ave no necesita más que 10 minutos de trabajo para «ganarse el pan diario», es una experta porque conoce sus capacidades físicas, utiliza los recursos internos con los que fue dotada y perfecciona su técnica día a día; ella ha alcanzado la maestría.

Ahora pienso en nosotros, seres humanos «súper dotados», que decimos ser «la corona de la creación», «obra maestra del Arquitecto divino», ya saben, poco inferior a los ángeles y todo eso... ¡Trabajamos 8, 10, 12 y hasta 16 horas diarias para mantener nuestro status quo, pero ella apenas lo hace en 10 minutos.

Convirtámonos en maestros de la productividad, capaces de maximizar los recursos con los que hemos sido dotados. Aprendamos a ser eficientes y no sólo efectivos. Sí, permitamos a Dios que nos entrene para ser como el águila, perseguidores de logros y no ser esclavos del sistema, del trabajo, del reloj, de nosotros mismos.

Para reflexionar: *«...El éxito radica en la acción sabia y bien ejecutada.»* (Eclesiastés 10:10 NVI)

Gabriel Gil. Santiago, Chile.

Mis notas

_____
_____
_____
_____
_____
_____

BENEFICIOS DE LA PALABRA DICHA CON GENTILEZA Y GRACIA

«La lengua del sabio hace grato el conocimiento, pero la boca de los necios habla necedades.»
PROVERBIOS 15:2 LBLA

Lectura: Proverbios 15:1-2	El Nuevo Testamento en un año: Hechos 9:18-10:5

La respuesta sazonada con gentileza y amabilidad siempre es oportuna y bien recibida. La palabra dicha con cortesía y consideración a los demás, hace ganar el favor y la buena voluntad de los oyentes. La palabra suave y blanda también es útil para aplacar el furor de los iracundos; y ayuda a disipar posibles conflictos. Acertadamente el sabio Salomón dijo: *«La blanda respuesta quita la ira; más la palabra áspera hace subir el furor»* (Proverbios 15:1-2 RVR1960).

La Biblia nos insta a hablar con gracia y para edificación. *«Que su conversación sea siempre con gracia, sazonada como con sal, para que sepan cómo deben responder a cada persona.»* (Colosenses 4:6 NBLH).

Algunos confunden cortesía y amabilidad con debilidad, pero como dice el dicho «lo cortés no quita lo valiente». La cortesía y la amabilidad no proceden de debilidad ni de cobardía, sino de dominio propio y humildad. Implica madurez y cordura.

Hablar con gentileza no es una simple técnica o práctica que podemos usar a conveniencia. Por el contrario, supone un estilo de vida, una forma de encarar las relaciones. Requiere madurez de carácter, paciencia y dominio propio; especialmente en situaciones donde nuestro interlocutor está negado al diálogo, o molesto o manifiesta una actitud beligerante. En tales situaciones, la palabra gentil dicha con gracia, es capaz de conquistar el corazón aún de nuestros enemigos.

Ahora aprender a hablar con gracia requiere disciplina y práctica; requiere también alimentar nuestra mente y corazón con amor y bondad, pues *«de la abundancia del corazón habla la boca.»* (Mateo 12:34 NBLH).

Para reflexionar: Con nuestra palabra podemos edificar, consolar, enseñar, bajar el furor de otros y exhortar; o podemos destruir, ofender y encender un gran fuego.

Arnoldo Arana*. Valencia, Venezuela.*

SEMANA 27 - DÍA 5

Apoyo matrimonial para lo empresarial

«Por eso dejará el hombre a su padre y a su madre, y se unirá a su esposa, y los dos llegarán a ser un solo cuerpo».
EFESIOS 5:31 NVI

Lectura: Efesios 5:31	El Nuevo Testamento en un año: Hechos 10:6-10:36

Son pocos los empresarios y profesionales que consideran a su cónyuge como el consejero vital al momento de decisiones importantes de la empresa o profesión, desaprovechando así la sabiduría complementaria implícita. En Abril de 2013 conocí a Mark Whitacre y a su esposa Ginger en Minneapolis, supe entonces que su historia personifica el escándalo corporativo de cartelización más grande de los EE.UU., a tal punto que inspiró la película *The Informant*, protagonizada por Matt Damon. A continuación les comparto tres aprendizajes que me quedaron del impacto de una esposa sabia y decidida (Ginger):

- **Firmeza de Carácter:** Ella le dijo a su esposo *«O te entregas al FBI, o yo misma lo haré»*; aun cuando su esposo estaría involucrado. Ella fue capaz de pararse firme contra el error, su fe en Dios le permitía saber que algo bueno saldría si hacían lo correcto a pesar de lo incómodo de la situación.
- **Gracia y Perdón:** El escándalo corporativo que involucró a su esposo, y que lo dejó en bancarrota, no la alejaron de él, sino más bien la acercaron más. Ella no solo le perdonó, sino que le acompañó hasta sobreponerse juntos a la situación.
- **Amor Perseverante:** Sabía usted que cerca del 99% de los matrimonios de reclusos que duran 5 años o más en prisión terminan en divorcio. Aun así Mark dijo, *«Yo estuve preso por el doble de tiempo, y mi matrimonio no solo sobrevivió, sino que prosperó. A lo largo de mi condena, fui reubicado en tres ocasiones, y cada vez mi esposa e hijos se mudaron cerca de la prisión y me visitaron todas las semanas.»*

Finalmente, el 21 de Diciembre de 2006 Mark salió de la prisión y junto a Ginger se han recuperado y salido adelante a una nueva oportunidad integral de vida. Al conocer su historia de transformación espiritual y ahora su rol como embajador corporativo en nombre del CBMC (CPEC), le dije, *«Mark, que gran transformación experimentaste»*, y él me dijo *«Mi esposa es la protagonista»*.

Para reflexionar: El apoyo marital es imprescindible para el éxito empresarial y profesional.

Jesús A. Sampedro Hidalgo. Valencia, Venezuela.

SEMANA 28 - DÍA 1

EL SIERVO LÍDER

«Así como el Hijo del hombre no vino para que le sirvan, sino para servir
y para dar su vida en rescate por muchos».
MATEO 20:25-28 NVI

Lectura: Mateo 20:25-28	El Nuevo Testamento en un año: Hechos 10:37-11:19

Es común observar en las compañías organigramas con forma de pirámides triangulares, donde la estrella de la escena está en el ápice, mientras que los escalafones de la base parecen ser los de menor valor. Eso ha propiciado una cultura empresarial de patrón-empleado poco efectiva al momento de operar, pues el director se siente como rey mientras que los empleados se perciben como súbditos, y así se forma una empresa que más bien parece un feudo, donde el rey marca las acciones de los súbditos y no el mercado, estas son organizaciones que están al servicio de la misma empresa y no del mercado.

En cierta ocasión, fue a mi cubículo el director de la empresa donde trabajaba, y me dijo: ¿qué necesitas que yo haga, para que alcances el pronóstico de ventas? Fue entonces que expuse en forma consciente los elementos que debería proporcionar la dirección para alcanzar el objetivo trazado, en otras palabras, se bajó del pedestal e hizo equipo.

Muchos tienen como meta dirigir a un gran número de personas, pero pocos son los que se toman el tiempo de servir a otros para que alcancen los objetivos establecidos. El pasaje anterior nos da luz para poner en práctica el valioso principio bíblico de servicio.

Para reflexionar: El poder de un líder no radica en el número de personas que dirige, sino en la capacidad que tiene para servir a más personas.

José C. Castillo Valdez. Monterrey, México.

Mis notas

_____
_____
_____
_____
_____
_____

SEMANA 28 - DÍA 2

SABIDURÍA PARA LOS DESAFÍOS DE LA VIDA

«Para aprender sabiduría y disciplina para comprender discursos inteligentes»
PROVERBIOS 1:2 PDT

Lectura:	El Nuevo Testamento en un año:
Proverbios 1:2	Hechos 11:20-12:19

El libro de Proverbios tiene un tema central: la sabiduría. En el antiguo mundo hebreo la sabiduría no era un mero conocimiento acumulado, sino la aptitud para vivir de manera correcta; sujetos al plan del Creador.

No me extraña toparme con muchos que se jactan de «*sabios*», creyendo saberlo todo, yo mismo anduve ese camino más de una vez; pero, me maravilla encontrarme con quienes no han perdido la capacidad de admirar la belleza a pesar de las tormentas de la vida, de reconocer las necesidades de otros, de agradecer con humildad lo que muchos toman por irrelevante, de aprender por igual de los cultivados como de los niños, de abrazar la fe de que hay un solo Dios y vale la pena vivir para Èl.

No hay manera de sacar provecho de nuestros errores pasados, a menos de que caminemos sabiamente el día de hoy, tampoco hay un antídoto que nos evite fuertes desafíos en el futuro, pero el caminar sabiamente hoy nos capacitará para afrontarlos con destreza.

La sabiduría divina apela a lo más elemental de la vida: *Resolver conflictos de manera correcta*. Si hablamos de relaciones rotas, sea en la familia, en la iglesia o en la empresa, estamos realmente hablando de problemas que no se resolvieron al echar mano de la sabiduría de Dios. La buena noticia es que esa sabiduría sigue tan disponible como siempre.

Para reflexionar: Los desafíos de la vida son el espejo que refleja la imagen de nuestro carácter.

Edgar Medina. *Monterrey, México.*

Mis notas

SEMANA 28 - DÍA 3

CONSTANCIA EN ANIMAR A OTROS

«Así que aliéntense y edifíquense unos a otros, tal como ya lo hacen.»
1 TESALONICENSES 5:11 NTV

Lectura:	El Nuevo Testamento en un año:
1 Tesalonicenses 5:11	Hechos 12:20-13:25

Animar es la acción de estimular e infundir en otros un sentido de valor, esperanza, ánimo, actitud positiva y aliento. Creo que el mundo está lleno de desalentadores. Cuando expresamos una idea, sueño o visión, sobran los pesimistas de oficio que dicen: eso es muy difícil, eso no va a resultar, no vale la pena intentarlo, confórmate.

Hay personas que solo pueden ver lo negativo en otros, o las dificultades en las situaciones cotidianas. Pareciera que están programados para cuestionar, criticar, censurar y derribar y ver el lado negativo de las cosas, a veces con la consigna de «*ser realista*», pero una cosa es ser realista y otra ser pesimista. Para muchos, palabras como encomio, reconocimiento, agradecimiento, afirmación, edificación y felicitación no existen en su diccionario personal. Cuando animamos y edificamos a otros nos concentramos en las características positivas de la persona, en el aporte que pueden dar, en lo que pueden realizar con el potencial que tienen, a la vez que los afirmamos y alentamos a dar su mejor desempeño.

El enfoque en dar ánimo usa como lenguaje la afirmación y la edificación de las personas; es una disposición que usa el lenguaje de la actitud positiva. Este lenguaje incluye elogios, expresiones de aprobación, afecto y estímulo por el esfuerzo que otros hacen. Al respecto dice la Biblia: «*Y considerémonos unos a otros para estimularnos al amor y a las buenas obras.*» *(*Hebreos 10:24 RVR19160)

¿Cuánto podemos hacer para alentar a otros? A veces basta con una breve llamada telefónica, o un mensaje de texto en el celular, o una sencilla línea en un email, o un abrazo sincero; o un recordatorio de algún día festivo, de aniversario o especial para una persona; o una palabra de reconocimiento ante un buen trabajo hecho. A veces el simple hecho de dar las gracias ante un favor recibido, es suficiente para animar a otros.

Para reflexionar: Cuando animamos a otros los estimulamos a realizar lo mejor que ellos puedan hacer.

***Arnoldo Arana.** Valencia, Venezuela.*

SEMANA 28 - DÍA 4

EL MILAGRO DEL LIDERAZGO

«Misericordia mía y fortaleza mía, Mi baluarte y mi libertador, Escudo mío en quien me he refugiado, El que sujeta a mi pueblo debajo de mí.»
SALMOS 144:2 NBLH

Lectura: Salmos 144:2	El Nuevo Testamento en un año: Hechos 13:26-14:4

Tener seguidores es la demostración de que existe algún tipo de liderazgo. En una oportunidad dijo John Maxwell: *«Si crees que eres un líder y no tienes nadie siguiéndote, sólo estás dando un paseo».* Es importante preguntarse, ¿De dónde nace la intención de la gente de querer seguir y efectivamente seguir a alguien? ¿Por qué no constituir su propio rumbo? Muchos líderes piensan que la gente les sigue por sus capacidades persuasivas, carisma, logros, ofertas, fama, entre otras cualidades o atributos; sin embargo, en la esfera del liderazgo espiritual, es importante descubrir que es Dios quien hace que gente quiera seguir, siga y se mantenga siguiendo a un líder en particular. El rey David en una oportunidad reconoció que Dios es *«...El que sujeta a mi pueblo debajo de mí»* (Salmo 144:2 NBLH). Él especialmente pudo experimentar esto cuando tomó cargo como nuevo rey de Israel. El capítulo 12 de 1 de Crónicas es una interesante descripción de cómo la gente se le puso a la orden, se sumaba a su causa y le reconocían como el líder puesto por Dios. Hasta ese momento David había demostrado lealtad al rey anterior, confianza en Dios y determinación para cumplir con su misión de vida, pero aún no tenía la compañía de gente clave que le acompañara en su gestión (especialmente de un ejército). Sin embargo, Dios se encargó de movilizar a gente clave de todas las esferas de la sociedad israelita hacia David, a ponerse a sus órdenes, a alinearse con su causa; el v.22 dice que *«... todos los días venía ayuda a David, hasta hacerse un gran ejército, como ejército de Dios.»* (1 Crónicas 12:22 RVR 1960). David entonces fue capaz de experimentar el milagro del liderazgo, que es Dios configurando un equipo de seguidores o colaboradores de talla celestial a aquellos líderes fieles a quienes él ha entregado una tarea.

Para reflexionar: Es bueno mejorar la técnica de liderazgo, pero es Dios quien realmente hace que tengas seguidores.

Jesús A. Sampedro Hidalgo. Valencia, Venezuela.

Mis notas

SEMANA 28 - DÍA 5

LO QUE LA GENTE QUIERE DE UN LÍDER

«Simón Pedro le respondió: — Señor, ¿a quién iríamos?
Sólo tus palabras dan vida eterna.»
JUAN 6:68 BLP

Lectura:	El Nuevo Testamento en un año:
Juan 6:68-69	Hechos 14:5-15:6

Estudios serios han mostrado que la gente espera y desea de sus líderes cuatro características primordiales (Honestos 88%, Progresistas 78%, Inspiradores 68% Competentes 63%). Cuando una persona se revela genuina y deseosa del bien de sus semejantes, éstos tienden a reconocerle como Líder. No se necesita tener un cargo o jerarquía para liderar. Jesús estaba preparado para la decepción de tener discípulos que por una u otra razón lo abandonarían como lo muestra el pasaje. Esta certeza de ser un líder verdadero le permitió retar a sus discípulos a decidir si querían marchar también.

Pero Pedro, tal vez el más impulsivo pero también el más directo de sus discípulos se cuestiona a sí mismo y a sus compañeros al responder: ¿a quién iremos? Tú tienes palabras de vida eterna. Esta afirmación es un reconocimiento del liderazgo de Jesús y también del poder de su propio testimonio. ¿A quién irían después de conocer a Jesús? ¿Quién podría compararse con Él? ¿A quién imitar y seguir si no era Él? Luego reconoce lo que Jesús tiene: ¡Palabras de Vida Eterna! ¿En qué otro líder en toda la historia en el mundo podemos reconocer tal nivel?

Jesús era honesto, transparente, sin doblez aun para decir las cosas más duras. Era Un innovador y progresista sin par. El restablece el significado de la palabra de Dios, la profundiza, la depura. Inspiró a muchos a través de su amor, su ejemplo, su obediencia y su sacrificio. Y sabía cómo nadie comunicar las ideas y conceptos del reino a los más humildes y menos entendidos. Un líder como cualquiera de nosotros desearía seguir e imitar. Por ello nuestro modelo de liderazgo perfecto es Él. ¿Es Jesús el modelo que estás imitando?

Para reflexionar: Un verdadero líder no *«pretende ser»* frente a sus discípulos. El verdadero líder trata genuinamente de vivir la vida del modelo perfecto: Jesús.

Hebert Reyes. *Bogotá, Colombia.*

Mis notas

_____

_____

LO QUE SIEMBRAS, COSECHARÁS

«No os engañéis; Dios no puede ser burlado: pues todo lo que el hombre sembrare, eso también segará.»
GÁLATAS 6:7 RVR1960

Lectura: Gálatas 6:7	El Nuevo Testamento en un año: Hechos 15:7-15:37

Cuando llegó a mis manos un libro acerca del éxito auténtico, me pregunté si en realidad ese término era correcto. Se trata de éxito y nada más, me dije. Si uno se toma un tiempo para preguntar a otros acerca de esto, encontrará que es cierto que cada persona tiene su propio concepto de éxito. ¿Cómo saber si lo que uno considera éxito es correcto? Ron Jenson, autor del Libro *Cómo alcanzar el éxito auténtico* hace una pregunta desafiante para ayudar a saber qué es éxito, «¿Al final de su vida, cómo sabrá si tuvo éxito?». «*Al final de su vida*» es la parte de la pregunta que permite realmente enfocar lo que significa éxito para usted. Es lo que le ayuda a proyectar el impacto de lo que usted está haciendo ahora y cuyo resultado verá en un futuro. Si usted siembra manzanas, cosechará manzanas, nunca naranjas. ¿Tiene el deseo de cosechar algo bueno? Haga cosas buenas. La única manera de saber si ha sembrado para bien hasta ahora, es voltear a mirar en este momento de su vida lo que ha cosechado. ¿Se siente satisfecho? Si no le gusta lo que tiene, cambie el enfoque de lo que está haciendo, aún está a tiempo. No puede cambiar la regla de siembra y cosecha, pero si puede cambiar la semilla que siembra.

Para reflexionar: Lo que siembras cosecharás, lo que hagas ahora será lo que coseches mañana.

Edison Celis. *Lima, Perú.*

Mis notas

_____

_____

_____

_____

_____

_____

_____

_____

_____

SEMANA 29 - DÍA 2

EL TIEMPO ES ORO

«Mas tenga la paciencia su obra completa, para que seáis perfectos y cabales, sin que os falte cosa alguna.»
SANTIAGO 1:4 RVR1960

Lectura:	El Nuevo Testamento en un año:
Santiago 1:4	Hechos 15:38-16:27

¿Invierte usted su tiempo en forma efectiva? ¿Su tiempo se invierte en sus principales prioridades? Nuestra vida es fugaz. Dice la Biblia que la vida del hombre *«es neblina que aparece por un poco de tiempo, y luego se desvanece»* (Santiago 4:14 RVR1960). Por eso es tan importante saber a dónde va nuestro tiempo. No sólo transcurre nuestro tiempo, sino que con él transcurre también nuestra vida. Cuando desperdiciamos nuestro tiempo, también estamos desperdiciando nuestra vida. Cuando el tiempo se nos escapa de las manos, con él se escapa también la vida. Tenemos una sola vida, por lo que tenemos que vivirla con sabiduría. Las personas que adquieren sabiduría saben a dónde va su tiempo. Parte de esa sabiduría está relacionada con saber usar el tiempo correctamente.

El tiempo es también el recurso más escaso y el que más limita nuestro desempeño; es totalmente irremplazable. Nuestra oportunidad de hacer cosas, de alcanzar metas, de lograr una visión, tiene un límite; ese límite es impuesto por el tiempo. No podemos estirar la cantidad de tiempo del que dispone cada día, ni almacenarlo o fabricarlo. A diferencia del dinero, la tecnología, o la fuerza laboral que son recursos más flexibles, el tiempo es absolutamente inelástico. No podemos recuperar el tiempo perdido. Disponemos, pues, de un tiempo finito y limitado para cumplir nuestro propósito en la vida, por lo que necesitamos ser diligentes y responsables en la gestión del mismo. Aprender a gestionar en forma efectiva el tiempo constituye una de las prioridades más importantes para un líder.

Para reflexionar: «*Si en verdad amas la vida no derroches tu tiempo porque éste es la materia prima de la cual la vida está hecha*» Benjamín Franklin.

Arnoldo Arana. *Valencia, Venezuela.*

Mis notas

_____

_____

_____

_____

SEMANA 29 - DÍA 3

PETRICOR ESPIRITUAL EN EL LIDERAZGO

«Tú tienes cuidado de la tierra; le envías lluvia y la haces producir; tú, con arroyos caudalosos, haces crecer los trigales. ¡Así preparas el campo!»
SALMOS 65:9 DHH

Lectura: Salmos 65:9-13	El Nuevo Testamento en un año: Hechos 16:28-17:18

¿Cómo está tu corazón para liderar? ¿Has conocido a algún líder con un corazón endurecido? ¿Qué ablanda el corazón de un líder? Quizás exista la necesidad de experimentar el *«Petricor»*. La palabra petricor se refiere al olor que produce la lluvia al caer sobre suelos secos. El petricor se experimenta más contundentemente después de un tiempo de extrema sequía, cuando caen las primeras lluvias. El petricor tiene varias implicaciones: 1) se necesita la lluvia que soberanamente cae del cielo; 2) que la tierra tenga la condición de dureza y sequedad, 3) que la tierra este presta a recibir la lluvia que le cae. 4) anuncia que hay esperanza, ya que facilita las condiciones para la siembra y la posterior cosecha. La Biblia se refiere particular e interesantemente a la lluvia temprana y la lluvia tardía, son las lluvias a los extremos de la temporada de siembra y cosecha; y cada lluvia cumple una función. Entre varias referencias bíblicas, es posible conseguir que en el Salmo 64:10 la primera (temprana) cumple precisamente una función ablandadora de la tierra, y la última (tardía) tiene un efecto de optimizar la cosecha al *«florecer sus renuevos»*. Dios invita a no tener *«duro»* el corazón, sino a colocarlo presto a refrescarse ante sus enseñanzas, instrucciones y dirección. Es posible que tu corazón como líder haya sufrido algún tipo de endurecimiento debido a diversas causas; por ejemplo, circunstancias o experiencias difíciles, malas decisiones, actitudes, hábitos o acciones perjudiciales que han permanecido en el tiempo. Sin embargo, el anhelo de Dios es traer *«lluvias»* de refrescamiento espiritual y producir en ti aroma a petricor en todos tus asuntos, generar ese fenómeno bioquímico y grato encuentro aromático cuando se junta la tierra seca y el agua refrescante de lluvia. Hablar de petricor espiritual en el liderazgo es referirse entonces al olor que se produce cuando el corazón de un líder está recibiendo una lluvia de refrescamiento celestial que le empodera para cumplir su misión en el mundo empresarial/profesional y llevar allí fruto en abundancia.

Para reflexionar: ¿Quieres oler a Petricor luego de una larga sequía? Deja que la palabra de Dios te refresque hoy.

Jesús A. Sampedro Hidalgo. Valencia, Venezuela

Mis notas

SEMANA 29 - DÍA 4

A QUIÉN SIRVE UN LÍDER

«Y no se adapten (no se conformen) a este mundo, sino transfórmense mediante la renovación de su mente, para que verifiquen cuál es la voluntad de Dios: lo que es bueno y aceptable (agradable) y perfecto.»
ROMANOS 12:2 NBLH

Lectura:	El Nuevo Testamento en un año:
Romanos 12:2	Hechos 17:19-18:14

Un soldado alega que disparó contra una multitud, pero que él solamente obedecía órdenes superiores. Es decir, alega que estaba al servicio de su patria. ¿Qué debería hacer un soldado con una orden como esta? O ¿qué debe hacer un empleado cuando su jefe le ordena ir contra la ley? Como líderes a veces ponemos en este predicamento a nuestros colaboradores. Como subalterno, empleado e incluso hijo, se necesita tener muy en claro quien sirve un líder para que tenga la claridad de la forma de decidir si obedece o no. También es necesario conocer bien las escrituras para poder comprobar cuál es la voluntad de Dios. Esa, la voluntad de Dios, debería ser la medida que debemos seguir.

Cuando Pablo nos invita a no amoldarnos a este mundo y más bien ser transformados mediante la renovación de nuestra mente, también nos aclara que con estas dos acciones podremos comprobar la voluntad de Dios y le da tres calificativos: Buena, agradable y perfecta. La voluntad de Dios siempre muestra bondad y amor de todos con todos. Es agradable, pues con el tiempo el creyente aprende a disfrutar de la confianza de obedecer esa voluntad. Y es perfecta, pues en Él no cabe otra cosa. Sólo Él conoce toda la perspectiva, el pasado y el futuro. Podemos «*objetar*» otras voluntades y otras órdenes, aun con consecuencias en nuestra contra, cuando sabemos a ciencia cierta cuál es la voluntad de Dios. Podemos vivir con una conciencia limpia y en paz cuando nos ceñimos a la voluntad de Dios. Y la única manera es escudriñando, profundizando y aprendiendo con denuedo sobre la persona y las acciones de Dios. Un buen líder debe saber con muchísima certeza a quien sirve verdaderamente.

Para reflexionar: Si el líder está claro a quien sirve, eso le permite pedir lo que él mismo está dispuesto a hacer acorde a la voluntad de Dios.

Hebert Reyes. *Bogotá, Colombia.*

Mis notas

_____

_____

ACEPTAR Y RECIBIR INSTRUCCIÓN Y REPRENSIÓN

«El que atiende a la corrección va camino a la vida; el que la rechaza se pierde.»
PROVERBIOS 10:17 NVI

Lectura: Proverbios 10:17	El Nuevo Testamento en un año: Hechos 18:15 - 19:17

El hombre sabio ama la instrucción y atiende a la reprensión. Se requiere de humildad para recibir la instrucción y la corrección con buena disposición y diligencia para aceptarla y aplicarla. El hombre sabio desarrolla un corazón enseñable - corregible: con apertura y actitud humilde para recibir consejos, exhortaciones, amonestaciones y enseñanzas.

A muchos no les gusta la instrucción y la reprensión a causa de su orgullo y altivez. Quien no recibe la corrección y amonestación se hace necio e insensato al menospreciar el consejo. El que niega el consejo se condena a sí mismo a quedarse en un callejón sin salida. Por el contrario, como dice Proverbios 12:1 (RVC) *«El que ama la instrucción ama la sabiduría; mas el que aborrece la reprensión es ignorante»*.

La instrucción y la reprensión apuntan a todo el proceso de disciplina con miras a generar información-formación-reformación; su objetivo corregir y enseñar para que la persona sea instruida en justicia, y sea apartada de los malos caminos. Rehusar la instrucción y la reprensión representa un grave error que conduce a andar por malos caminos, y acarrea consecuencias negativas.

La Biblia nos anima a ser prudentes y prontos en aceptar la reprensión y la instrucción (consejo, corrección, amonestación, etc.) con una actitud humilde, que resulta de utilidad para ver los errores y corregir el comportamiento.

Para reflexionar: La instrucción y la reprensión nos aportan la sabiduría necesaria para caminar con seguridad y paz por la vida.

Arnoldo Arana. *Valencia, Venezuela.*

Mis notas

_____

_____

_____

_____

SEMANA 30 - DÍA 1

LA LEY DEL MÍNIMO ESFUERZO

«Pero el siervo que recibió una sola bolsa de plata cavó un hoyo en la tierra y allí escondió el dinero de su amo.»
MATEO 25:18 NTV

Lectura:	El Nuevo Testamento en un año:
Mateo 25:14-30	Hechos 19:18-20:7

Esto es: trata de esforzarte lo menos posible, pero al mismo tiempo trata de cobrar lo más posible. Lo vemos en muchas personas, empresas y escuelas que prometen aprender sin esfuerzo, sin tareas en casa. Sepa bien esto, estas promesas son falsas, el único camino para lograr metas es el trabajo y la disciplina, observe Proverbios 22:29 (RVR1960) dice: *«¿Has visto hombre solícito en su trabajo? Delante de los reyes estará; No estará delante de los de baja condición.»*

Observe que en la parábola de los talentos los que recibieron cinco y dos talentos negociaron con ellos, la palabra negociar es negación al ocio, en otras palabras son personas que saben manejar los recursos que tienen, no están esperanzados a recibir más recursos, con lo que tienen trabajan, esto implica trabajar aun cuando no tenga ganas o ánimo para hacerlo, esta parábola nos enseña que Dios da conforme a la capacidad de cada quien, en primer lugar para no dejarse dominar por la pereza y el desánimo, y en segundo lugar para no dejarse dominar por el éxito en los negocios. Otro punto de interés es que el hombre que recibió un talento tuvo miedo, es ese miedo que paraliza, miedo a perder, miedo al fracaso, miedo a equivocarse. ¿Cuántas veces hemos caído en la misma situación?

Para reflexionar: Seguro tienes por lo menos un talento; ¡ponlo a trabajar! Dios es multiplicador de esfuerzos.

José C. Castillo Valdez. Monterrey, México.

Mis notas

_____
_____
_____
_____
_____
_____

SEMANA 30 - DÍA 2

ÉXITO EN LAS TRANSICIONES DE LIDERAZGO

«El Señor mismo irá delante de ti, y estará contigo; no te abandonará
ni te desamparará; por lo tanto, no tengas miedo ni te acobardes.»
DEUTERONOMIO 31:8 DHH

Lectura:	El Nuevo Testamento en un año:
Deuteronomio 31:7-8, 23	Hechos 20:8-20:38

Muchos líderes tienen consciencia, planean y ejecutan las transiciones en el liderazgo, otros no. Moisés estaba de avanzada edad e intencionalmente pasándole la batuta del liderazgo a su joven y fiel ayudante Josué. Moisés dirige unas palabras de afirmación delante del pueblo (v.7-8) donde le expresa ánimo a cumplir la misión de liderazgo (conquistar la tierra prometida) que tenía por delante; y enfatiza allí que la razón primaria por la que su misión tendría éxito era porque contaba con una garantía a priori, porque estaba basada en que *«Dios había jurado a sus padres que les daría la tierra prometida»*. El liderazgo de Josué estaría dependiendo no de su capacidad, ni de su visión, ni de su experiencia; sino del hecho de que Dios llevaría a cabo a través de él una promesa a su pueblo. Josué estaba ahora en el centro entre una promesa de Dios y el pueblo expectante, ¡qué gran reto! Sin embargo, un aspecto aún más importante fue la posterior confirmación directa a Josué, de Dios mismo (v.23); que implica que no era solo un asunto de Moisés entregándole la batuta, ahora era Dios confirmando dicha entrega. La asignación de liderazgo entregada a Josué no tenía dimensiones humanas, tenía más bien dimensiones divinas. Ya no se trataba solo de una idea ingeniosa y programada de un líder (o quizás caprichosa e incierta de su parte); era más bien un acto soberano de Dios alrededor de una promesa suya. Ya no era solamente Josué enviado por Moisés, ahora aparecía también una dimensión más amplia de parte de Dios, que era El mismo empoderando y trayendo doble aseguramiento al corazón del joven Josué.

Para reflexionar: Para tener éxito en cualquier transición intencional de liderazgo asegúrate que esté claramente conectada con los propósitos de Dios.

Jesús A. Sampedro Hidalgo. *Valencia, Venezuela.*

Mis notas

_____
_____
_____
_____
_____

SEMANA 30 - DÍA 3

Reconociendo el peligro

«...da oído a la sabiduría, inclina tu corazón al entendimiento»
PROVERBIOS 2:2 LBLA

Lectura: Proverbios 2:2	El Nuevo Testamento en un año: Hechos 21:1-21:30

Supe de unos hombres que se enteraron de que a un día de camino en burro encontrarían un excelente sitio para cazar venado; sin dudarlo emprendieron el viaje. Sus familias les esperaban de regreso en tres días, pero eso no ocurrió. Con las limitadas comunicaciones de las zonas rurales de México a mediados del siglo pasado —cuando eso pasó—, no restaba más que esperar o mandar buscarles.

Finalmente, y con mucho retraso, volvieron los hombres de su viaje, la razón de su tardanza era que se habían tenido que regresar caminando. Contaron que al llegar al sitio indicado esperaron que anocheciera para iniciar su cacería, con los primeros rayos del amanecer descubrieron que no sólo no habían cazado ningún venado... ¡habían matado a sus burros!

Esta historia la escuché siendo un niño, y me ilustra lo fácil que resulta equivocarse. Personalmente jamás he intentado cazar un venado, pero sé que no es tarea sencilla, son animales instintivamente atentos a lo que ocurre a su alrededor. Los venados detienen su marcha, de cuando en cuando, y literalmente inclinan sus oídos a fin de asegurarse de que no hay algún peligro merodeando.

Bien vale que detengamos nuestro acelerado andar periódicamente, será entonces más sencillo reconocer el peligro que nos aseche y escuchar la voz de Dios.

Para reflexionar: Reconocer el peligro es más una cuestión de carácter que de inteligencia.

Edgar Medina. *Monterrey, México.*

Mis notas

_____

_____

_____

_____

_____

_____

SEMANA 30 - DÍA 4

DILIGENCIA ES TRABAJO

«Los perezosos empobrecen pronto; los que trabajan mucho enriquecen pronto.»
PROVERBIOS 10:4 NBV

Lectura: Proverbios 10:4	El Nuevo Testamento en un año: Hechos 21:31-22:21

Thomas A. Edison decía: *«El genio no es otra cosa que trabajo y aplicación»*. Estas palabras dichas por un hombre que dejó más de mil patentes de inventos, nos dice mucho acerca del valor del trabajo. Dice a sí mismo Zig Ziglar: *«El genio engendra grandes ideas y conceptos. El trabajo duro genera el resultado»*. El trabajo es el fundamento de nuestro éxito. Representa una extraordinaria herramienta para la expresión de nuestro genio y para la autorrealización personal. Sin embargo, algunas personas consideran que el trabajo es castigo de Dios; una maldición. Eso es porque muchas personas han perdido su ética laboral. Pero como alguien una vez dijo: *«El trabajo no es una maldición, pero el evitarlo si lo es»*. Muchas personas ven el trabajo como un mal necesario, una obligación, un medio para ganarse la vida. Cuando concebimos el trabajo en esos términos el mismo se vuelve aburrido, poco creativo, una carga difícil de sobrellevar y, en consecuencia, poco productivo. Cuando leo las cifras de desempleo en el mundo y en mi país, concluyo que el trabajo es un privilegio. Cuando veo una persona minusválida que no puede trabajar, reflexiono sobre la bendición que es poder trabajar.

Debemos aprender a disfrutar del trabajo. Hagamos nuestras labores con contentamiento y entusiasmo, enfocados en contribuir. Fue el ex-presidente norteamericano Harry Truman quien dijo: *«Me he dado cuenta de que los hombres y mujeres que llegan a la cima son quienes con más energía, entusiasmo y dedicación hicieron el trabajo que tenían a la mano»*. El empresario y escritor Dexter Yeger define el trabajo como un activo financiero. Él dice: *«El trabajo es la habilidad de convertir sus capacidades, esfuerzos y desempeño en una recompensa material y financiera que se puede disfrutar más tarde»*.

Para reflexionar: El trabajo es un medio para el crecimiento y aprendizaje.

Arnoldo Arana. *Valencia, Venezuela.*

Mis notas

_____

_____

_____

¿QUÉ QUIERES PARA OTROS?

«Así pues, hagan ustedes con los demás como quieran que los demás hagan con ustedes; porque en eso se resumen la ley y los profetas»
MATEO 7:12 DHH

Lectura: Mateo 7:12	El Nuevo Testamento en un año: Hechos 22:22-23:22

El líder busca oportunidades que representen el desafío de cambiar, mejorar, innovar, y mejorar las vidas ajenas. Un buen líder no anda con contemplaciones cuando se trata de procurar que todos tengan oportunidades, crecimiento, desarrollo y aun el chance de probar, errar y ser bien recibidos por ello. ¿Quién de nosotros no ha pasado por esa sensación de miedo a fracasar? Pero también ¿quién de nosotros no agradece profundamente a esos líderes experimentados que nos permitieron y aun nos animaron a probar y equivocarnos, sabiendo que es parte del proceso de formar nuevos líderes?

La sociedad moderna nos llama a no aceptar el fracaso. A rechazarlo, condenarlo y proscribirlo como un mal casi mortal. Un buen líder sabe que mientras sus seguidores no tengan la oportunidad de ensayar aun con riesgo de equivocarse, serán mediocres. Un buen líder no quiere el fracaso de sus seguidores, pero lo admite, porque sabe que así crecerán y se fortalecerán. El punto está en la intención de un buen líder.

Un buen líder hará a los demás lo que quisiera que le hicieran a él mismo. Entre otras cosas reconoce que él también tuvo fracasos y ensayos fallidos y que fue una buena forma de aprender y crecer.

Cuando Jesús enseñaba a sus discípulos no pretendió hacer las cosas por ellos. Los enviaba con instrucciones claras y enseñanzas precisas que les permitiera crecer en su auto confianza. Pero lo hizo a sabiendas de que muchas veces fallarían. Su amor por ellos le permitía aceptar sus imperfecciones y fallas. Jesús hizo con sus discípulos lo que esperaría que hicieran con Él.

Para reflexionar: Un buen líder anima a sus seguidores a que intenten una y otra vez hasta que ve en ellos el progreso dado por la experiencia.

Hebert Reyes. Bogotá, Colombia.

Mis notas

_____

_____

LIDERAZGO METRIOPATHEOS

«Para que se muestre paciente con los ignorantes y extraviados,
puesto que él también está rodeado de debilidad»
HEBREOS 5:2 RVR1960

Lectura:	El Nuevo Testamento en un año:
Hebreos 5:2	Hechos 23:23-24:18

La innovación, el desarrollo de liderazgo y las relaciones duraderas en el contexto organizacional actual tienen un interesante elemento en común, todas requieren que los líderes tengan cierta tolerancia al error y sepan canalizarlo adecuadamente. Esto no significa que bajen los estándares de excelencia o algo por el estilo; significa más bien que reconocen la posibilidad y el valor de la equivocación controlada cuando alguien se atreve a experimentar, hacer pruebas, intentar cosas nuevas y crecer. Es imposible pensar en una organización o persona que incursione en algo nuevo (ya sea área de negocio, región geográfica, actividad profesional, proyecto, etc.) y esté libre de riesgo a equivocarse. En vista de esto, es interesante desarrollar una habilidad clave de liderazgo que consiste en ser lo suficientemente *«paciente y tolerante»* que configure un ambiente en donde los seguidores se puedan equivocar, y a través de eso canalizar el crecimiento. En el libro de Hebreos aparece por única vez la palabra del griego *MetrioPatheos* como un atributo del liderazgo espiritual y refiere a alguien que *«trata pacientemente»* a las personas que cometen errores, faltas, desvíos o pecados; no se ruboriza en demasía, ni se perturba desmesuradamente sino que más bien los conlleva gentilmente. No ignora la circunstancia, pero tampoco la sobre-exagera. Quizás sea una especie de Inteligencia Emocional bíblica, demostrada por aquellos líderes que saben tratar adecuadamente con las personas cuando éstas se han equivocado. No reaccionan desmedidamente, sino que dan la respuesta adecuada. Separan la situación de la persona, las emociones temporales de la perspectiva eterna; y sobre todo logran gestionar la circunstancia de forma didáctica sin perder la perspectiva esperanzadora, restauradora, transformadora, de aprendizaje y de crecimiento integral de las personas involucradas.

Para reflexionar: Los líderes tienen paciencia ante los errores de sus colaboradores porque perciben oportunidades para la madurez.

Jesús A. Sampedro Hidalgo. *Valencia, Venezuela.*

Mis notas

_____

_____

SEMANA 31 - DÍA 2

¿POR DÓNDE COMENZAR?

«Con sabiduría fundó el Señor la tierra, con inteligencia estableció los cielos.»
PROVERBIOS 3:19 NBLH

| Lectura:
Proverbios 3:19 | El Nuevo Testamento en un año:
Hechos 24:19-25:21 |

La sabiduría es mucho más que un privilegio, es la herramienta que se usó para fundar la tierra. La sabiduría no sólo es saber qué hacer, sino saber cómo hacerlo. Nos agudiza los sentidos también para comprender el tiempo oportuno de hablar o callar; de moverse o parar.

Si la sabiduría es una herramienta, entonces ¡no se nace con ella!, hay que buscarla y aprender a usarla. El entendimiento, en cambio, fue el cincel que dio forma a los cielos, se usó para las alturas y revela lo que está más allá de nuestras manos.

Si queremos cambiar ¿por dónde comenzamos? El primer paso es reconocer qué es lo que necesitamos cambiar y qué es lo que queremos llegar a ser. No saber dónde estamos y a dónde queremos llegar nos negará toda posibilidad de éxito significativo.

El segundo paso es determinarse a lograr el cambio que esperamos, en otras palabras: Estar dispuesto a pagar el precio que cueste.

Sin embargo, es imprescindible dar un tercero antes de cantar victoria —entrenarse. Es decir, aplicar decidida, disciplinada y pacientemente lo que sabemos que debemos hacer. Es aquí en donde entra en función la sabiduría, pues nos ayuda a 'aterrizar' el conocimiento y llevarlo a la práctica. El no dejarse vencer por los traspiés que demos en el intento convertirá la práctica en una habilidad y más tarde en un hábito. Renovar tus hábitos te redefinirá como persona… habrás cambiado entonces genuinamente.

Para reflexionar: Decídete a cambiar por alguien que sea capaz de trascender.

Edgar Medina. Monterrey, México.

Mis notas

_____
_____
_____
_____
_____

SEMANA 31 - DÍA 3

La paciencia genera resultados duraderos

«La herencia adquirida de prisa al principio, no será bendecida al final.»
PROVERBIOS 20:21 LBLA

Lectura: Proverbios 20:21	El Nuevo Testamento en un año: Hechos 25:22-26:25

L a paciencia es una virtud esencial para alcanzar grandes logros. La paciencia es lo opuesto a una receta rápida o la mentalidad de microondas, que busca soluciones instantáneas. La paciencia está casada con una mentalidad de procesos. Esto supone desarrollar una actitud de gratificación diferida: trabajar con perspectiva de largo plazo, para recoger frutos después de emprender y completar un proceso. Tener paciencia demanda reconocer que las cosas requieren un tiempo de maduración, y que no podemos acelerar y precipitar los procesos, ni obviar las leyes naturales: *«Todo tiene su tiempo, y todo lo que se quiere debajo del cielo tiene su hora.»* (Eclesiastés 3:1 RVR1960). Se necesita, pues, dar lugar a que las cosas maduren, permitiendo que transcurran de un modo natural. En ese sentido necesitamos curarnos de la inmediatez que busca resultados a corto plazo. La efectividad es el producto de un proceso más que de un acto. Algunos hábitos de ineficacia/resultados desastrosos tienen su origen en el pensamiento inmediatista y de corto plazo. El desarrollo del carácter (a nivel personal), o el desarrollo de un negocio o emprendimiento demandan tiempo e implican un proceso continuo, gradual y progresivo. Los buenos resultados no ocurren de la noche a la mañana.ransformadora, de aprendizaje y de crecimiento integral de las personas involucradas.

Para reflexionar: *«Todo lo que se precipita a la madurez probablemente perecerá pronto. Todo lo que se realiza con prisa será seguramente destruido con facilidad»* Ying Shaowu.

Arnoldo Arana. *Valencia, Venezuela.*

Mis notas

_____
_____
_____
_____
_____
_____
_____

SEMANA 31 - DÍA 4

VITALIDAD, ¿A LOS 85 AÑOS?

«Todavía estoy tan fuerte como el día en que Moisés me envió; como era entonces mi fuerza, así es ahora mi fuerza para la guerra, y para salir y para entrar.»
JOSUÉ 14:11 LBLA

Lectura: Josué 14:5-15	El Nuevo Testamento en un año: Hechos 26:26-27:24

Caleb es un personaje bíblico del que se puede aprender mucho en el contexto del liderazgo, y en sus dimensiones de duradero y sostenido:

- Actitud correcta del corazón: A los 40 años fue uno de los doce comisionados para evaluar el status de la tierra prometida, justo antes de que el pueblo de Israel la tomara. Aunque diez de los comisionados vieron dificultades, sólo Josué y Caleb tuvieron una apreciación favorable al respecto. Caleb dijo a su líder Moisés: «...*Debemos ciertamente subir y tomar posesión de ella, porque sin duda la conquistaremos.»* (Números 13:30 LBLA). Esa misma actitud de fe le acompañó el resto de su vida. A los 85 años, ya siendo un hombre anciano, tuvo aun la valentía de alcanzar un nuevo reto basado en la promesa que Dios le había hecho años atrás de que conquistaría la ciudad de Hebrón. Caleb tenía esa actitud ya que su confianza estaba puesta en Dios. En cualquier momento de cualquier generación, la actitud siempre es determinante.

- Enfoque paciente: Así como Caleb sabía desde temprano en su vida cual era el *«monte»* (ciudad) que debía conquistar, el Señor usualmente enfoca a sus líderes en el monte o esfera de la sociedad al que quiere que alcancen. La actitud direccionaba la fuerza de Caleb, nunca la desbordó, ni mal direccionó por apresuramiento. Es preciso tener claridad del *«monte»* y mantenerse enfocado en él.

- Liderazgo de servicio: Caleb primero había ayudado a todos sus hermanos a conquistar sus ciudades, luego fue y conquistó la suya. Esto demuestra su disposición de poner a otros primero, y dejar sus intereses de último.

- Vitalidad: Usualmente la suma de la actitud correcta del corazón, enfoque y liderazgo de servicio se torna en una mezcla energizante para la vida de cualquier líder. La seguridad y confianza de Caleb en el Señor fue determinante en su vigor duradero.

Para reflexionar: Si queremos tener el vigor de Caleb a los 85 años, empecemos ahora a revitalizar nuestra actitud para liderar.

Jesús A. Sampedro Hidalgo. *Valencia, Venezuela.*

SEMANA 31 - DÍA 5

Oportunidades de inversión

«¿Cómo, pues, me dices, Señor Dios, que compre el campo delante de testigos, cuando la ciudad está siendo entregada a los caldeos?»
JEREMÍAS 32:25-27 BLPH

Lectura: Jeremías 32:25-27	El Nuevo Testamento en un año: Hechos 27:25-28:10

En las escuelas de negocios se nos enseña a detectar oportunidades de inversión, para esto se realiza un estudio del mercado, el entorno político, social, etc. También se observan los riesgos en la inversión y se miden, una vez que se tiene todo esto, se procede a invertir con mucha cautela según lo dictan las reglas de inversión.

En el pasaje anterior podemos observar que Jeremías fue guiado por Dios a comprar una propiedad, en palabras actuales le invito a incorporarse al negocio inmobiliario, lo interesante es que Jeremías estaba en la cárcel según el capítulo 32 v.2, por si fuera poco la ciudad donde se encontraba la casa que debía comprar estaba a punto de ser invadida, observe el capítulo 32 v.25, todo parece indicar que era una locura invertir en bien y raíces, pues si hiciéramos un estudio de mercado, de oportunidades y riesgos, hubiéramos reaccionado como lo hizo Jeremías en este versículo, ¡Cómo voy a invertir en esto, lo más seguro es que nos vaya mal! A lo que la respuesta divina dice en el: «*Yo soy el Señor, Dios de todo viviente; ¿crees que algo me resulta imposible?*» (v. 27 NTV)

No quiero decir con esto que se realicen inversiones de locura, creo que la preparación académica en los negocios es buena, pero el principio bíblico está por encima de todo, por oscuro que esté el panorama ten confianza en Dios, pues solo Él hace caminos por donde aparentemente no hay.

Para reflexionar: Siempre la estrategia correcta la tendrá Dios.

José C. Castillo Valdez. Monterrey, México.

Mis notas

_____
_____
_____
_____
_____

SEMANA 32 - DÍA 1

SEA COMO LA HORMIGA

«…prepara en el verano su alimento, en tiempo de siega almacena su comida»
PROVERBIOS 6:6-8 RVR 1960

Lectura: Proverbios 6:6-8	El Nuevo Testamento en un año: Hechos 28:11-Romanos 1:10

Dios puso sabiduría en la naturaleza. Si reflexionamos sobre ella aprenderemos mucho. La hormiga es un elocuente ejemplo. *«Ve a la hormiga, oh perezoso, mira sus caminos, y sé sabio»* (Proverbios 6:6 RVR1960). Las hormigas son insectos infatigables, creados para el trabajo. Diríamos que tienen una actitud correcta hacia el trabajo. Pero hay personas que son perezosas, no les gusta vestir el uniforme del esfuerzo y el trabajo. No han desarrollado el hábito de trabajar arduamente. Pero la laboriosidad es un hábito que se puede aprender con disciplina. Lo que se requiere es desarrollar una actitud adecuada hacia el trabajo. Mi madre, quien era una incansable trabajadora, acostumbraba a decir: *«Contra pereza, diligencia»*. Lo que ella expresaba con esa frase, era que no se iba a permitir holgazanear cuando había cosas por hacer.

La expresión *«ve a la hormiga, oh perezoso, mira sus caminos, y se sabio»*, es un llamado a actuar con disciplina. La palabra disciplina deriva de la palabra griega *gymnatsu*, que se parece a la palabra *gimnasia*, que tiene que ver con ejercitarse. Ser pronto en la acción requiere disciplina. La disciplina nos ayuda a establecer patrones y normas para la vida. Richard Séller Taylor dice que la disciplina es *«La habilidad de regular la conducta mediante principios y buen juicio, en vez de la impulsividad, los deseos, las presiones o las costumbres sociales»*. Una vida de disciplina es indispensable para desarrollar hábitos de efectividad en el trabajo y en la vida en general, y para asignar prioridad a lo importante.

Para reflexionar: El trabajo arduo siempre produce recompensas.

Arnoldo Arana. *Valencia, Venezuela.*

Mis notas

_____

_____

_____

_____

_____

_____

SEMANA 32 - DÍA 2

DESARROLLA EL CARÁCTER

«...hasta que una flecha le parte el corazón; como el ave que vuela presurosa hacia la red, sin saber que eso le costará la vida.»
PROVERBIOS 7:23 RVC

Lectura: Proverbios 7:23	El Nuevo Testamento en un año: Romanos 1:11-2:9

En un mundo donde los logros se valoran sobre las convicciones, el desarrollo del carácter ha pasado a ser una especie de *«mal necesario»*. Pero, no debe dejarse de ver que el desarrollo de un buen carácter a largo plazo resulta vital, pues es la base en la que se fundan nuestras decisiones más cruciales. El carácter es la fuerza que nos sostiene hasta superar los fracasos. Es la paciencia en el tiempo de sembrar y el vigor en el de levantar la cosecha. Es la firmeza para someter nuestros impulsos inadecuados. Es la guía en los momentos de incertidumbre. Es el mayor aliado en las tribulaciones. Es la capacidad de avanzar sin dejar de ver la meta. Es —en última instancia—, lo único que nos queda, cuando no nos queda nada. Es lo que en verdad somos.

El sabio Salomón escribió: «*...como el ave que vuela presurosa hacia la red, sin saber que eso le costará la vida.*» (Proverbios 7:23 RVC). Los hombres y mujeres sin carácter, hacen uso de sus '*alas*'; es decir, de sus capacidades y destrezas sin otra guía que la de sus deseos e intereses y no ven que van directos a una red que les robará la libertad y despreciará su vida.

En cambio, quienes desarrollan un carácter maduro agregan valor a los demás. Son impulsados por la motivación interna de hacer lo correcto; construyen puentes con entusiasmo, empatía y tolerancia por los cuales sus familiares, clientes y amigos pueden cruzar con confianza.

Para reflexionar: El fruto del éxito brota de la semilla de un carácter maduro.

Edgar Medina. Monterrey, México.

Mis notas

_____
_____
_____
_____
_____

ADVERTENCIAS SIGNIFICATIVAS

*«El prudente ve el mal y se esconde, pero los simples siguen adelante
y son castigados.»*
PROVERBIOS 22:3 LBLH

Lectura: Proverbios 22:3	El Nuevo Testamento en un año: Romanos 2:10-3:10

Hace algún tiempo el sistema de frenos de mi automóvil (Coche) comenzó a rechinar, al revisarlo inmediatamente, gracias a Dios era solo un aviso de que era ya la hora de cambiar las *«pastillas»* de los frenos. Atender al sonido de advertencia a tiempo me salvó de que hubiese un daño y un gasto mayor. ¿Cuántas veces tenemos *«avisadores»* en la vida que nos puede prevenir algún daño mayor, pero no les prestamos atención? Muchas cosas en la vida proveen, por muy pequeñas que sean, señales de advertencia antes de que se dañen. La mayoría de las caídas o fracasos personales, relacionales, profesionales y/o empresariales no ocurren de la noche a la mañana; más bien, son usualmente el resultado de una seguidilla de desatenciones, descuidos, secuencia de malas decisiones, procesos de deterioro, o desgaste de sus elementos constitutivos. Las normas de calidad mundial intentan desarrollar sistemas organizacionales confiables; y para eso precisan crear cuadros de monitoreo que permitan observar las desviaciones a tiempo (en su etapa temprana). La creación de esos cuadros de monitoreo que emiten señales de alarma y/o advertencia al salirse de ciertos parámetros es vital, sobre todo para no esperar a que se malogre, dañe o detenga algo. En este sentido funcionan tres premisas básicas:

1) Lo que no se mide no se mejora.
2) Si se cuida la calidad de un proceso se obtiene más probablemente un producto final de calidad.
3) Lo correctivo es más costoso que lo preventivo.

Estas premisas funcionan tanto en lo material como en las relaciones y en los negocios. Es por eso importante que todo líder espiritual tenga un compromiso con la excelencia cotidiana en lo que hace y para ello necesita primero la disposición de gestionar su vida dentro de un sistema de chequeo y avance, luego la claridad de los parámetros contenidos en la palabra de Dios; y por último, la proactividad para enmendar en caso de que alguna advertencia significativa señale algún desvío.

Para reflexionar: *«Toda la Escritura es inspirada por Dios, y útil para enseñar, para redargüir, para corregir, para instruir en justicia.»* (2 Timoteo 3:16 NVI)

Jesús A. Sampedro Hidalgo. *Valencia, Venezuela.*

168-

SEMANA 32 - DÍA 4

Prepárese espiritualmente para el éxito

«El Señor es mi luz y mi salvación, entonces ¿por qué habría de temer? El Señor es mi fortaleza y me protege del peligro, entonces ¿por qué habría de temblar?»
SALMOS 27:1 NTV

Lectura: Salmos 27:1	El Nuevo Testamento en un año: Romanos 3:11-4:10

El éxito que deja afuera a Dios, no es éxito real. El éxito que excluye a Dios, nos deja incompletos y sin disfrute pleno. Sin Dios tan sólo existimos, no vivimos. Dice la Biblia: *«Si el Señor no edifica la casa, en vano trabajan los que la edifican; Si el Señor no guarda la ciudad, en vano vela la guardia.»* (Salmo 127:1 LBLH) El éxito es el logro continuo de llegar a ser la persona que Dios quiere que usted sea y de lograr los objetivos que Él le ha ayudado a establecer. Muchas personas definen el éxito en términos de prestigio, poder, riquezas, placer, títulos y hazañas, pero Dios evalúa el éxito en términos de relación, carácter y fe. La gente se enfoca en sus propias metas, gratificaciones particulares, propósitos, logros personales y esfuerzos propios, con resultados que se miden en términos de dinero, recompensas, poder, prominencia, posición, reconocimiento, etcétera. Pero la persona enfocada en Dios se ocupa principalmente del éxito que empieza en su interior y se define y mide en términos de propósito eterno, crecimiento espiritual, mayordomía fiel, fidelidad a Dios, carácter íntegro, logros duraderos, sentido de legado y obediencia a los principios de Dios.

Prepararse espiritualmente no implica la mera contemplación de la deidad. Acceder a la revelación de Dios y tener una correcta relación con Él, requiere búsqueda y labor. No puede acceder al pleno conocimiento y comunión con Dios, si usted tiene una vida relajada y acomodada. Antes es necesario laborar; es necesario invertir tiempo y esfuerzo en estudiar y meditar la Biblia, así como invertir tiempo en la oración y en el servicio a Dios. Aun cuando nuestra relación con Dios es un regalo de la gracia de Èl. Sin embargo, sin esfuerzo, diligencia y perseverancia no hay verdadera comunión con Dios, ni efectiva preparación espiritual.

Para reflexionar: Sin Dios no hay éxito real.

__Arnoldo Arana.__ Valencia, Venezuela.

Mis notas

_____

_____

SEMANA 32 - DÍA 5

COMUNICA VIDA

««Hay cosas que hacemos que nos parecen correctas, pero que al fin de cuentas nos llevan a la tumba.»
PROVERBIOS 14:12 TLA

Lectura: Proverbios 14:12	El Nuevo Testamento en un año: Romanos 4:11-5:16

Con palabras o sin ellas no dejamos de comunicarnos, y sin importar qué bien lo estemos haciendo, es bueno saber que lo podemos hacer mejor. Aquí 10 principios para una comunicación eficaz:

1. Que tu primera llamada del día sea al Creador. Él siempre toma la llamada.
2. Comunica sano interés en los demás, antes que palabras. Así las palabras serán bien recibidas.
3. Escucha el doble de lo que hablas. Por algo tenemos dos oídos y una sola boca.
4. Sé testigo, no abogado. Por lo general ayudan más nuestras observaciones que nuestros juicios.
5. Usa el cerebro antes de hablar. No es broma… piensa bien lo que vas a decir o todo podrá ser usado en tu contra.
6. Has de cada charla una cita. Escoge el lugar y el momento más adecuado para decir las cosas.
7. No pierdas el enfoque. La meta no es evitar una discusión o ganar una batalla, el objetivo es resolver el asunto.
8. Mira con quién hablas. Abordar asuntos delicados con gente que no tiene 'vela en el entierro' es absurdo y peligroso.
9. Cumple lo que prometes. No hables —o escribas— a la ligera, sé responsable por tus palabras.
10. Entrénate en ser asertivo. Entender qué es la asertividad toma unos minutos, ser asertivo toma toda la vida. Afortunadamente cada día te da la oportunidad de practicar.

Para reflexionar: Te comunicas todo el tiempo, lo quieras o no; ya que es así… por lo menos hazlo bien.

Edgar Medina. *Monterrey, México.*

Mis notas

_____
_____
_____

SEMANA 33 - DÍA 1

CONSTRUYE TU MARCA

«Es mejor la buena reputación que las muchas riquezas, y mejor ser tenido en buena estima que tener oro y plata.»
PROVERBIOS 22:1 NBV

Lectura: Proverbios 22:1	El Nuevo Testamento en un año: Romanos 5:17-7:3

A sí como hay marcas de productos y servicios famosas por su calidad, también hay otras que han pasado a la historia como desastres en términos de ventas, por su bajo rendimiento, desempeño deficiente o simplemente por lo mediocres que resultaron ser.

Nosotros también somos una marca, *«una marca registrada»*. Todo lo que hacemos o dejamos de hacer va construyendo la imagen que mostramos a los demás, imagen que nos permite ser creíbles o no, ganar o perder, avanzar a una vida mejor o quedarnos donde estamos. Al correr los años el nombre de uno se va haciendo conocido -para bien o para mal-, pues la imagen que nos hemos creado como «marca» va delante.

Hazte estas preguntas, ¿mi nombre, mi persona, mis servicios... son una marca reconocida por la buena calidad que representa o todo lo contrario, me conocen por la mediocridad de mis resultados, mi falta de palabra, mi inconstancia? Proverbios 22:1 nos anima a adquirir buena fama, o sea, reputación digna, pues ésta nos sirve para abrirnos camino en un mundo donde la imagen cuenta mucho.

Llegará el día en que tu nombre será reconocido, cuando la gente te medirá por la excelencia con la que has construido tu marca personal. Cuando llegue ese día no necesitarás que te promocionen, tu marca misma lo hará.

Para reflexionar: *«Procura que tu marca sea la mejor, para gloria de Dios, para tu beneficio y también de los tuyos».*

Gabriel Gil. *Santiago, Chile.*

Mis notas

_____

_____

_____

_____

SEMANA 33 - DÍA 2

ÉXITO «DE LA NOCHE A LA MAÑANA»

«El faraón dijo a José: 'Yo, aquí en persona, te pongo a cargo
de toda la tierra de Egipto'.»
GÉNESIS 41:41 NTV

Lectura:	El Nuevo Testamento en un año:
Génesis 41:37-46	Romanos 7:4-8:8

El ser humano usualmente prefiere que su éxito llegue lo más rápido posible, prácticamente de la noche a la mañana. Cuando mi esposa *Gaby* obtuvo repentinamente varios reconocimientos continentales como cantante por su primera producción musical, le preguntaron en una entrevista sobre cómo había hecho para obtener éxito «*de la noche a la mañana*», sobre todo en una categoría tan concurrida. Ese día ella reflexionó que el lanzamiento del disco había sido solo el siguiente paso luego de muchos años de trabajo dedicado y diligente en la cotidianidad de su espectro musical, donde había sido procesada profundamente. La Biblia enseña reiteradamente que el camino al éxito integral se da a la manera y en el tiempo de Dios. Usualmente puede que tarde, e implique el paso por un proceso de retos, incomodidades y aprendizajes hasta que llega el día en que todo parece ocurrir «*de la noche a la mañana*». A José, el personaje del Antiguo Testamento, le llegó aparentemente el éxito todo junto ya que un mismo día: salió de la prisión, obtuvo pareja, fue honrado públicamente y nombrado gobernador de Egipto, pero esto ocurrió después de haber atravesado una serie de pruebas durante 13 años que le forjaron el carácter y le prepararon. Estuvo expuesto a experiencias tales como desprecio familiar, falso testimonio de las autoridades, encarcelamiento injusto, entre otras. La preparación de Dios de los líderes es para que cuando reciban lo que Él tiene para darles; los líderes sepan reconocerlo, apreciarlo, agradecerlo; y, sobre todo, para que sepan manejarse ellos mismos ante ese regalo. Dios forma, al que se quiere dejar formar, con el objetivo de que cuando llegue el «*Día de éxito*» en algún área en particular, pueda reconocer que es por gracia y usualmente producto de un proceso lleno de propósito, y acompañado de los atributos del carácter necesarios para sustentarlo.

Para reflexionar: El éxito usualmente se va forjando a través del tiempo hasta que, de repente, ocurre de la noche a la mañana.

Jesús A. Sampedro Hidalgo. Valencia, Venezuela.

Mis notas

_____

_____

SEMANA 33 - DÍA 3

VIVE EL PLACER DE GOBERNARTE

«Mejor es el lento para la ira que el poderoso, y el que domina su espíritu que el que toma una ciudad.»
PROVERBIOS 16:32 LBLA

Lectura:
Proverbios 16:32

El Nuevo Testamento en un año:
Romanos 8:9-8:39

Cuando llegamos a tener una posición de autoridad experimentamos la responsabilidad de conducir a otros y, a la misma vez, el privilegio de ser obedecidos. La satisfacción que ejerce el 'poder' es una de las más difíciles de manejar. La historia está llena de hombres y mujeres que fueron capaces de cualquier cosa con tal de satisfacer su apetito voraz de control y dominio sobre otros. Pero, la Biblia enseña que la más alta capacidad que hemos recibido del Creador es la de dominarnos a nosotros mismos, no para hacer lo que nos venga en gana; antes, al contrario, para someternos voluntariamente a Él como nuestro rey.

Conquistarse a sí mismo es rebasar la frontera de la autosatisfacción para crear la fortaleza del carácter.

Se conquistan a sí mismo aquellos que primeramente tienen el valor de reconocer cuál es su verdadera condición, es decir, 'de qué pie cojean'. Se conquistan quienes son lo suficientemente humildes para pedir una opinión o buscar la ayuda de otros. Se conquistan quienes se disponen a pagar el precio que les demanda dejar atrás lo que es —o pudiera llegar a ser— indeseable en su vida. Se conquistan quienes se someten voluntaria y disciplinadamente al proceso que les conducirá a la victoria. Se conquistan a sí mismo quienes son capaces

Para reflexionar: Quien se domina a sí mismo es capaz de persuadir a otros sin oprimirlos.

Edgar Medina. Monterrey, México.

Mis notas
_____
_____
_____
_____
_____
_____

-173

CULTIVANDO UN CORAZÓN SANO

«Como el agua refleja el rostro, así el corazón del hombre refleja al hombre.»
PROVERBIOS 27:19 LBLA

Lectura: Proverbios 27:29	El Nuevo Testamento en un año: Romanos 9:1-9:31

El corazón refleja la verdadera realidad del hombre. Más allá de las apariencias, el verdadero hombre se oculta en su corazón. Se puede tratar de demostrar una imagen o vender una apariencia, pero el corazón no puede falsificarse.

El corazón es el centro de comando de la vida del hombre. Y todo lo que ocurre externamente – comportamientos, hábitos, palabras y expresión emocional obedecen a los dictámenes del corazón. El poder de la vida del hombre reside, pues, en su interior: en su corazón. No en balde la Biblia nos exhorta a guardar nuestro corazón. *«Sobre toda cosa guardada, guarda tu corazón; porque de él mana la vida.»* (Proverbios 4:23 LBLA).

En este contexto la palabra corazón no se refiere al músculo que bombea la sangre a través del cuerpo humano. Se refiere más bien al alma del hombre. En el pensamiento hebreo corazón y alma son, generalmente, la misma cosa. El corazón es el centro de la voluntad del ser humano, el lugar donde se toman las decisiones, es la sede del intelecto y de las emociones. El corazón o el alma representa el yo mismo del hombre, su identidad, su vida propia, la conciencia de sí mismo.

Ahora, el corazón no debe ser visto como la simple sumatoria de: intelecto + emociones + voluntad. Estas tres dimensiones no son funciones separadas. En el lenguaje bíblico estas tres funciones están unidas y entrelazadas en el corazón. El corazón funcionando como un todo, es el órgano que nos permite conocer y ser conocidos por Dios. Es en nuestro corazón donde pensamientos, emociones y voluntad se unen en una identidad, una conciencia y un estilo de vida.

Para reflexionar: El corazón sano es la fuente de una vida plena, efectiva y llena de propósito.

Arnoldo Arana. *Valencia, Venezuela.*

Mis notas

SEMANA 33 - DÍA 5

4 SOLUCIONES PARA 4 REALIDADES HUMANAS EXIGENTES (PARTE I)

«Pero en su angustia gritaron al Señor y él los salvó de sus penurias»
SALMOS 107:6 BLPH

Lectura:	El Nuevo Testamento en un año:
Salmos 107	Romanos 9:32 - 11:8

Todo ser humano de una u otra forma enfrenta a lo largo de su vida diversos retos y condiciones exigentes. Esto deriva en significativas y, a veces hasta desesperantes implicaciones. Cada reto precisa una respuesta o estrategia de abordaje que atine exactamente con la dimensión, intensidad, y temporalidad del reto. El dilema humano es descrito amplia y concretamente en cuatro dimensiones en el texto del Salmo 107 que son: 1) Desorientación (vs. 4-9); 2) Ineficacia Limitante (vs. 10-16); 3) Remordimiento (vs. 17-22); y 4) Abrumados (vs. 23-32). Su título *«Dios libra de la aflicción»* representa una invitación a no permanecer en cualquiera de esas condiciones. Además, es como una frase que se repite estratégica y significativamente en el texto, y se erige como la macro-solución en armonía con las micro-estrategias de liberación ante las cuatro realidades presentadas a lo largo del mismo. Estas cuatro condiciones humanas encapsulan situaciones que el promedio de humanos vive, ha vivido o está por vivir. Pero vienen acompañadas de soluciones disponibles y a la medida. El único condicionante es *«pedir ayuda»* a Dios. Dios respeta el *«libre albedrío»*, Él no interviene en la vida de quien no lo invite. Jesús dijo, *«Vengan a mi todos los que están cansados y cargados, y Yo los haré descansar.»* (Mateo 11:28 NBLH) Así como un salvavidas no puede ayudar al náufrago autosuficiente que se rehúsa a ser ayudado, tampoco Dios interviene positivamente en la vida de una persona que se niega a reconocer, solicitar y recibir su ayuda salvífica.

Para reflexionar: No hay excusas, para cualquier situación hay una salida en Jesucristo.

Jesús A. Sampedro Hidalgo. Valencia, Venezuela.

Mis notas

4 SOLUCIONES PARA 4 REALIDADES HUMANAS EXIGENTES (PARTE II)

«Quien sea sabio que medite estas cosas, que comprenda el amor del Señor.»
SALMOS 107:43 BLPH

Lectura:	El Nuevo Testamento en un año:
Salmos 107	Romanos 11:9-12:2

El Salmo 107 presenta 4 dilemas humanos, muy ligados al mundo empresarial y profesional; y cada uno viene acompañado de una salida esperanzadora de parte de Dios. A continuación se describen:

1. Desorientación (vs. 4-9). En esta realidad están inmersos aquellos en quienes se conjugan la falta de sentido en la vida, de propósito y de pertenencia. Para los que manifiestan esta condición que drena el alma, Dios les ofrece dirigir o *«ubicar»*, de tal manera que lleguen a un sitio donde encuentren sentido y aceptación.

2. Ineficacia Limitante (vs. 10-16). Acá se vislumbran quienes están confinados a hábitos no productivos, condiciones restrictivas, y peor aún, imposibilitados de notarlo o de poder librarse. Su condición de *«rebeldes sin causa»* que tanto les limita la visión y oscurece el corazón, fue ganada por ellos mismos ya que siguieron su propio camino con terquedad e ignorando el consejo de Dios. Están atrapados en su propio sistema. Aun así, es el mismo Dios quien se ofrece a ayudarlos en pro de su libertad, al romper con aquello que les restringe y limita su potencial de vida.

3. Remordimiento (vs. 17-22). La angustia y consecuencias por lo hecho en el pasado embarga a los que están inmersos en esta realidad. El mal que hicieron en el pasado les alcanza todos los días y no les deja ni disfrutar el presente ni imaginar con esperanza el futuro. Sin embargo, para ellos Dios ofrece intervenir al entregar palabras que les sane y les facilite así el camino al perdón y a la restauración.

4. Abrumados (vs. 23-32). En este grupo están los *«Navegantes de Aguas Turbulentas»*, negociantes, aquellos cuyo espíritu emprendedor les ha llevado a océanos de gran profundidad, con peligros inadvertidos y tormentas avasallantes. Que aunque han visto la obra de Dios, la han ignorado, llenos de arrogancia y auto-suficiencia. Lo cual ha derivado en situaciones de tal complejidad que acarrean aflicción, desvanecen cualquier pericia y hacen inútil a la ciencia. Para ellos, Dios también ofrece intervenir dándoles paz, calmando la tormenta y guiando hasta puerto seguro.

Para reflexionar: Para cualquier circunstancia hay esperanza en Dios.

Jesús A. Sampedro Hidalgo. Valencia, Venezuela.

SEMANA 34 - DÍA 2

UN CORAZÓN DILIGENTEMENTE CUIDADO

«Pero yo os digo que cualquiera que se enoje contra su hermano, será culpable de juicio; y cualquiera que diga: Necio, a su hermano, será culpable ante el concilio; y cualquiera que le diga: Fatuo, quedará expuesto al infierno de fuego.»
MATEO 5:22 DHH

Lectura: Mateo 5:22	El Nuevo Testamento en un año: Romanos 12:3-13:12

Esta enseñanza impartida por Jesús en el llamado Sermón del Monte está en el contexto de un conjunto de principios que apuntan a regular la vida espiritual del hombre. En estas enseñanzas específicas sobre el asesinato y el adulterio, Jesús amplía el entendimiento del sexto y séptimo mandamiento: *«No matarás»* (Éxodo 20:13 DHH); *«No cometerás adulterio»* (Éxodo 20:14 DHH), para ilustrar el peligro de las actitudes y motivaciones incorrectas en el corazón; y establece una relación muy estrecha entre el asesinato y el enojarse, y el adulterio y el codiciar.

¿Por qué Jesús conecta el enojarse con el matar, y el codiciar con el adulterar? Bueno, el enojado a veces quiere matar o hacer daño; y el que codicia en su corazón está presto a cometer adulterio. El asesinato y el adulterio son el resultado del enojo acumulado contra alguien y del deseo de codicia cultivado por largo tiempo. Si dejamos que nuestro corazón se llene de las actitudes incorrectas, y albergamos motivos insanos, tarde o temprano, cometeremos actos impropios y cosecharemos un fruto amargo.

Jesús introdujo un cambio de paradigma con respecto al pecado (error, falta, yerro). El pecado está no sólo en las acciones, sino también en las motivaciones y actitudes del corazón. No sólo son importantes las acciones, sino también las actitudes y motivaciones que son las que a la larga determinan las acciones.

Para reflexionar: El pecado (error, falta) crece primero en el corazón del hombre.

Arnoldo Arana. *Valencia, Venezuela.*

Mis notas

_____
_____
_____
_____
_____

SEMANA 34 - DÍA 3

COMUNÍCATE CON ASERTIVIDAD

«Por lo tanto, no te molestes en corregir a los burlones; solo ganarás su odio.
En cambio, corrige a los sabios y te amarán.»
PROVERBIOS 9:8 NTV

Lectura:	El Nuevo Testamento en un año:
Proverbios 9:8	Romanos 13:13-15:6

Un empresario, amigo mío, me comentó de la vez que su esposa le dijo: *«Ya no quiero salir contigo, ¡con todo el mundo te peleas».* La verdad es que se trata de un hombre rudo que se jacta de no dejarse de nadie. La esposa de otro hombre me comentó con clara expresión de frustración: *«¿Quién puede vivir con un hombre que no le ve problema a nada?».* No se refería a una persona con una mentalidad positiva, sino, a quien prefiere callar y tolerar cualquier clase de atropello con tal de *«no meterse en problemas».* Ambos hombres parecen totalmente distintos, pero, tienen algo en común, fallan en comunicarse. La comunicación agresiva es dañina, como lo es la pasiva. Un justo medio nos permite comunicarnos sanamente, los estudiosos de la comunicación lo llaman asertividad.

El libro de Proverbios dice: *«No reprendas al blasfemo, y no te aborrecerá; corrige al sabio, y te amará»* (Proverbios 9:8 RVC), es decir, no podemos comunicarnos con todas las personas de la misma manera. Es importante que comprendamos con quién hablamos para elegir las palabras y la forma más adecuada para expresarnos. La asertividad es una sabia manera de comunicarnos porque nos permite conseguir los objetivos que buscamos sin dañar a los demás. Es hablar con franqueza y transparencia, pero en el lugar y momento propicio.

La comunicación asertiva exige de nosotros un carácter sereno y maduro, toma nota que nadie nació con él, es necesario desarrollarlo y entrenarse hasta poder ver sus frutos.

Para reflexionar: Mostrar enojo ante un problema es normal, arreglarlo no; se requiere carácter.

Edgar Medina. *Monterrey, México.*

Mis notas

_____

_____

_____

SEMANA 34 - DÍA 4

CORRESPONSABILIDAD EN AYUDARSE MUTUAMENTE

«Por eso, nosotros abrigamos la esperanza de ser restablecidos en la amistad divina por la fe, mediante la acción del Espíritu»
GÁLATAS 5:5 BLP

Lectura: Gálatas 5:2,5	El Nuevo Testamento en un año: Romanos 15:7-16:4

Ser responsable significa estar dispuesto y disponible para responder con acciones concretas a favor de otras personas. Implica asumir corresponsabilidad por las necesidades de otra persona; pero también hacerse responsable por sí mismo. Pero asumir responsabilidad no significa abrogarnos la responsabilidad por la satisfacción de las necesidades de los demás. Nadie puede hacerse responsable por las necesidades de otros. Cada persona debe asumir esa responsabilidad por sí misma. Corresponsabilidad significa generar un conjunto de relaciones de apoyo mutuo; funcionar con un espíritu de colaboración. Ese el sentido del pasaje bíblico en Gálatas 5:2, 5 (NVI) que refuerza la idea que estamos expresando: *«Ayúdense unos a otros a llevar sus cargas, y así cumplirán la ley de Cristo... que cada uno cargue con su propia responsabilidad».* Por un lado se exhorta a los creyentes a asumir una responsabilidad hacia los demás y hacia uno mismo (versículo 2); pero por el otro lado se aclara que cada uno cargará con su propia responsabilidad (versículo 5). Estos dos versículos se complementan y aportan un sentido de equilibrio, entre la responsabilidad personal y la corresponsabilidad en apoyarse y ayudarse. Somos llamados a solidarizarnos y comprometernos en apoyar a otros cuando su vida se ve sobrepasada por *cargas* pesadas, y no cuentan con recursos de afrontamiento para salir adelante. Ese es el sentido que expresa la palabra *carga* (exceso de carga), del griego *baros* (Strong 922) en el versículo 2. Eso es expresar amor al tener responsabilidad hacia otros en circunstancias difíciles, en tiempos de crisis. Pero por otro lado el versículo 5 dice que cada uno *cargue* (carga liviana), del griego *fortion* (Strong 5413), con su propia responsabilidad. Esto describe las responsabilidades cotidianas (trabajo, familia, etc.) que necesitamos llevar a cabo. Cada persona tiene la responsabilidad de lidiar con el día a día de su vida, con las cosas que constituyen su propia carga personal. Esa carga no es transferible ni delegable.

Para reflexionar: Sencillamente hay cosas que ninguna persona puede hacer por otra, pues son de su sola competencia.

Arnoldo Arana. Valencia, Venezuela

RIQUEZA TANGIBLE DURADERA

«Más bien, guarden tesoros para ustedes en el cielo donde ni la polilla ni el óxido
los dañarán y donde los ladrones no pueden entrar a robárselos.»
MATEO 6:20 PDT

Lectura:	El Nuevo Testamento en un año:
Mateo 6:20	Romanos 16:5-1 Corintios 1:7

Hay varios tipos de riquezas. Jesús habló de dos tipos: una física o tangible (que es temporal, terrenal y perecedera); y otra espiritual o intangible (que es eterna, celestial y duradera). Aunque la mayoría trata de construir la riqueza tangible, Él enfatizó la relevancia de enfocarse más en la intangible. Lo que muchos no ven es que la intangible es el fundamento para la tangible, por eso ambas son necesarias y tienen un rol que cumplir. La cosmovisión acerca de la riqueza que tenga una persona, familia o sociedad determinará su condición temporal y su legado atemporal. Ahora quisiera enfatizar sobre la importancia de una buena gestión de la riqueza tangible, de tal forma que ésta tenga un impacto duradero. El asunto del dinero y los bienes materiales no son un problema para Dios, pero sí para algunos hombres. En este sentido, el asunto es adquirir sabiduría para impulsar la adecuada construcción de riquezas tangibles con responsabilidad, con significado, y teniendo en mente el contexto familiar y a las generaciones posteriores.

El autor Dennis Peacocke dice que *«la maldición de la pobreza es que la riqueza dure sólo una generación»*. La sociedad actual parece promover el hacer riquezas rápidamente mientras se vende el alma y el futuro de sus sucesores a través de prácticas no éticas, y del consumo y endeudamiento irresponsable. El mismo Peacocke dice que *«si usted no ama a sus hijos, sus decisiones económicas tenderán a basarse en endeudarse más y adquirir más»*. En esto emerge un nuevo paradigma en el liderazgo y la transformación de sociedades, y es el de conformar conglomerados de familias más sabias y fortalecidas en sus capacidades para gestionarse en este sentido, es decir, en aprender a construir, multiplicar, cuidar y transferir bienes de una generación a otra con responsabilidad, ética y ejemplaridad. El asunto no es solo construir riqueza, sino que ésta viaje por manos de gente, que con riquezas intangibles, la sepan gestionar con sabiduría, propósito y sentido de trascendencia.

Para reflexionar: Los líderes espirituales, confiables y esforzados, forjan lo tangible con sentido duradero.

Jesús A. Sampedro Hidalgo. *Valencia, Venezuela.*

TRABAJANDO EN LAS IMPERFECCIONES

«Hijo mío, presta atención a mi sabiduría, escucha cuidadosamente mi sabio consejo.»
PROVERBIOS 5:1 NTV

Lectura: Proverbios 5:1	El Nuevo Testamento en un año: 1 Corintios 1:8-2:7

Pedro, el apóstol de Jesucristo, convivió muy cerca de su maestro por tres años antes de fallarle de manera artera, al negarle y abandonarlo. La historia de ambos no concluyó con la pesada losa de la traición, pero tampoco con la reconciliación que vivieron pocos días después. La relación con Jesús transformó a Pedro de un hombre un tanto arrebatado, en un hombre lleno de madurez y de sabiduría; en un hombre sensato, prudente y con un carácter curtido y firme, justo el Pedro que (a pesar de haber negado a su maestro) encontramos reflejando a su maestro en las cartas que escribió unos 30 años después.

Los recurrentes equívocos de Pedro no cesaron con el fluir del Espíritu de Dios en la fiesta de Pentecostés y las fabulosas muestras del poder sobrenatural de Dios a través de su vida y obra. Sus errores llegaron a la magnitud de tener que ser reprendido públicamente por uno de sus compañeros apóstoles. Al final lo logró.

No hay otro Jesús ni otra guía, fuera de su palabra para indicarnos el camino. Las fallas personales sin duda nos desaniman y merman nuestra confianza ante los demás, pero si hemos atendido a la sabiduría de Dios y a su inteligencia hemos inclinado el oído lo que nos resta es seguir remando mar adentro.

Para reflexionar: Reconocer fallas en el carácter es camino de toda una vida para muchos; pero, es sólo una estación a la mitad del viaje rumbo a solucionarlas.

Edgar Medina. *Monterrey, México.*

Mis notas

_____
_____
_____
_____
_____
_____
_____
_____

SEMANA 35 - DÍA 2

NECESITAMOS APRENDER A SERVIR

«Así como el Hijo del hombre no vino para que le sirvan, sino para servir
y para dar su vida en rescate por muchos»
MATEO 20:28 NVI

Lectura:	El Nuevo Testamento en un año:
Mateo 20:28	1 Corintios 2:8-3:21

Oswald Sanders escribió: *«La verdadera grandeza y el verdadero liderazgo, no se logran reduciendo hombres al servicio de uno, sino generosamente dándose uno mismo al servicio de ellos».* El servicio requiere una actitud de renuncia, sacrificio y entrega personal. Sin embargo, visto de este modo el servicio suele ser interpretado como un signo de debilidad.

Servir a los demás se asocia más a una consecuencia de haber fracasado, que como una misión en la vida; a una imposición, más que a una decisión personal; a una labor monótona, más que a un acto creativo; a una actitud sumisa que empobrece, en vez de enaltecer o dignificar. Por el contrario, el servicio permite enriquecer nuestras vidas. Cuando servimos crecemos en amor, humildad y generosidad. El servicio ennoblece al ser humano.

Servir demanda desarrollar un sentido de contribución; ser constructivo y nutritivo con nuestras actitudes y acciones. No basta con tener un sentimiento positivo hacia las personas, es necesario poner en acción dicho sentimiento, a través de acciones positivas que edifiquen a las personas y satisfagan sus necesidades.

Servir además implica una disciplina de enfoque que quite un poco la atención sobre nosotros mismos y se concentre más en las necesidades de otras personas. Este enfoque no solo beneficia a las personas sobre las cuales nos enfocamos, sino que por reciprocidad de la vida, el servicio que brindamos a otros, nos ayuda a construir los peldaños de nuestra escalera de éxito. En palabras de Zig Ziglar, podemos decir que no podemos ascender a la cumbre solos. Nuestra profundidad y altitud guardan relación con la pregunta: ¿A cuántas personas hemos ayudado?

Para reflexionar: Quien no vive para servir, no sabe vivir.

Arnoldo Arana. *Valencia, Venezuela.*

Mis notas

SEMANA 35 - DÍA 3

TERCER TIEMPO

«Procuren, en lo que les sea posible, estar en paz con todo el mundo.»
ROMANOS 12:18 NBV

Lectura:	El Nuevo Testamento en un año:
Romanos 12:18	1 Corintios 3:22 - 5:8

C on la volatilidad, incertidumbre, complejidad y rapidez en la que se mueve el mundo profesional y empresarial de hoy, es muy fácil herir gente en el camino sin darnos cuenta. Es por eso que todo líder necesita crear intencionalmente un espacio conversacional y relacional para reponer relaciones, para el perdón, la sanidad y la restitución grupal. En el juego de rugby existe una tradición conocida como *«tercer tiempo»*, que implica que luego de finalizado el encuentro (de dos tiempos o partes), los contrincantes se encuentran para compartir una bebida y una comida, bromear y cantar grupalmente; todo esto como una excusa para confraternizar y suavizar los resentimientos que pudieran haber surgido durante la confrontación física que implica el juego. Al estar en plena acción cotidiana, quizás estemos hiriendo a alguien (con o sin intención); y para eso necesitamos agendar un tiempo intencionalmente para saldar cuentas, para venir a pedir perdón mutuamente. El apóstol Pablo exhortó a hacer todo lo posible en este sentido al decir, *«Si es posible, y en cuanto dependa de ustedes, vivan en paz con todos.»* (Romanos 12:18 NVI). Los líderes espirituales no pueden darse el lujo de ignorar los sentimientos o resentimientos que puedan haber surgido en sus colaboradores durante su gestión, durante un proyecto estresante, durante un tiempo de prueba o crisis. El perdón en las relaciones es liberador y habilitador, pero más aún en el contexto de liderazgo. Recordemos que gente herida hiere, pero gente bendecida bendice. Para evitar que cualquier asunto escale, a los líderes espirituales les conviene actuar a tiempo, hacer un "alto en el camino", abrir un espacio para el feedback, la reconstitución emocional, la valoración de los demás y el refrescamiento, es decir, nada mejor que planificar continuamente un *«tercer tiempo»*.

Para reflexionar: Por muy rudo que haya estado un juego, el verdadero líder controla sus pasiones con la guía de Dios en la mesa de la confraternidad del tercer tiempo.

Jesús A. Sampedro Hidalgo. *Valencia, Venezuela.*

Mis notas

_____

_____

_____

_____

SEMANA 35 - DÍA 4

PAGA EL PRECIO DE LA HONRA

«Antes de la destrucción el corazón del hombre es altivo,
Pero a la gloria precede la humildad.»
PROVERBIOS 18:12 NBLH

Lectura:	El Nuevo Testamento en un año:
Proverbios 18:12	1 Corintios 5:9-7:6

Cuando surge una figura en algún deporte millones se motivan a imitar sus pasos, con mucho entusiasmo se inscriben en las academias correspondientes e inician el camino en la disciplina que ha sacado a la luz lo mejor de sus héroes. En sus mentes están impresos aquellos momentos gloriosos de triunfo que tanto los emocionaron, pero, difícilmente están conscientes de las largas horas de entrenamiento, la rigurosa dieta con que se alimentan, la ausencia forzosa en los festejos familiares a causa de sus estrictos horarios, el extenuante esfuerzo físico de los entrenamientos, el coraje para derrotar las lesiones, la determinación para seguir adelante aun cuando los resultados sean adversos, la aflicción que causa la dura crítica de los expertos y muchas otras cosas más que enfrentan los deportistas de alto rendimiento.

Ese «*otro lado de la moneda*», que no es aplaudido ni reconocido públicamente, es la cuota de honor que debe pagar el deportista. El resto de los mortales no corremos con una suerte distinta, pues cada aspecto trascendente de la vida requiere del pago de su cuota de honor.

¿Quién puede decir si los mejores libros están aún por escribirse, las mejores canciones por cantarse, las más grandes hazañas por realizarse, los mejores inventos por desarrollarse?... en espera de aquellos que estén dispuestos a pagar la cuota de tiempo, amor y disciplina que demandan.

Para reflexionar: La honra es una virtud que todos queremos, pero pocos estamos dispuestos a pagar.

***Edgar Medina.** Monterrey, México.*

Mis notas

_____

_____

_____

_____

SEMANA 35 - DÍA 5

RIQUEZAS INTANGIBLES

«Más bien amontonen riquezas en el cielo, donde la polilla no destruye
ni las cosas se echan a perder ni los ladrones entran a robar»
MATEO 6:20 DHH

Lectura: Mateo 6:20	El Nuevo Testamento en un año: 1 Corintios 7:7-7:37

En el mundo empresarial y profesional la riqueza intangible (espiritual) es la más necesitada pero la menos buscada. Aun cuando es de largo alcance, el enfoque en lo inmediato tiende a opacarla. La riqueza intangible produce un efecto positivo sobre la riqueza tangible, le da una plataforma de sustento, respaldo y carácter que le facilita su sostenibilidad intergeneracional. Sus dimensiones, ampliando sobre lo comentado por el autor Dennis Peacocke, son:

1. Paz. Estado que surge de una relación con Dios por medio de Jesucristo. Es una paz diferente a la que el mundo da, con la que es posible ejercer profesionalmente aun en circunstancias adversas.

2. Relaciones significativas. Los contactos profesionales, las redes informativas, los vínculos sociales y familiares son obra de la gracia de Dios y constituyen una dimensión magnífica de soporte y proyección para cualquier líder, familia o sociedad que quiera trascender.

3. Bienes de revelación. Todo aquel conocimiento acerca de Dios y sus enseñanzas que se ha capitalizado en una persona, a través del tiempo y/o a través de generaciones; toda habilidad descubierta y/o sabiduría aplicada (Ej. a un área específica profesional o empresarial).

4. Tiempo. El contenedor individual y/o colectivo que reconoce y hace disponible este recurso perecedero para el bienestar de otros.

5. Contentamiento material. La capacidad de los individuos, familias o sociedades para existir satisfactoriamente y en felicidad con lo que tienen, a pesar de que puede que tengan aspiraciones para mejorar su condición.

6. Carácter. La conformación única y auténtica que produce resiliencia o capacidad para enfrentar cualquier realidad y salir fortalecido de ella.

Quienes invierten con el largo plazo en mente han de priorizar la construcción del fundamento intangible en todas sus dimensiones, tanto en sus propias vidas como en las de sus cercanos.

Para reflexionar: ¿En qué área de riqueza intangible puedes trabajar hoy?

Jesús A. Sampedro Hidalgo. Valencia, Venezuela.

-185

SEMANA 36 - DÍA 1

COMUNICA INTERÉS

«Es necio denigrar al vecino; una persona sensata guarda silencio.»
PROVERBIOS 11:12 NTV

Lectura: Proverbios 11:12	El Nuevo Testamento en un año: 1 Corintios 7:38-9:14

La comunicación agresiva, usada por quienes suelen interrumpir bruscamente la conversación de otros, levantar la voz, retirar el habla, no escuchar y lanzar culpas —entre muchas otras cosas—, es un antídoto muy efectivo para estropear las relaciones. Otro, con la misma capacidad de daño es el que genera la comunicación en el extremo opuesto, la pasiva. Pues, mientras que una persona pudiera callar en un momento dado por prudencia, el pasivo lo hace como un mecanismo de defensa que sin duda le traerá más problemas después.

Se comunican pasivamente personas que no parecen defender sus intereses, ni expresan sus sentimientos y mucho menos expresan desacuerdo. Si bien, ser conciliador es una noble cualidad, el hacerlo por no encarar los problemas adoptando sin criterio la visión de los demás es una grave falla del carácter.

El rey Salomón escribió: *«El falto de cordura menosprecia a su prójimo...»* (Proverbios 11:12 RVC), al comunicarnos pasivamente nos menospreciamos a nosotros mismos, nuestros valores y los de quienes nos rodean.

Comunicar interés por otros es el inicio del camino hacia una verdadera solución de conflictos. Debemos ser cuidadosos entonces de no confundir la comunicación pasiva con la prudencia, pues la primera nos pondrá una mordaza en la boca, mientras que la segunda nos conducirá a encontrar un mejor momento para hablar y encarar los problemas.

Para reflexionar: La prudencia es una muestra de carácter, el callar es mera cobardía.
Edgar Medina. Monterrey, México.

Mis notas

_____

_____

_____

_____

SEMANA 36 - DÍA 2

¿TRABAJADORES DILIGENTES O FLOJERA COLECTIVA?

« A tales personas les ordenamos y exhortamos en el Señor Jesucristo, que traba-jando tranquilamente, coman su propio pan.»
2 TESALONICENSES 3:12 LBLA

Lectura:	El Nuevo Testamento en un año:
2 Tesalonicenses 3:10-12	1 Corintios 9:15-10:18

El trabajo esforzado y honroso genera satisfacción, produce bienestar, y le agrega valor al individuo y al ecosistema en el que convive. La cultura de trabajo latinoamericana tiene muchos contrastes que van desde países como Chile con altos índices de laboriosidad; hasta países que ligan la flojera, la viveza y la inmediatez antes que el trabajo duro y honroso; que confunden inteligencia estratégica con corrupción. Este *«coctel»* cultural está erosionando la riqueza integral del continente, y precisa crear nueva cultura de trabajo diligente, que cuente con las virtudes honestidad, esfuerzo, excelencia y creatividad. Entre las muchas y buenas razones para ser un trabajador diligente, está la creatividad referida por Federico II de Prucia al mencionar que *«El hombre que pone el corazón en lo que hace consigue soluciones donde normalmente los perezosos e indolentes se dan por vencidos».* Por otra parte, el sabio Rey Salomón habló de cómo se posiciona el trabajador diligente cuando dijo, *«¿Has visto a alguien diligente en su trabajo? Se codeará con reyes, y nunca será un Don Nadie.»* (Proverbios 22:29 NVI). Por último, el apóstol Pablo instó a un sentido laboral aun mayor al decir, *«el que no trabaje, que no coma.»* (2 Tesalonicenses 3:10-12 PDT).

Algunas características que permiten distinguir al trabajador diligente (en comparación con el flojo) son: 1) tiene hábitos y rutinas en su vida, 2) pone esfuerzo físico y mental en lo que hace, 3) encuentra satisfacción en proveer un trabajo bien hecho y en recibir contraprestación monetaria, 4) enseña a otros a través de su ejemplo en cuanto a actitud e integridad, 5) consigue soluciones sabias y creativas a situaciones complejas, 6) fortalece su carácter ante la interacción con otros, 7) conecta su trabajo con su propósito de vida, 8) construye riqueza duradera, 9) está mejor preparado para los tiempos difíciles, 10) duerme tranquilo, 11) Deja ejemplo y legado a sus hijos del significado de la virtud del trabajo y en el trabajo.

Para reflexionar: Enfrenta la flojera de otros con tu ejemplo de trabajo diligente, ¿Te comprometes?

Jesús A. Sampedro Hidalgo. Valencia, Venezuela.

SEMANA 36 - DÍA 3

CONOCIENDO AL LÍDER POR SU TRATO A LOS ANIMALES

«Los justos cuidan de sus animales, pero los perversos siempre son crueles.»
PROVERBIOS 12:10 NTV

Lectura:	El Nuevo Testamento en un año:
Proverbios 12:10	1 Corintios 10:19-11:16

Hace no mucho un psicólogo, amigo mío, me hacía saber la manera en la que él identifica la calidad de carácter de sus clientes. Su trabajo como consultor en desarrollo personal lo ha llevado a relacionarse con grandes empresarios, ejecutivos de elevado nivel y políticos de la alta esfera. El trato de sus clientes hacia él, como consultor, suele ser muy cordial; pero, cuando ellos interactúan con un subordinado muestran mucho más de sí mismos que lo que algunos «buenos modales» puedan ocultar. Nuestro comportamiento en el terreno que dominamos nos define con apego a la realidad. Alguien dijo: *«Si quieres conocer realmente a una persona: Dale poder»*. El ser humano, en general, ocupa un lugar de privilegio en el escenario mundial. Los recursos que están a nuestro alcance dejan ver nuestra buena o mala capacidad de administrarlos. Uno de los más valiosos es el que nos ofrece el llamado Reino Animal. Las bestias nos ayudan a trabajar, a comer y hasta nos hacen compañía; pero, ¿cómo las tratamos? El libro de Proverbios nos dice: *«Los justos cuidan de sus animales, pero los perversos son siempre crueles»* (Proverbios 12.10 NTV). Llama mi atención que en el libro de consejos espirituales del Rey Salomón haya dado espacio para el tema del maltrato animal, y siendo honesto, creo que algún día —tarde o temprano— tendremos que dar cuentas por nuestro comportamiento, incluyendo nuestro trato a favor o en contra de los animales.Con la misma línea de pensamiento del rey Salomón encontramos una famosa frase que se le atribuye al legendario Ma hatma Gandhi: *«Un país, una civilización se puede juzgar por la forma en que trata a sus animales»*. Para cuidar con dignidad a nuestras mascotas, hay que tener en mente lo siguiente:

1. No son un juguete
2. Tienen derechos y sentimientos
3. Necesitan atención
4. Necesitan espacio adecuado
5. Necesitan cuidados en su salud

Para reflexionar: El verdadero carácter del líder se conoce cuando él está bajo presión o cuando se le da una alta dosis de poder.

Edgar Medina. Monterrey, México.

SEMANA 36 - DÍA 4

ESE FANTASMA LLAMADO ANGUSTIA

«Y la paz de Dios, que sobrepasa todo entendimiento, guardará sus corazones y sus mentes en Cristo Jesús.»
FILIPENSES 4:7 NBLH

Lectura: Filipenses 4:6-7	El Nuevo Testamento en un año: 1 Corintios 11:17-12:13

Un diccionario de medicina mental define angustia como, *«el sentimiento que experimentamos cuando sin motivo nos preocupamos en exceso por la posibilidad de que en el futuro nos ocurra algo temido sobre lo que no tenemos control y que, en caso de que sucediera consideraríamos «terrible» o haría que nos consideráramos personas totalmente inútiles».* Sí, la angustia es como un fantasma que nos rodea queriendo destruirnos, buscando nuestro fin, hundiéndonos hasta el fondo. Es que -según el mismo diccionario-, *«la angustia es un veneno psicológico que puede causar mucho daño; sin embargo, con la ayuda de un profesional es posible aprender a controlar los síntomas».* Y eso fue lo que hice; consulté uno el otro día cuando sentimientos como los mencionados arriba comenzaron a anidar en mi cabeza, no dejé avanzar los síntomas y recurrí a su consulta. ¿Saben qué me dijo? Les comparto: *«No se angustien. Confíen en Dios, y confíen también en mí»* (Juan 14:1 NBV). Estas sencillas palabras bastaron para devolverme la tranquilidad, es que este profesional *«habla como quien tiene autoridad y no como un mero intelectual».* Cada vez que vienen esos pensamientos fantasmagóricos que producen angustia recurro a Él en oración, leyendo Su palabra, pasando tiempo juntos, escuchando música que me anima y edifica, el temor desaparece y en su lugar nace una sensación de paz que embarga todo mi ser. El profesional al que acudí se llama Jesucristo, Él es el único especialista que erradica la angustia.

Para reflexionar: *«Y la paz de Dios, que sobrepasa todo entendimiento, guardará vuestros corazones y vuestros pensamientos en Cristo Jesús.»* Filipenses 4:7 NTI.

Gabriel Gil. *Santiago, Chile.*

Mis notas

_____

_____

_____

_____

_____

_____

HOYO 19

«Vengan a mí los que estén cansados y afligidos y yo los haré descansar.»
MATEO 11:28 NBV

Lectura:	El Nuevo Testamento en un año:
Mateo 11:28	1 Corintios 12:14-13:12

Nada mejor que un buen refrescamiento después de un juego complicado. Los jugadores de golf normalmente hacen una ronda de juego que implica recorrer 18 hoyos, y se ha instaurado *«metafóricamente»* en este deporte el *«Hoyo 19»*, que es un espacio conversacional donde los jugadores justo al culminar su jornada de juego se sientan a refrescarse, a tomar y comer algo, a reflexionar acerca de cómo les fue en su juego y las posibles mejoras a futuro; además, es una invaluable oportunidad para confraternizar con los compañeros de juego sin la presión del juego mismo. En el *«Hoyo 19»*:

• Se ahogan los malos ratos entre la camaradería de los involucrados.
• Ya no hay nada que hacer, en la tarjeta de score ya se escribió lo ocurrido y sólo queda tomar y aprender de lo vivido para el próximo juego.
• Se liman asperezas entre los jugadores.
• El cuerpo y el alma se refrescan luego de una exhaustiva jornada.
• Se asientan las bases motivacionales para volver a jugar.

Todo líder ha de tener su *«Hoyo 19»* con su equipo de trabajo, ese espacio para el refrescamiento, la reflexión y la camaradería luego de algún proyecto, momento exhaustivo, o etapa complicada de gestión. Pero más importante aún es tener su *«Hoyo 19»* personal, un espacio donde consiga de parte de su master-coach refrescamiento espiritual e inspiración para seguir adelante, a pesar de cualquier mal juego en la vida y/o liderazgo. Jesús en una oportunidad dijo, *«Vengan a mí todos los que están cansados y llevan cargas pesadas, y yo les daré descanso.»* (Mateo 11:28 NTV). El *«Hoyo 19»* es opcional; pero ya sea en el golf, con tu equipo de trabajo o a nivel personal, vale la pena.

Para reflexionar: ¿Has agendado tu *«Hoyo 19»* espiritual para esta semana?

Jesús A. Sampedro Hidalgo. Valencia, Venezuela.

Mis notas

_____

_____

SEMANA 37 - DÍA 1

JEFE INCREÍBLE, ES POSIBLE

«Sentándose, llamó a los doce y les dijo: Si alguno desea ser el primero,
será el último de todos y el servidor de todos.»
MARCOS 9:35 LBLA

Lectura:	El Nuevo Testamento en un año:
Marcos 9:35	1 Corintios 13:13-14:30

Es posible ser un jefe o líder memorable a través del tiempo. Normalmente hemos tenido jefes o líderes que han dejado una huella, un legado, una imagen mental positiva, un deseo de ser como ellos. No son seres extraterrestres, son seres humanos con cualidades especiales que son naturales para ellos, e inspiradoras para nosotros. Más allá de sus logros, emanan de su carácter; es decir, es su característica natural. Algunas de las cualidades que los distinguen son:

- **Lideran individuos, no solo equipos,** son capaces de distinguir las particularidades de cada individuo dentro del equipo, la manera en que cada uno es motivado, desafiado y corregido, son capaces de con sólo mirar a los ojos entender la mente y el corazón de cada individuo dentro de su equipo.
- **Inspiradores hacia sueños,** siendo en sí mismos una visión clara por el propósito evidente y transparente que tienen, con metas y caminos visibles y alcanzables.
- **Da y recibe feedback o retroalimentación con regularidad,** las conversaciones de valor agregado son su estilo, es muy agradable conversar con ellos porque siempre se termina enriquecido.
- **Sus preguntas son transformadoras,** de manera natural llevan a su gente a la reflexión a través de preguntas inusuales, más allá del ¿Cómo estás? Preguntan ¿Qué te hace sentir? ¿Cómo te sientes?, y lo mejor es que ellos saben que esos líderes les escuchan.
- **Abiertos a escuchar,** están prestos al consejo y al cambio de ser necesario, sus seguidores o colaboradores están conscientes de que no son perfectos, y ellos también lo saben.

Uno de esos líderes modelos para la humanidad es Jesucristo, quien cambió para la historia la definición de liderazgo, en vez de ser servido, se enfocó en servir a los demás.

Para reflexionar: *«Si alguno quiere ser el primero, colóquese en último lugar y hágase servidor de todos»* Jesús.

Julio Cesar Acuña, *Quito, Ecuador.*

SEMANA 37 - DÍA 2

COMUNÍCATE CON CONGRUENCIA

«Los que desprecian el consejo buscan problemas; los que respetan un mandato tendrán éxito».
PROVERBIOS 13:13 NTV

Lectura: Proverbios 13:13	El Nuevo Testamento en un año: 1 Corintios 14:31-15:21

Un principio muy básico de la comunicación saludable es el de la congruencia. Se ha dicho que lo que hacemos habla tan fuerte que no deja escuchar lo que decimos. Hace varios años imparto un taller llamado: *Taller de Metas Eficaces,* uno de los ejercicios expone los valores personales, otro exhibe las prioridades reales a la luz de nuestro propio itinerario de actividades, siempre hay más de uno de los participantes que le cuesta creer que vive tan distante de sus propios valores sin siquiera darse cuenta al ver en lo que está invirtiendo su vida.

El libro de Proverbios dice: *«El que cuida su boca se cuida así mismo...»* (Proverbios 13:3a RVR1960), no es extraño que muchas veces llegamos a comunicar conceptos razonables y objetivos, eso nos protege de la crítica de quienes nos rodean. Pero si no está de acuerdo lo que decimos con la realidad que vivimos, cada palabra algún día será usada en nuestra contra. Más nos valdría mejor callar. El rey Salomón así lo expresó: *«Mejor es que no prometas, y no que prometas y no cumplas»* (Eclesiastés 5:5 RVR1960).

Solemos ser egoístas, el día que rindamos cuentas de nuestra vida y de la manera en la que hayamos empleado el tiempo no habrá nadie a quien responsabilizar. Bien nos vale tomar la misma determinación que tuvo Josué, el líder de los judíos que conquistaron la tierra prometida: *«Pero en cuanto a mí y a mi familia, nosotros serviremos al Señor»* (Josué 24:15 NTV).

Para reflexionar: Nuestra agenda habla más de nuestras prioridades que nuestra boca.

Edgar Medina. Monterrey, México.

Mis notas

_____
_____
_____
_____

SEMANA 37 - DÍA 3

LA GRAN OPORTUNIDAD

«Su señor le dijo: Bien, buen siervo y fiel; sobre poco has sido fiel, sobre mucho te pondré; entra en el gozo de tu señor.»
MATEO 25:23 NBLH

Lectura: Mateo 25:23	El Nuevo Testamento en un año: 1 Corintios 15:22-15:52

Algunos esperan *«la gran oportunidad de sus vidas»* (un contrato, una recomendación, una beca, un trabajo, un último chance, etc), pero ésta suele llegar después de varias pequeñas oportunidades bien aprovechadas. Si no sacas partido de esas oportunidades, ¿cómo esperas que la vida te premie con una grande? Hubo uno que dijo: «...*en lo poco fuiste fiel, sobre mucho te pondré...*» (Mateo 25:23 NBLH). ¿A qué se refería el Maestro? sencillo, la vida se va construyendo de a poco; los peldaños de la escalera que te llevan al éxito se sobreponen uno después del otro, cada día te ofrece nuevas oportunidades de conocimiento, de aprendizaje, de conexiones, de posibilidades, pero muy pocos aprecian esos pequeños detalles que a la larga te conducirán hacia el ¡bam! que estás esperando.

Para reflexionar: La Biblia nos dice que sólo los que son sabios administradores de esas pequeñas oportunidades estarán calificados para recibir las oportunidades grandes, así es como funciona la vida y no hay manera de saltarse pasos.

Gabriel Gil. Santiago, Chile.

Mis notas

_____
_____
_____
_____
_____
_____
_____
_____
_____
_____
_____
_____
_____
_____
_____

CELEBRANDO EL LIDERAZGO SIN MÁSCARAS

«Así son ustedes: por fuera aparentan ser gente honrada, pero por dentro están llenos de hipocresía y de maldad.»
MATEO 23:28 DHH

Lectura: Proverbios 13:13	El Nuevo Testamento en un año: 1 Corintios 14:31-15:21

Jesús hizo un sincero llamado a los líderes espirituales de su época (escribas y fariseos) a liderar sin hipocresía. Les dijo que por fuera se mostraban justos, pero por dentro estaban llenos de hipocresía (S. Mateo 23:28). Al explorar el origen de la palabra «hipócrita» en el contexto griego, es posible aclarar mucho al respecto. En las obras de teatro de la época, un hipócrita era sencillamente alguien que demudaba su rostro fácilmente de una expresión a otra. Un actor que era capaz de interpretar y cambiar de un momento de risa a uno de llanto, de ánimo a tristeza, de euforia a templanza. Si bien la palabra hipócrita no estaba asociada a una connotación denigrante sino artística, el uso de esa expresión fuera de ese contexto denota una transmutación anímica de la esencia de alguien que le hace ser percibido como no auténtico, sino disfrazado, cambiante, falso.

El antídoto a la hipocresía es actuar desde el carácter Cristo-céntrico, forjado desde la espiritualidad y que deriva en la expresión genuina y auténtica. Carácter es la estampa indeleble sobre una persona; éste se impone a la realidad existente debajo de toda máscara, pose, encubrimiento o fachada social. El carácter no es personalidad, imagen, reputación o celebridad. El carácter genuino no da tregua a la falsedad o a la adaptación para la complacencia a las demandas de la sociedad. Alguien que se comporta bien externamente, pero que internamente aún mantiene resentimiento, lascivia, egoísmo u orgullo, es descrito en este sentido como alguien hipócrita. El carácter genera una necesidad de relevar lo interno de forma auténtica, sin disfraces ni retoques, para alcanzar su máxima expresión e impacto externo.

Para reflexionar: Este es un llamado a todo líder latino de hoy a forjar su carácter, quitarse las máscaras y celebrar las virtudes del liderazgo auténtico.

Jesús A. Sampedro Hidalgo. Valencia, Venezuela.

Mis notas

_____

_____

_____

SEMANA 37 - DÍA 5

CORTA TU HIGUERA

«Entonces dijo al que cuidaba la viña: "Ya hace tres años que vengo en busca de higos a esta higuera, y nunca los encuentro. Así que córtala, para que no ocupe terreno inútilmente»
LUCAS 13:7 BLPH

Lectura: Lucas 13:6-9	El Nuevo Testamento en un año: 2 Corintios 1:1-2:7

■ Qué importante es inspeccionar nuestra viña!, ¡qué importante es hacer un recorrido y considerar cómo ha estado nuestra vida y descubrir cuáles son aquellas áreas que están siendo productivas y cuáles simplemente están ocupando espacio sin rendir fruto alguno! Al hacer esto descubriremos qué higueras tienen fruto y cuáles sólo ocupan terreno. Las higueras con fruto debemos dejarlas, las que no producen frutos debemos cortarlas.

«Córtala», le dijo el patrón al empleado del viñedo. Este hombre -el dueño de la viña-, estaba orientado a la acción, él esperaba resultados, pues por tres años el árbol no había dado frutos, ¿para qué esperar más? -se dijo a sí mismo-. Esto nos hace pensar, ¿cuáles son aquellas situaciones, personas, hábitos, cosas, negocios, relaciones que sólo han ocupado espacio en nuestras mentes, corazón y espíritu? ¿Qué nos hace esperar para cortar esa higuera? Hay relaciones que llevan años sin fruto, hay situaciones que sólo están robando las fuerzas de nuestros cuerpos, hay personas en nuestras vidas que sólo están ocupando el espacio de alguien que en verdad podría aportar valor.

Para reflexionar: Si queremos que nuestra viña -nuestra vida-, sea fértil; ¡cortemos las higueras sin fruto!

Gabriel Gil. *Santiago, Chile.*

Mis notas

_____
_____
_____
_____
_____
_____
_____

¿LIDERANDO A TUS FAVORITOS?

«porque no hay acepción de personas para con Dios.»
ROMANOS 2:11 RVR1960

Lectura: Romanos 2:11-13	El Nuevo Testamento en un año: 2 Corintios 2:8-4:3

Escuchaba de un psicólogo que atendía un caso familiar, la mamá tenía un trato desigual con sus hijos, particularmente desfavorable con una de sus hijas. El terapeuta preguntó en reiteradas ocasiones a su paciente si notaba el trato inequitativo que hacía, a lo que ella respondía que no, que trataba a todos sus hijos e hijas por igual. De pronto el psicólogo replanteó la pregunta de una forma que trajo mucha luz sobre el asunto: «*Señora* —preguntó—, *a quién le recuerda esta hija*». La mujer, sin pensarlo mucho, replicó: «*¡Es igualita a mi suegra!*».

La realidad que muchos líderes viven no es muy diferente a la de esta señora, tienen en sus equipos de trabajo ciertos colaboradores predilectos y otros que evidentemente no lo son, pero al igual que ella, fallan en reconocer el distingo que hacen.

Proyectar nuestros prejuicios y frustraciones en otros forma parte de la realidad humana; las fallas en el pasado y las malas experiencias también 'cargan los dados' a favor de unos y en contra de otros; sin embargo, toda desigualdad amenaza la unidad y la fuerza del trabajo en equipo. La norma que nos ayudará a solventar esta situación es: «*Mismas reglas para todos*».

Para reflexionar: La aplicación de reglas claras, previamente establecidas y estandarizadas debe ser el eje de unión de cada familia, iglesia, empresa y grupo en la sociedad.

Edgar Medina. *Monterrey, México.*

Mis notas

_____

_____

_____

_____

_____

_____

_____

SEMANA 38 - DÍA 2

CUIDA TU "ESPECTRO DE INFLUENCIA", ¡ES ÚNICO!

«Yo, que estoy preso por servir al Señor Jesús, les ruego que vivan como deben vivir quienes, como ustedes, han sido llamados a formar parte del pueblo de Dios.»
EFESIOS 4:1 TLA

Lectura: Efesios 4:1	El Nuevo Testamento en un año: 2 Corintios 4:4-5:15

El llamado particular de algunos creyentes a convertir su lugar de trabajo en su *«lugar santo»* o en su mejor *«área de desempeño espiritual»*; es real y significativo (Aunque muchas veces incomprendido por muchos). Estimar que el ejercicio del liderazgo en el contexto eclesial es un llamamiento de más alto rango en lo espiritual, dejando a un lado o por debajo al de ser un embajador al mundo corporativo y profesional, es un error. Cualquier rol, en cualquiera de las siete montañas de influencia en la sociedad (Negocios, Gobierno, Educación, Medios de Comunicación, Entretenimiento, Familia e Iglesia) tiene el potencial de ser igualmente estratégico, digno y relevante para los asuntos del reino de Dios. El asunto es descubrir el sitio exacto para el que fuimos creados y llevar adecuadamente a cabo la misión de vida allí. El Apóstol Pablo les ruega a los creyentes en Éfeso que *«...vivan de una manera digna del llamamiento que han recibido.»* (Efesios 4:1 NVI); esto habla de un llamamiento que proviene de Dios al que corresponde comprender con suma atención. Si todos los profesionales y empresarios dejan lo que están haciendo en su rol laboral para dedicarse al trabajo ministerial al considerar a este último *«más espiritual»*, entonces ese espacio de influencia laboral pudiese cerrarse, limitarse o desaprovecharse; por eso conviene reconsiderar bien el asunto del genuino llamado para cada persona. Por ejemplo, supongamos que usted es un médico y alguien más (de otra profesión como la de un ingeniero o la de un contador) trata de entrar allí a codearse entre médicos, sin tener contexto de lo que allí ocurre, ¿no le será acaso más difícil tener acceso a conversaciones significativas con otros médicos? Pues igual pasa con cualquier otra profesión u oficio. Probablemente nadie pueda alcanzar a los que *«trabajan contigo»* mejor que *«tú»*; ¿Quién les podrá mejor ejemplificar, hablar y guiar en la senda de la transformación espiritual en Cristo que su propio(a) compañero(a) de trabajo?; ese acceso ha sido otorgado para ti.

Para reflexionar: Tu equipamiento profesional (incluyendo capacidades, experiencias y aprendizajes) y tu posición laboral actual se puede convertir en tu mejor área de influencia espiritual. ¡Aprovéchala!

Jesús A. Sampedro Hidalgo. *Valencia, Venezuela.*

SEMANA 38 - DÍA 3

¡BIEN FILOSO!

«Pero la sabiduría hace más fáciles los trabajos. Es muy difícil cortar con un hacha sin filo, pero si se le saca filo, el trabajo es más fácil. Las cosas se hacen bien si se hacen con sabiduría.»
ECLESIASTÉS 10:10 PDT

Lectura: Eclesiastés 10:10	El Nuevo Testamento en un año: 2 Corintios 5:16-7:7

Es sorprenderte ver como hay muchos profesionales que no reúnen el perfil que la industria requiere para cubrir los diferentes perfiles de puestos requeridos. Es necesario pasar largos períodos de tiempo en entrenamiento para poder después empezar a cubrir esos puestos.

En cierta ocasión mi jefe en la oficina me comunicó que debería presentarme en la sala de juntas, pues tendríamos una reunión de trabajo en lo referente a logística, inmediatamente pensé, esa no es mi área, debe haber un error, al final de la reunión se acercó mi jefe con esta pregunta, ¿qué entendió? Mi respuesta fue: no entendí absolutamente nada. Bien, eso es lo que quería escuchar, enseguida me dijo, debes prepararte en esta área de tu vida profesional para seguir creciendo en la empresa, debes saber finanzas e inventarios, no solamente aspectos técnicos del negocio, por lo que debes asistir a una escuela que te capacite en esto, gracias a Dios esta empresa me apoyó en esta capacitación.

Por otro lado he observado a profesionales que no se han actualizado en los avances de sus diferentes disciplinas profesionales y podemos decir que el filo se le ha embotado, han perdido efectividad, por lo que deben hacer trabajos que impliquen más esfuerzo.

Es de suma importancia capacitarse aún más y aplicarla en forma tal que vayamos adquiriendo sabiduría, para de esta forma ser más efectivos.

Para reflexionar: ¡La sabiduría es provechosa para dirigir!

José C. Castillo Valdez. Monterrey, México.

Mis notas

_____
_____
_____
_____

CELEBRANDO, ENTRE LO URGENTE Y LO IMPORTANTE

«El Señor es bueno con todos, su amor llega a todas sus obras.»
SALMOS 145:9 BLP

Lectura: Salmos 145:1-10	El Nuevo Testamento en un año: 2 Corintios 7:8-8:22

■ Cuántas agendas de trabajo están saturadas por asuntos urgentes! La dinámica de muchos equipos consiste en atender lo emergente, dejando de lado lo importante. Puedo ver frecuentemente a los líderes presionar a sus equipos para sacar cierta tarea o carga de producción para luego, prácticamente sin respirar, pasar a otra.

Creo que los mejores equipos son aquellos que han aprendido a funcionar más que como una organización, como un organismo; más que como un grupo, como una familia. Las familias saludables tienen varias características importantes, una de ellas es que dedican tiempo a celebrar juntos. Sin importar la distancia procuran estar unidos en los festejos familiares.

Los líderes pueden hacer una gran diferencia con simplemente tomar tiempo para informar y celebrar con sus equipos cuáles fueron los frutos de sus esfuerzos recientes. Es importante no esperar a que el reconocimiento al buen desempeño sea un gran acto institucional y esporádico, sino una forma dinámica y continua de festejar los resultados positivos en la intimidad de una junta, o en medio de la rutina, un día cualquiera.

Cada empresa debe estar clara en qué hueco de la sociedad llenan sus productos y servicios, y cuando éstos han logrado cumplir con su propósito vale la pena hacer una pausa —basta unos minutos en muchas ocasiones—, respirar y celebrar juntos. Dios no escatima en animarnos a celebrar sus obras, David comprendió que no podía dejar pasar un solo día para celebrar.

Para reflexionar: *«Que cada generación cuente a sus hijos de tus poderosos actos y que proclame tu poder.»* (Salmos 145:4 NTV)

Edgar Medina. *Monterrey, México.*

Mis notas

_____

_____

SIETE CARACTERÍSTICAS DE UN EQUIPO

«Por tanto, hermanos, escojan de entre ustedes siete hombres de buena reputación, llenos del Espíritu Santo y de sabiduría, a quienes podamos encargar esta tarea.»
HECHOS 6:3 NBLH

Lectura: Hechos 6:1-7	El Nuevo Testamento en un año: 2 Corintios 8:23-10:14

El buen manejo de las prioridades y el trabajo en equipo dan como resultado unos frutos en abundancia, tal como se deduce de este pasaje. Hay una etapa en los proyectos que aparece el descontento y si no se sabe dar una oportuna y sabia dirección, su rumbo errático lo lleva a descarrilar. Dentro de cada equipo de trabajo cada miembro precisa ser escogido cuidadosamente, teniendo en cuenta las exigencias de la tarea y el perfil de la persona a la que se le va asignar una determinada responsabilidad, para que cada uno pueda rendir a su más alto potencial. Si los sueños que tienes los puedes realizar solo, son sueños muy pequeños. Jesús necesitó de un equipo para llevar a cabo el plan de Dios…. *«cambiar el mundo.»* A continuación, siete características de un equipo son:

1. Compromiso: abrazan la visión totalmente, intencionalmente, consistentemente y apasionadamente (son requisitos para llevarla a cabo).
2. Claridad organizacional: Un equipo saludable y productivo comunica claramente las responsabilidades y las expectativas a cada miembro.
3. Química: el equipo posee una combinación de personas que produce una química positiva. La *«diversidad es buena»*.
4. Comunicación: los equipos saludables y productivos demuestran un esfuerzo diligente para mejorar la efectividad de la comunicación entre ellos.
5. Resolución: poseen la habilidad de resolver los conflictos con gracia y rapidez.
6. Cambio: tienen la habilidad y disposición para adaptarse a los cambios.
7. Sacrificio: están dispuestos a sacrificar sus agendas personales por el bien del equipo.

Para reflexionar: Ningún gran sueño se ha construido por una sola persona.

Antonio SanClemente. *Bogotá, Colombia.*

Mis notas

_____

_____

_____

SEMANA 39 - DÍA 1

CÓMO EMPODERAR A TU EQUIPO DE TRABAJO

«Jesús le contestó: Si tú quieres ser perfecto, ve y vende todo lo que tienes. Dales ese dinero a los pobres y así tendrás un tesoro en el cielo. Luego ven y sígueme.»
MATEO 19:21 PDT

Lectura:	El Nuevo Testamento en un año:
Mateo 19:16-21	2 Corintios 10:15-11:26

El liderazgo se asocia con poder por ser la capacidad de guiar y conducir a otros de un punto a otro. Para muchos el liderazgo es la posibilidad de ocupar un lugar de privilegio dentro de una organización o en la sociedad, pero el ingrediente más preciado del verdadero liderazgo no se encuentra entre los beneficios del poder, sino en la voluntad de sacrificarse a favor de los demás. Nelson Mandela, el gran líder y activista sudafricano, lo expresó así: *«Los verdaderos líderes deben estar dispuestos a sacrificarlo todo por la libertad de su pueblo».*

El liderazgo trascendente es el de aquellos que van al frente de su equipo, abriendo brecha y mostrando un ejemplo coherente entre lo que dicen y hacen. El líder no sólo enseña lo que sabe, sino lo que es. El líder no sólo indica qué es lo que hay que hacer, sino que enseña cómo hacerlo. El líder no sólo muestra el camino, sino que inspira en su equipo el entusiasmo necesario para andar en él. El líder no sólo asume la responsabilidad de la misión, sino también reparte entre todos el crédito por los logros. El líder no sólo consigue las metas, sino también desarrolla nuevos líderes en el proceso. El líder no sólo cuenta con el gran apoyo de algunos, sino que reparte equitativamente las cargas del equipo. El líder no sólo desafía a hacer lo correcto, sino a hacerlo por las razones correctas.

Como sabemos, nadie da lo que no tiene; el joven rico de la historia que nos cuenta la Biblia, no fue capaz de dar sus riquezas a los pobres y seguir a Jesús, dejando en claro que en verdad él no las poseía, sino que éstas lo poseían a él. Muchos líderes son incapaces de darle poder a su equipo, con lo que demuestran que tal poder no lo tienen, sino que éste los tiene a ellos.

Para reflexionar: Sólo un líder maduro, dispuesto al sacrificio, es capaz de empoderar a su equipo de trabajo.

Edgar Medina. *Monterrey, México.*

Mis notas

SEMANA 39 - DÍA 2

GENEROSIDAD VÍA HOSPITALIDAD

«Él respondió: Amarás al Señor tu Dios con todo tu corazón, con toda tu alma, con todas tus fuerzas y con toda tu inteligencia; y a tu prójimo como a ti mismo»
LUCAS 10:27 BLPH

Lectura:	El Nuevo Testamento en un año:
Lucas 10:25-37	2 Corintios 11:27-13:3

Hay muchas formas de ser generoso, una de ellas es dando dinero para alguna causa, otra es dando tiempo; pero una forma significativa de ser generoso es a través de la hospitalidad. La hospitalidad usualmente integra varias de las facetas anteriores. La palabra deriva de «*hospital*», es decir, un ente que hospeda con el objetivo de sanar (no de conseguir algo a cambio). En el evangelio según Lucas (10:25-37) Jesús comparte la parábola del Buen Samaritano, quien se salió de su camino para atender a un completo desconocido y dejar varias interesantes lecciones de servicio, atención y generosidad vía hospitalidad. La hospitalidad ha de ser un asunto intencional, no ocurre por casualidad. La gente generosa usualmente muestra actitud y acción generosa. Las personas hospitalarias planifican e invierten tiempo y esfuerzo para incrementar sus capacidades e infraestructura para poder atender excelentemente. Sería muy difícil pensar que al samaritano le apareciera "«*por casualidad*» en su bolso el aceite y el dinero con el que sanó y atendió al hombre herido; seguramente él funcionaba dentro de un esquema de aprovisionamiento intencional para ocasiones especiales. En el contexto moderno, las personas hospitalarias se pueden reconocer ya que (por ejemplo): asignan presupuesto para atención de invitados, construyen un cuarto de huéspedes, incluyen en su agenda semanalmente espacios para atender y/o recibir personas, configuran momentos de atención reconfortante o días de apoyo en algún proyecto especial a quien lo necesite, etc. Si bien la generosidad no ha de ser medida por el lujo o lo costoso de la atención; el esmero en servir a otros siempre traerá beneficios, se notará y creará un efecto transformador y multiplicador en el que lo recibe.

Para reflexionar: Todo aquel que ha recibido hospitalidad, usualmente se convierte en alguien hospitalario.

Jesús A. Sampedro Hidalgo. Valencia, Venezuela.

Mis notas

_____

_____

_____

EL USO DE LA LENGUA:
LA PRUEBA DEL ÁCIDO DEL CARÁCTER

«Es cierto que todos cometemos muchos errores. Pues, si pudiéramos dominar la lengua, seríamos perfectos, capaces de controlarnos en todo sentido.»
SANTIAGO 3:2 NTV

Lectura: Santiago 3:2	El Nuevo Testamento en un año: 2 Corintios 13:4-Gálatas 1:20

En análisis financiero existe una prueba llamada prueba de ácido, que es un indicador que se usa para medir la liquidez de una empresa u organización. Este indicador mide la capacidad para cancelar las obligaciones corrientes. Es la prueba más extrema de la liquidez de una empresa. Asimismo, el uso de nuestra lengua es una prueba de ácido de nuestro carácter. Prueba el grado de nuestra sanidad emocional y santidad espiritual.

La forma como una persona habla y conversa es la prueba real de su carácter. La Biblia dice: «*...de la abundancia del corazón habla la boca*» (Mateo 12:34 RVR1960). Expresamos con nuestra boca lo que somos. Virginia Satir dice que «*hay una relación entre la forma de comunicación de una persona y su nivel de autoestima.*». El tipo de lenguaje que usamos es expresión fidedigna de nuestro carácter; de nuestra madurez personal o de la falta de ella.

El dominio de la lengua implica el dominio de todo el cuerpo, y viceversa. Nuestra lengua puede ser utilizada para maldecir o para bendecir, para murmurar y destruir o para edificar, para agredir o para consolar, para engañar o para enseñar. La palabra de Dios nos insta a que «*Que sus conversaciones sean cordiales y agradables, a fin de que ustedes tengan la respuesta adecuada para cada persona.*» (Colosenses 4:6 NTV).

Mantener nuestro lenguaje - palabras y expresiones - bajo control, es una disciplina diaria que debe desarrollarse. Si con nuestras palabras no vamos a edificar, bendecir, consolar, exhortar, enseñar, animar; sino, por el contrario, criticar, ofender, calumniar, maldecir, murmurar, chismear o agredir, es preferible guardar silencio y enmudecer.

Para reflexionar: El dominio de la lengua es evidencia de la madurez del carácter de una persona.

Arnaldo Arana. Valencia, Venezuela

SEMANA 39 - DÍA 4

EL DESAFÍO DE LA COMUNICACIÓN ABIERTA

«Él les preguntó: ¿De qué vienen discutiendo tan profundamente por el camino?...»
LUCAS 24:17 NVT

Lectura:	El Nuevo Testamento en un año:
Lucas 24:13-27	Gálatas 1:21-3:6

Suelo preguntar en los entrenamientos que imparto a líderes, quién piensa que es necesario generar un ambiente de comunicación abierta para que el trabajo en equipo se desarrolle de manera adecuada. Casi por norma todas las manos se ponen en alto, afirmando que lo consideran importante. Sin embargo, he observado en la práctica profesional de muchos que la realidad es distinta. Las juntas de trabajo con frecuencia son verdaderos monólogos del jefe o la oportunidad para que participen los pocos con *«voz»* calificada del equipo.

Permitir que la comunicación sea realmente abierta representa un gran desafío para el líder, pues implica, entre otras cosas: humildad, para escuchar aun a los más inexpertos; habilidad, para moderar a quienes pierdan el hilo y ayudarlos a retomar el tema; paciencia, para entrenar al equipo a saber expresar sus ideas; respeto, por el tiempo y las opiniones de todos; interés, para alentar la participación equitativa de todos; temor de Dios, para no apropiarse de una idea ajena; madurez, para dar reconocimiento al individuo; y liderazgo, para usar las ideas de unos como herramientas para unificar al equipo.

Jesús, es sin duda el Maestro de maestros de toda la historia; sin embargo, no se limitó a sólo responder preguntas y girar instrucciones, antes bien cuestionó y obligó a sus seguidores a pensar y responder a sus preguntas. No sólo permitió el diálogo, lo provocó de manera deliberada al solicitar las respuestas que Él conocía, pero que ellos necesitaban escuchar.

Para reflexionar: ¿A qué tipo de comunicación nos queremos abrazar?

Edgar Medina. *Monterrey, México.*

Mis notas

_____

_____

_____

_____

_____

SEMANA 39 - DÍA 5

LA EVIDENCIA DE NUESTRO CRECIMIENTO

«Su conversación debe ser siempre agradable y de buen gusto,
y deben saber también cómo contestar a cada uno.»
COLOSENSES 4:6 DHH

Lectura: Colosenses 4:6	El Nuevo Testamento en un año: Gálatas 3:7-4:7

El crecimiento es inherente a la vida (espiritual, emocional). El crecimiento es un llamado irrenunciable. Quien no crece se condena a vivir desde la patología. Uno de los indicadores que demuestra la forma cómo estamos creciendo o no, es la forma como nos expresamos. En ese sentido, la Biblia dice mucho de la forma como necesitamos comunicarnos. Nos insta a hablar con gracia y para edificación. Hablar con gentileza no es una simple técnica o práctica que podemos usar a conveniencia. Por el contrario, supone un estilo de vida, una forma de encarar las relaciones. Comporta una actitud de vida que parte del respeto hacia el otro. Requiere madurez de carácter, paciencia y dominio propio; especialmente en situaciones donde nuestro interlocutor está negado al diálogo, o molesto o manifiesta una actitud conflictiva. Las personas inmaduras actúan como niños en su hablar; son incapaces de controlar su lengua. Expresamos lo que somos. Virginia Satir dice que *«hay una relación entre la forma de comunicación de una persona y su nivel de autoestima»*. La forma como una persona habla y conversa es la prueba real de su carácter. El tipo de lenguaje que usamos es expresión fidedigna de nuestro carácter; de nuestra madurez personal o de la falta de ella. La Biblia dice: *«...de la abundancia del corazón habla la boca»* (Mateo 12:34 RVR1960). Expresamos con nuestra boca, acciones y actitudes lo que somos. A. B. Simpson comenta: *«Una lengua que no es refrenada es una señal segura de falta de santificación, de disciplina, y quizás de salvación, incluso»*. Por otra parte, la Biblia dice: *«Si alguno no ofende en palabra, éste es un varón perfecto, capaz también de refrenar todo el cuerpo»*. Si somos capaces de controlar nuestra lengua, seremos capaces de controlar cualquier pasión de nuestros cuerpos.

Para reflexionar: Nuestra boca expresa día a día lo que somos como persona.

Arnaldo Arana. *Valencia, Venezuela*

Mis notas

_____
_____
_____
_____
_____

EL MOMENTO IDEAL PARA SER LÍDER

«Cuando Jesús llegó a la región de Cesarea de Filipo, preguntó a Sus discípulos:
"¿Quién dicen los hombres que es el Hijo del Hombre?»
MATEO 16:13 NBLH

Lectura: Mateo 16:13-19	El Nuevo Testamento en un año: Gálatas 4:8-5:7

La Biblia nos cuenta del día en que Jesús les preguntó a sus discípulos quién era el salvador de Israel, según la opinión popular. Ellos respondieron lo que la gente de ese tiempo solía decir: Unos piensan que se trata de Juan el Bautista, otros del profeta Elías, unos más del profeta Jeremías y otros piensan en alguno de los demás profetas, le expresaron. Entonces, llevada la conversación a ese punto, Jesús, el Maestro, les cuestionó sobre quién pensaban ellos que era él. Es entonces cuando el apóstol Pedro respondió con evidente convicción y sin titubeos: «*Tú eres el Cristo (el Mesías), el Hijo del Dios viviente*» (Mateo 16:19 NBLH).

Mucha de la gente que había sido impactada y beneficiada por el liderazgo de Jesús seguía cuestionándose quién era verdaderamente él. Sin embargo, sus propios discípulos, no habían llegado a la conclusión de que él era el hijo de Dios y el Salvador del mundo de manera sencilla, pues ellos mismos se habían hecho la misma pregunta tiempo atrás. Justo la noche en que una gran tempestad apareció como una fiera amenaza, mientras el Maestro dormía dentro de la barca. En ese momento le despertaron, rogándole por su ayuda. Él, levantándose, reprendió al viento y súbitamente toda la furia del mar desapareció. Asombrados los discípulos expresaron: «*¿Quién, pues, es este que aun el viento y el mar le obedecen?*» (Marcos 4:41 NBLH).

No hay duda de que la manera en que Jesús atendió la emergencia llevó a todo su grupo de seguidores a comprender que su Maestro era mucho más que un mero rabino... era el hijo de Dios.

Para reflexionar: Es el manejo de las crisis lo que posiciona al líder frente al grupo, desacreditándolo o reconociéndolo por completo.

Edgar Medina. Monterrey, México.

Mis notas

_____

_____

_____

SEMANA 40 - DÍA 2

TRINITARIAS ESPIRITUALES

«Y será como el árbol plantado junto a arroyos de aguas, que da su fruto
en su tiempo; y su hoja no cae, y todo lo que hace, prosperará.»
SALMO 1:3 JBS

Lectura: Salmo 1:3	El Nuevo Testamento en un año: Gálatas 5:8-6:12

Florecer en medio del verano, eso es lo que mejor saben hacer las trinitarias, también conocidas como veraneras o buganvilias. El despliegue de color casi fluorescente de esta hermosa planta floral toma el protagonismo en cualquier escena veraniega o de sequía en gran parte del continente suramericano. Cuando el verano alcanza su mayor efecto de sequía y el calor arrecia, es justamente cuando más hermosas se ven las trinitarias, convirtiéndose en el centro de las miradas por su excéntrica belleza, una belleza ideada por Dios para el verano. La trinitaria es un ejemplo de resiliencia cuando otras plantas pierden vitalidad, de color cuando todo alrededor esta sin él, de belleza aun en medio de sequía extrema.

Hay mucho que aprender de las trinitarias en los asuntos espirituales, sobre todo para el mundo profesional y empresarial de hoy. La Biblia incluye varias referencias para asemejar la fortaleza de un árbol con la fortaleza del ser humano que aprende a confiar en Dios. El Salmo 1, por ejemplo, refiere a que el hombre que se mantiene en continua meditación en la palabra de Dios, se asemeja a un árbol cuya «*hoja no cae*» y todo lo que hace «*prospera*». Dios espera que sus hijos no solo puedan resistir las dificultades del entorno, sino que también puedan florecer y embellecer el mismo. Que puedan ser de apoyo, inspiración y testimonio a otros. Dios espera que los creyentes en el ámbito profesional o empresarial sean «*Trinitarias Espirituales*», es decir, que sus vidas enteras y aun sus profesiones y/o empresas puedan ser un testimonio visual de su fidelidad, de su provisión y de su sustento, aun en tiempos de dificultad.

Para reflexionar: Leer la Biblia da resiliencia espiritual para aguantar tiempos difíciles y también para florecer en ellos.

Jesús A. Sampedro Hidalgo. *Valencia, Venezuela.*

Mis notas

_____

_____

_____

_____

SEMANA 40 - DÍA 3

TERRENOS DIFERENTES, PERSONAS DIFERENTES

«Y se le juntó mucha gente; y entrando él en la barca, se sentó,
y toda la gente estaba en la playa»
MATEO 13:2 RVR1960

Lectura:	El Nuevo Testamento en un año:
Mateo 13:1-22	Gálatas 6:13-Efesios 2:2

Cuando se acepta un puesto como jefe o gerente en una nueva compañía, se encuentra con los problemas que su antecesor no pudo resolver, entre ellos, las personas de bajo rendimiento y las personas tóxicas. Muchos aconsejan hacer rápidamente cambios en los miembros para dar un mensaje de «*hay un nuevo jefe*». Sin embargo, es importante considerar que se trata de personas, con familia, con expectativas, desatendidas, sin enfoque, sin entrenamiento, con muchas necesidades de ser escuchadas, sin Dios. ¿Qué significa esto? Que el desafío real no está solamente en el resultado económico que se espera de usted como nueva contratación. El reto especial está en lograr lo que alguien no pudo lograr con las personas que encontró. Alguien no tuvo la capacidad o la habilidad de hacer trabajar como equipo a estas personas que ahora están en sus manos. Las personas que tiene frente a usted no son el problema, en realidad son un desafío, una oportunidad para su crecimiento como líder. Al final, si usted logra hacer funcionar este equipo, lo verán cómo alguien fuera de serie, alguien especial que logró lo que otros no pudieron. Piense en el impacto que habrá tenido sobre estas personas, sus familias, los amigos y colegas de ellos. Lo único que tiene que entender es que terrenos diferentes necesitan trabajos diferentes, las personas igual. Por sobre todo, no olvide que usted es un embajador de Jesús, llamado a impactar vidas para la eternidad.

Para reflexionar: No todos los terrenos son iguales, ni todas las personas son iguales. Con cada uno de ellos es necesario hacer un trabajo diferente.

Edison Celis. *Lima, Perú.*

Mis notas

_____
_____
_____
_____
_____
_____
_____
_____

LOS LÍDERES SON COMO CEDROS (PARTE I)

«Los buenos florecen como las palmas y crecen como los cedros del Líbano.»
SALMOS 92:12 DHH

Lectura: Salmos 92:12	El Nuevo Testamento en un año: Efesios 2:3-3:11

En 2014 el Maxwell Center abrió sus puertas, y fue interesante ver cómo usaron un *cono* de cedro como ícono arquitectónico para representar y describir la esencia del liderazgo. El cedro provee una rica metáfora para el ejercicio de liderazgo. En la Biblia los cedros del Líbano representan los árboles de Dios. Eran grandes en estatura, crecían en bosquecillos, arriba en las montañas y eran separados según su forma y para usos especiales. Mencionados en las escrituras más que cualquier otra clase de árbol, los cedros se pararon frente a faraones y reyes de la tierra como un símbolo de fortaleza y altitud. En la antigüedad eran buscados por la calidad y durabilidad de su madera, por su aceite natural de propiedades curativas, por la capacidad para resistir cualquier decadencia de su tronco y por su aroma que llena los bosques. Los líderes en la era moderna también han de ser fuertes, erguirse altos, y ser resilientes a la decadencia cultural, así como los cedros. Han de echar raíces cerca al agua de la palabra de Dios. Ellos han de proveer la semilla y la sombra que necesita la nueva generación. Los líderes han de crecer derechos y firmes en estatura e influencia. Han de crecer al lado de otros en la comunidad. Según el Salmo 92:12, los líderes como cedros son altos y levantados en los ojos del Señor.

Para reflexionar: ¿Eres cedro?

Jesús A. Sampedro Hidalgo. Valencia, Venezuela.

Mis notas

_____
_____
_____
_____
_____
_____
_____
_____
_____

SEMANA 40 - DÍA 5

LOS LÍDERES SON COMO CEDROS (PARTE II)

«Los buenos florecen como las palmas y crecen como los cedros del Líbano.»
SALMOS 92:12 DHH

Lectura: Salmos 92:12	El Nuevo Testamento en un año: Efesios 3:12-4:20

Continuando con la referencia bíblica sobre el árbol de cedro como una metáfora para el ejercicio de liderazgo, es interesante notar específicamente el rol del cono (una especie de pequeñas piñas parecidas a las de los pinos), y sus implicaciones con la formación del carácter del líder en medio de la adversidad y el surgimiento de la nueva generación de líderes. Al decodificar el significado del cono de los cedros, es posible capturar el sentido de pasión, fuego y energía requerida para hacer ignición o soltar el potencial en una comunidad de líderes. La referencia del cono más directa, quizás sea que los líderes jóvenes han de ser *«abiertos»* primero antes de que puedan alcanzar su propósito. Los conos son contenedores de semillas. Son jóvenes árboles de cedro en proceso, un símbolo perfecto para los jóvenes líderes de la próxima generación. Los conos son verdes y cerrados antes de caer al suelo. Solo se convierten en útiles, fértiles y completamente abiertos a través del probador y purificador calor del fuego del bosque. Ellos han de caer al suelo, aceptar, aguantar y abrazar la adversidad. Sólo así, por medio del fuego, es que ellos llegarán a abrirse y a soltar la semilla interna; liberando así sus posibilidades para convertirse en los futuros cedros robustos, es decir, en los líderes de la próxima generación.

Para reflexionar: Sólo quienes crecen en la verdad y abrazan la adversidad llegan a ser líderes robustos y fortalecidos.

Jesús A. Sampedro Hidalgo. Valencia, Venezuela.

Mis notas

_____
_____
_____
_____
_____
_____
_____
_____
_____

SEMANA 41 - DÍA 1

LOS LÍDERES SON COMO CEDROS (PARTE III)

«Los buenos florecen como las palmas y crecen como los cedros del Líbano.»
SALMOS 92:12 DHH

Lectura: Salmos 92:12	El Nuevo Testamento en un año: Efesios 4:21-5:19

En el contexto de la rica metáfora que provee el cedro en la Biblia para el ejercicio de liderazgo, es interesante considerar sobre el esplendor de cada árbol y el valor relativo que obtiene por ser parte de un ecosistema. Los cedros maduros se erigen a observar el paisaje de sitios más bajos, algunos incluso llegan a tocar el cielo a unos 2.000 metros de altura sobre el nivel del mar. Sus ramas son usualmente blanqueadas por nieve y hogar de águilas que construyen allí sus nidos. Sus ramas principales sirven de protección al viajero durante tormentas. La sabía que brota de su tronco es reconocida por tener exquisitas propiedades curativas, especialmente para dolores y afecciones de pecho. El olor que de ellos sale impregna agradablemente su ambiente. Sin embargo, mucho de su esplendor y crecimiento destacado se lo debe al ecosistema en el que crece.

Una comunidad de cedros entrelazados, unidos y en red en un sistema inter-dependiente de raíces se le conoce como bosquecillo. Como grupo, los muchos árboles que lo componen son, biológicamente, un organismo. Los ancestros preferían los árboles que habían crecido en bosquecillos ya que sus troncos eran más derechos y firmes, más apropiados para trabajos en madera y para los altos mástiles de barcos. Los árboles maduros en el bosquecillo, proveen albergue, nutrición y aflojan la tierra con sus raíces, permitiendo que árboles jóvenes crezcan de los conos y fijen allí también sus raíces. Un retrato de la fortaleza del cedro entonces son los hombres y mujeres fuertes que crecen juntos, influyen con sus ramas a su entorno, cuyo tronco provee un espacio de abrigo y sanidad a otros, e impregnan su ambiente al transformar naciones, centros de influencia y culturas para el deleite de Dios.

Para reflexionar: Los líderes se necesitan los unos a los otros para crecer en madurez, estatura, valía e influencia.

Jesús A. Sampedro Hidalgo. *Valencia, Venezuela.*

Mis notas

LA PALABRA ADECUADA: INDICADOR DE LA SABIDURÍA DEL CORAZÓN

«Los labios de los sabios esparcen conocimiento, pero no así el corazón de los necios.»
PROVERBIOS 15:7 LBLA

Lectura: Proverbios 15:7	El Nuevo Testamento en un año: Efesios 5:20-6:17

Hay una relación directa entre lo que la persona es y tiene en su corazón, y lo que expresa con sus labios. El libro de Proverbios de la Biblia, expresa esta verdad: *«El que piensa sabiamente, se sabe expresar, y sus palabras convencen mejor.»* (Proverbios 16:23 DHH). Y Proverbios 16:21 añade: *«El sabio de corazón es llamado prudente, Y la dulzura de labios aumenta el saber.»* (RVR1960) Por el contrario, *«...pero los necios hacen pública su necedad.»* (Proverbios 12:23 NTV), como consecuencia de vivir según los antivalores de la sabiduría. La boca habla de lo que hay en el corazón (en este contexto corazón se refiere a emociones + intelecto + voluntad). Jesús lo expresó de la siguiente manera. *«Pero lo que sale de la boca del corazón sale...»* (Mateo 15:18 RVR1960). De modo que el mejor indicador de lo que hay en el corazón de las personas, son las palabras que expresa y cómo las expresa. Las palabras cargadas de respeto, empatía y tolerancia, que se expresan con prudencia y gracia, denotan un corazón sabio; pero las palabras ásperas, apresuradas, o cargadas de crítica hablan de la fatuidad, la necedad y la ligereza de un corazón necio.

Somos en buena medida lo que son nuestras creencias, mapas y paradigmas. Nuestra forma de pensar determina nuestra forma ser y sentir. El sabio Salomón lo expresa claramente: *«Pues como piensa dentro de sí[a], así es él. El te dice: "Come y bebe," Pero su corazón no está contigo.»* (Proverbios 23:7 NBLH). De modo que si queremos hablar con prudencia, gentileza, integridad y sabiduría, necesitamos primero – en lo interno: en nuestros pensamientos – ser prudentes, gentiles, íntegros y sabios. Nos comportamos y hablamos en congruencia con la forma en que pensamos, y por eso es importante intencional y continuamente revisar nuestro corazón, y la dieta con que alimentamos nuestra mente.

Para reflexionar: Los dichos de tu boca refuerzan lo que se construye en tu corazón.

Arnoldo Arana. *Valencia, Venezuela.*

Mis notas

_____

_____

SEMANA 41 - DÍA 3

MANUAL PARA LA VIDA (SER-TENER-HACER)

«Toda Escritura es inspirada por Dios y útil para enseñar, para reprender, para corregir, para instruir en justicia.»
2 TIMOTEO 3:16 NBLH

Lectura:	El Nuevo Testamento en un año:
2 Timoteo 3:16-17	Efesios 6:18-Filipenses 1:24

Seamos claros, a nadie le gusta perder tiempo en cosas sin utilidad. La mejor inversión de tiempo está en leer o escuchar aquello que es útil, es decir, aquello que: guía, produce ganancia, da resultados, genera beneficios, facilita relaciones y otorga sabiduría multifacética; además, da advertencias, reduce dolores, previene problemas, entre otras. Eso es exactamente lo que contiene la Biblia. El Creador del mundo dejó un manual para funcionar óptimamente a través de él. La Biblia hace al lector sabio, para buscar de Dios y ser salvo, y además le habilita es estas perspectivas:

- **Ser**: *La Biblia nos hace espiritualmente «fit» (perfectos).* Esto no significa que estemos libres de impurezas o desperfectos en el camino, sino que en nuestra identidad somos configurados como seres completos, completados, o bien juntados. Hebreos 13:21 refiere a que somos *«esencialmente aptos»* para los propósitos de Dios.
- **Tener**: *La Biblia nos hace espiritualmente equipados.* Así como un crucero que parte para alimentar 2.000 personas y se equipa con comida para 7 días en el mar Caribe; así el cristiano es equipado en recursos emocionales, físicos y espirituales por medio de la Biblia para llevar a cabo efectivamente la aventura del propósito de Dios en su vida.
- **Hacer**: *La Biblia nos hace espiritualmente productivos.* Ella impulsa hacia las «buenas obras», no porque se necesiten para salvarse, sino por la bendición de ser salvo. Tito 3:8 sugiere que los *«activados en el servicio»* dan a conocer su fe a través de las acciones.

No leemos la Biblia porque somos perfectos, sino que nos perfeccionamos al leerla. Las huellas de Dios en tu Biblia son tu herencia espiritual. Si no sabes, ni aplicas Biblia, ¿Qué le vas a pasar y enseñar a los demás?

Para reflexionar: No pierdas tiempo, lee el manual para la vida; y luego demuestra con tu vida lo que aprendes de él.

Jesús A. Sampedro Hidalgo. *Valencia, Venezuela.*

SEMANA 41 - DÍA 4

AMA A TU ESPOSA

«Porque nadie aborreció jamás a su propia carne, sino que la sustenta y la cuida,
como también Cristo a la iglesia»
EFESIOS 5:29 RVR

Lectura:	El Nuevo Testamento en un año:
Efesios 5:29	Filipenses 1:25-2:25

Una de las afirmaciones más controversiales de la Biblia la hace el apóstol Pablo en Colosenses 3:18 (RVR), *«Esposas, sométanse a sus esposos, como conviene en el Señor»*. Lo que la sociedad moderna ha utilizado es solamente la afirmación de que las esposas deben someterse a sus maridos. Suena machista y discriminatorio. Pero la otra cara de la moneda está en la forma cómo el esposo debe amar a su esposa. Primero el Apóstol Pablo habla de que se ame a la esposa como a nuestro propio cuerpo. ¿Seríamos capaces de descuidar y herirnos a nosotros mismos? De seguro que no. También dice: *«así como Cristo amó a la iglesia y se entregó por ella para hacerla santa. Él la purificó, lavándola con agua mediante la palabra, para presentársela a sí mismo como una iglesia radiante, sin mancha ni arruga ni ninguna otra imperfección, sino santa e intachable»* (Efesios 5:25-27 RVR). ¿Seremos capaces de amar a nuestra esposa así? Amarlas, hacerlas santas, purificarlas, radiantes, sin mancha, ni arruga, ni imperfecciones. ¿Qué mujer se negaría a *«someterse»* a un hombre que la ame así? Que ella decida aceptar la cobertura de un esposo que la ame así, es rendirse a alguien que todo lo hace por su bien. Cuando seamos capaces de amar a nuestras esposas como Cristo ama a su iglesia, no tendremos que pedir nada. Ella querrá hacerlo por amor.

Para reflexionar: Ámala como a ti mismo.

Hebert Reyes. Bogotá, Colombia.

Mis notas

_____
_____
_____
_____
_____
_____
_____
_____

SEMANA 41 - DÍA 5

LA PALABRA DICHA CON GENTILEZA: ANTÍDOTO CONTRA EL FUROR Y LOS CONFLICTOS

«La blanda respuesta quita la ira; mas la palabra áspera hace subir el furor.»
PROVERBIOS 15:1 RVR1960

Lectura: Proverbios 15:1	El Nuevo Testamento en un año: Filipenses 2:26-4:4

Los que han adquirido sabiduría han aprendido que las palabras con que se expresan, tienen impacto sobre la vida de las personas que les rodean. Así las palabras ásperas o cargadas de crítica lastiman a otros o los ponen a la defensiva, mientras que las palabras dichas con amor y respeto, nutren y edifican a otros. Las personas sabias saben que las palabras pueden pacificar tormentas o pueden iniciar incendios en las vidas de las personas. La respuesta sazonada con gentileza y amabilidad siempre es oportuna y bien recibida. La palabra dicha con cortesía y consideración a los demás, hace ganar el favor y la buena voluntad de los oyentes. La palabra suave y blanda también es útil para aplacar el furor de los iracundos; y ayuda a disipar posibles conflictos. La Biblia nos insta a hablar con gracia y para edificación. *«Su conversación debe ser siempre agradable y de buen gusto, y deben saber también cómo contestar a cada uno.».* (Colosenses 4:6 DHH). Algunos confunden cortesía y amabilidad con debilidad, pero como dice el dicho *«lo cortés no quita lo valiente».* La cortesía y la amabilidad no proceden de debilidad ni de cobardía, sino de dominio propio y humildad. Implica madurez y cordura. Ahora, hablar con gentileza no es una simple técnica o práctica que podemos usar a conveniencia. Por el contrario, supone un estilo de vida, una forma de encarar las relaciones. Comporta una actitud de vida que parte del respeto y la tolerancia hacia el otro. Requiere madurez de carácter, paciencia y dominio propio; especialmente en situaciones donde nuestro interlocutor está negado al diálogo, o molesto o manifiesta una actitud beligerante.

La palabra blanda y gentil (aunque firme), cargada de respeto y consideración por el otro, es una herramienta poderosa en manos de los líderes, para prevenir conflictos disfuncionales, gestionar diferencias y negociar con efectividad

Para reflexionar: Tus dichos pueden apagar un fuego o iniciar un incendio.

Arnoldo Arana. *Valencia, Venezuela.*

Mis notas

_____

_____

UN CORAZÓN AGRADECIDO, AGRADECE

«Den gracias a Dios por todo, porque esto es lo que él quiere de ustedes
como creyentes en Cristo Jesús.»
1 TESALONICENSES 5:18 DHH

Lectura:	El Nuevo Testamento en un año:
1 Tesalonicenses 5:18	Filipenses 4:5-Colosenses 1:12

Todo acto de agradecimiento tiene razones que le sustentan y beneficios que le acompañan. Recientemente escuché una interesante cita, «*El agradecimiento es la memoria del corazón*», refiriéndose a cuando el corazón busca en retrospectiva y consigue razones o evidencias para expresar gratitud. Sin embargo, aunque la memoria puede que falle o el corazón quizás no consiga, un líder agradecido es un líder consciente de las bendiciones disponibles en Dios; antes, durante o después de cualquier circunstancia. Eso no significa que toda circunstancia siempre evidenciará razones para agradecer, pero la Biblia nos urge a «*dar gracias en todo*», como un modo de vida instalado, como un estatus perdurable del corazón, como una condición que se llena de confianza en el Dios de los propósitos soberanos. La expresión del agradecimiento proviene sólo de un corazón que en esencia es agradecido ya que conoce que detrás de cualquier circunstancia está un gran Dios cuyos atributos y actos son confiables. Tanto en lo relacional, lo comunitario o empresarial/profesional ser agradecido ejercita la memoria, facilita el contentamiento, propaga entusiasmo, abre puertas de bendición (y las mantiene abiertas).

Para reflexionar: El que busca en Dios (no en las circunstancias) razones para agradecer, las encuentra.

Jesús A. Sampedro Hidalgo. *Valencia, Venezuela.*

Mis notas

_____
_____
_____
_____
_____
_____
_____
_____
_____

SEMANA 42 - DÍA 2

UN LÍDER ATENTO

«Entonces Él tomó los cinco panes y los dos peces, y levantando los ojos al cielo, los bendijo, y partió los panes y los iba dando a los discípulos para que se los sirvieran; también repartió los dos peces entre todos.»
MARCOS 6:41 LBLA

Lectura:	El Nuevo Testamento en un año:
Marcos 6:35-44	Colosenses 1:13-2:14

■ Cuánta bendición representa para el mundo los líderes atentos! Esos que calculan el bien común y evalúan lo que hace falta para cumplir el propósito. ¡Cuánta falta hacen esos líderes que no negocian valores ni congruencia! En Marcos 6:35-44 es posible observar al Señor Jesús dando una excelente muestra de ser un líder atento. Después de compartir su sabiduría con la multitud lleva a sus discípulos a un lugar apartado para recuperar energías y comer algunos alimentos, pero al bajarse de la barca se percató de que aún allí estaba una multitud necesitada de Èl y siguió enseñando y entregando sabiduría y bendiciones. Al ver la hora y lo apartado del lugar, le hacen ver a Jesús que debería detenerse para permitir que la multitud consiguiera algo de alimento para el cuerpo, es allí donde Jesús les dice: ¡Denle ustedes de comer! Y ellos le comentan a Jesús sobre el costo material de alimentar a tan grande grupo, aduciendo que costaría cerca de un año de ingresos. Los líderes atentos muestran al menos estas cualidades:

● **Primera cualidad del líder atento**: El líder atento pone la necesidad de otros como primera prioridad. Jesús al ver la necesidad de la gente, hizo lo propio para solventarla.
● **Segunda cualidad del líder atento**: El líder atento sabe en quién depender. Jesús sabía que si confiaba en Dios Padre, aún cinco peces y dos panes podrían alimentar a esa multitud de cinco mil hombres.
● **Tercera cualidad del líder atento**: Un líder atento organiza los aspectos logísticos para suplir la necesidad. Jesús solicitó a sus discípulos que se organizaran para ese festín milagroso.

Para reflexionar: Jesús, sin duda, es el modelo del líder atento por excelencia.

Rafael Hernández. Valencia, Venezuela.

Mis notas

_____
_____

SEMANA 42 - DÍA 3

DEFINIENDO EL ÉXITO

«Tú guardarás en completa paz a aquel cuyo pensamiento en ti persevera;
porque en ti ha confiado.»
ISAÍAS 26:3 RVR1960

| Lectura:
Isaías 26:3-4 | El Nuevo Testamento en un año:
Colosenses 2:15 - 3:21 |

¿ Has conocido a algún empresario o profesional que no quisiera tener éxito en su vida? Difícilmente. Pero aspirar a tener éxito y lograrlo realmente son cosas diferentes. El asunto es que, en palabras de Ron Jenson, todos nos dirigimos hacia lo que personalmente definimos como éxito, sea implícito o explícito, sea de forma consciente o inconsciente. Ahora bien, ¿Cuál es su definición de éxito? Mucha gente incluye en su definición alguna de las cinco «P»: Prosperidad, Posición, Poder, Prestigio y Placer. Aunque estas 5 P's son prácticamente neutras, son mecanismos que usualmente distraen del logro del genuino éxito. Pero, ¿Al final de su vida, cómo sabrá si tuvo éxito? ¿Es acaso un asunto de su aporte a su familia (esposa e hijos), su influencia en la sociedad, sus relaciones significativas, sus logros profesionales/corporativos, o de cuánto logró agradar a Dios? Rick Warren dice que éxito genuino es *«amar y liderar consistentemente y terminar bien»*. El apóstol Pablo mencionó que para él, *«completar el encargo que Dios le había entregado - el dar a conocer las buenas nuevas de Jesús era lo más importante en su vida.»* (Hechos 20:24) Ron Jenson refiere a éxito como *«Ser y hacer todo aquello para lo que fuimos creados»*; es decir, honrar al creador al utilizar el potencial y el talento, cumplir con toda la misión encargada y no dejar a un lado algún área vital en la vida. El éxito precisa ser intencionalmente balanceado. En este sentido, no es posible considerarse una persona exitosa solo si su empresa o profesión marcha de maravilla, pero su familia es un fracaso, su vida espiritual está seca, o su salud es un desastre a causa de su ignorancia o descuido. El éxito genuino ha de estar en armonía con quién es usted en verdad como persona, de tal manera que le permita vivir una vida equilibrada, plena y llena de significado. El éxito es entonces un estado de paz y gestión integral del ser, en balance de roles ante terceros y en armonía con el propósito del creador.

Para reflexionar: El verdadero éxito es integral, dinámico, expansivo, sostenible y trascendente.

Jesús A. Sampedro Hidalgo. *Valencia, Venezuela.*

Mis notas

SEMANA 42 - DÍA 4

LA CHISPA DEL LIDERAZGO: "CONEXIÓN"

«Y ellos le hablaron diciendo: Si tú fueres hoy siervo de este pueblo y lo sirvieres, y respondiéndoles buenas palabras les hablares, ellos te servirán para siempre.»
1 REYES 12:7 RVR1960

Lectura: 1 Reyes 12:1-24	El Nuevo Testamento en un año: Colosenses 3:22-1 Tesalonicenses 1:9

Alguna vez todos nos preguntamos, ¿Cuál es la clave del liderazgo? Examinando la vida del Rey Roboam, un hombre que estaba hambriento de poder y más interesado en mostrar su poder político que en conectarse y servir a su pueblo, terminó dividiendo su nación. Casos similares vemos en la actualidad.

Cuando un líder ha trabajado previamente en conectarse con su gente, se nota, y se ve reflejado en el compromiso, entusiasmo y lealtad de su gente.

Algunos elementos claves de la conexión tienen que ver con:

1. Enfoque en quien sirves: La actitud tirana de Roboam, mostró desprecio por la gente a quien se supone debía servir. Hizo caso omiso a sus consejeros que le revelaban las necesidades de su pueblo. La mentalidad del líder debe ir más allá de sí mismo, enfocada en lo que la gente a quien lidera necesita, que no es siempre lo que desea.

2. Disponibilidad de servicio: Un estudio de la Universidad de Michigan reveló que la gente que se ofrece de voluntaria con regularidad, aumenta su alegría de vivir y aumenta su expectativa de vida. Nada conecta mejor que ver en un líder su disposición a ayudar a quienes lidera.

3. Primero llegar al corazón: *«Cuando te mantienes abierto a la necesidad de tu gente, ellos se mantendrán abiertos a tu visión. Cuando actúes para resolver sus necesidades, ellos actuarán para llevar a cabo tu visión. Los líderes sabios actúan y resuelven las necesidades de su gente.»* John Maxwell.

Para reflexionar: Tu compromiso a servir te conecta con tu gente más fuerte que tus buenas ideas.

Julio César Acuña, Quito, Ecuador.

Mis notas

_____

_____

SEMANA 42 - DÍA 5

GENTE VISIBLE

«Ustedes son la luz del mundo; una ciudad en lo alto de una colina no puede esconderse.»
MATEO 5:14 NVI

Lectura:	El Nuevo Testamento en un año:
Mateo 5:14	1 Tesalonicenses 1:10-3:1

La lucha por territorios de influencia, por puestos importantes en las empresas, por ciertos mercados, por el dominio de mecanismos de acceso a mercados, no es nada nuevo. Esa naturaleza conquistadora de los líderes es de larga data. Cuando los imperios de Alejandro Magno, Nabucodonosor, y otros famosos gobernantes avanzaban a tomar territorios nuevos, las ambiciones individuales y patrióticas se fusionaban en una suerte de progresos conquistadores de sitios clave a través de los cuales podían ampliar su influencia. Los líderes saben que ciertas posiciones privilegiadas dan acceso a masas de gente, a recursos, a privilegios, a información. En los asuntos del liderazgo espiritual moderno es también importante conocer y penetrar dichas esferas de influencia con intención, estrategia y buen testimonio. Ambicionar la toma de sitios de influencia es algo que no necesariamente está peleado con las expectativas de Dios para ciertos creyentes, aunque esto no ha de ser hecho para procurar protagonismo o fama personal. Jesús dijo, *«Ustedes son la luz del mundo; una ciudad en lo alto de una colina no puede esconderse»* (Mateo 5:14 NVI), refiriendo a la relevancia de reconocer que la gente ha de ver cotidiana y fácilmente el testimonio de fe de sus cercanos, allí justo donde está, en sus propias oficinas, lugares de vida, de trabajo o sitio de influencia, y de esa manera ojala puedan decir *«Wow, el Dios de mi (jefe, proveedor, cliente, compañero de trabajo, etc.) es magnífico, quiero conocerlo».*

Para reflexionar: Si Dios te lleva alto podrás alumbrar a muchos con la luz de Cristo. No te escondas, resplandece.

Jesús A. Sampedro Hidalgo. *Valencia, Venezuela.*

Mis notas

_____
_____
_____
_____
_____
_____
_____

EN LA MULTITUD DE CONSEJEROS ESTÁ LA SABIDURÍA

«Sin consulta, los planes se frustran, pero con muchos consejeros, triunfan»
PROVERBIOS 15:22 LBLA

Lectura: Proverbios 15:22	El Nuevo Testamento en un año: 1 Tesalonicenses 3:2-5:9

Los planes y proyectos prosperan gracias a la dirección que le imprimen los sabios consejos. Los buenos consejos permiten ampliar la visión de los emprendimientos, asuntos de trabajo, etcétera sobre los que se necesita tomar decisión. Así lo expresa el rey Salomón: *«Los pensamientos (planes) con el consejo se ordenan; y con dirección sabia se hace la guerra»* (Proverbios 20:18 RVR1960). El consejo viene para ampliar nuestra perspectiva de un asunto. Aumenta también nuestro nivel de confianza y certidumbre y disminuye los riesgos en la toma de decisiones.

En este proverbio el rey Salomón pone de manifiesto el valor de consultar con consejeros idóneos (consultores, mentores, expertos en un área, coaches, entre otros) antes de tomar decisiones importantes. Un consejero es una persona que ofrece consejo, consulta, asesoría, dirección y sabiduría en la prosecución de un objetivo. Salomón era consciente del valor de sabios consejeros. Creo que buena parte de su éxito como empresario y emprendedor se debió a la práctica de consultar con hábiles consejeros antes de tomar decisiones importantes.

Nadie posee la verdad completa, ni la interpretación exacta de la realidad, de allí la importancia de recibir consejos de otras personas. Hoy en día contar con hábiles consejeros y asesores es un factor que apoya el éxito en la gestión de los líderes, organizaciones y naciones. Esa es la idea que resalta el rey Salomón en otro proverbio: *«Sin dirección, la nación fracasa; el éxito depende de los muchos consejeros.»* (Proverbios 11:14 NVI).

Para reflexionar: El consultar con otros pone a nuestra disposición el conocimiento y la experiencia de otras personas autorizadas, expertas y sabias.

Arnoldo Arana. *Valencia, Venezuela.*

Mis notas

_____
_____
_____

SEMANA 43 - DÍA 2

LA MUJER EN EL LIDERAZGO

«La mujer sabia edifica su casa; la insensata la derriba con sus manos.»
PROVERBIOS 14:1 PDT

Lectura: Proverbios 14:1	El Nuevo Testamento en un año: 1 Tesalonicenses 5:9 - 2 Tesalonicenses 1:12

Cada año, miles de cisnes que viven en las zonas frías migran hacia el sur para invernar. La peculiar manera en la que lo hacen —me refiero a su famosa formación en «V»— no sólo es un caprichoso estilo de volar; es un poderoso sistema que les ayuda avanzar hasta en un setenta por ciento más rápido que como lo hacen las aves que viajan solas. Algo del instinto que radica en estas aves tiene su parte en el corazón de la mujer. Ellas también comprenden que se llega más lejos en el viaje de la vida cuando nos movemos en armonía unos con otros. Lamentablemente, muchas han visto con desesperación y tristeza como sus compañeros de viaje han decidido no continuar en la ruta que planearon recorrer con ellas. Sin embargo, muchas veces, sin siquiera tiempo suficiente para reponerse de la sorpresa y dolerse por la pérdida, toman el mando y continúan el vuelo seguidas de sus pequeños, de docenas de necesidades y muchas más responsabilidades. En el vuelo de los cisnes, el líder no sólo guía al grupo en la dirección correcta, también recibe de lleno todo el impacto del aire, con lo que abre una brecha en el cielo para su grupo. Esa posición implica un desafío y esfuerzo que no muchos son capaces de pagar. Es interesante notar que Jesús declaró: *«Yo soy la luz del mundo; el que me sigue no andará en tinieblas, sino que tendrá la luz de la vida.»* (Juan 8:12 LBLA). Él quiere ocupar un lugar en el viaje de cada mujer hacia su destino, desea sinceramente ser el guía. Él siempre lleva a los que le siguen a su destino. Su luz, siempre da protección a los que siguen su vuelo. El sabio Salomón escribió: *«La mujer sabia edifica su casa; más la necia con sus manos la derriba.»* (Proverbios 14:1 RVR1960), creo que el mundo le debe un tributo de honor y aprecio a las mujeres que han sabido criar, proveer y guiar a una familia bajo un cielo en tempestad.

Para reflexionar: Apreciar a una mujer y reconocerla nos hace brillar mejor a nosotros mismos.

Edgar Medina. Monterrey, México.

Mis notas

SEMANA 43 - DÍA 3

El arte de preguntar

«Jesús les dijo: Yo soy el pan que da vida. El que viene a mí no volverá a tener hambre, y el que cree en mí no volverá a tener sed.»
JUAN 6:35 NBV

Lectura: Juan 6:35	El Nuevo Testamento en un año: 2 Tesalonicenses 2:1-3:17

Las preguntas pueden servir como potenciadores de perspectiva, mecanismos de sensibilización, abridoras de alternativas e impulsoras de la determinación. El autor Michalko se refiere a la importancia de mostrar un *«alto grado de indagación»*, y a que el ingenio emerge usualmente de *«hacer preguntas audaces»*. El antiguo método socrático (basado en la *«Mayéutica»*) y los temas emergentes de coaching, abren grandes oportunidades a través de plantear estratégicamente preguntas para ayudar a los seguidores dar a luz sus propias ideas y/o fomentar que éstas sean nuevas ideas. Las preguntas fueron tal vez uno de los mayores potenciadores de la creatividad usado por Jesús para traer conciencia sobre asuntos del reino y para fomentar el crecimiento espiritual en sus discípulos. Sólo en el Evangelio de Mateo hay unas 82 preguntas registradas que fueron formuladas por Jesús. Otra interesante referencia se encuentra en Lucas 9:18 (NVI), «Un día cuando Jesús estaba orando para sí, estando allí sus discípulos, les preguntó: ¿Quién dice la gente que soy yo?», y luego en el versículo 20 *«Y ustedes, ¿quién dicen que soy yo?»* La primera requería conciencia del entorno; y la segunda requería convicciones personales, ambas fueron elementos útiles para construir exitosamente el compromiso y la cohesión entre el líder y sus seguidores. Aunque las preguntas pueden tener diferentes propósitos, Jesús usó preguntas para traer transformación y abonar sobre la nueva visión del reino de Dios a la gente.

Para reflexionar: ¿Qué porcentaje de tus interacciones conversacionales son aconsejando o preguntando? ¿Hablando o escuchando?

Jesús A. Sampedro Hidalgo. *Valencia, Venezuela.*

Mis notas

_____
_____
_____
_____
_____
_____

MODELAJE DE LOS GOBERNANTES Y LÍDERES

«En un país lleno de maldad todos se creen líderes, pero el gobernante capaz logra poner el orden.»
PROVERBIOS 28:2 DHH

Lectura: Proverbios 28:2	El Nuevo Testamento en un año: 2 Tesalonicenses 3:18 - 1 Timoteo 2:6

El rey Salomón expresa que cuando hay gobernantes moralmente probos, sabios y justos, en las naciones se crea orden, estabilidad y justicia. Hay un dicho que dice *«como es arriba es abajo»*. Los gobernantes constituyen, en forma positiva o negativa, modelos de comportamiento para sus gobernados y seguidores. Los gobernantes crean con sus conductas, pautas de comportamientos para los ciudadanos de una nación. Proverbios 29:12 (LBLA) ilustra esta declaración: *«Si un gobernante presta atención a palabras mentirosas, todos sus servidores se vuelven impíos (se corrompen)»*. Si el gobernante es justo, la nación se hace estable y prospera; pero la corrupción y deshonestidad de los gobernantes, trae ruina a la nación, *«Un rey justo da estabilidad (afirma, trae seguridad) a su nación, pero el que exige soborno, la destruye»* (Proverbios 29:4 NBV).

Los ciudadanos terminan siendo igual que sus gobernantes. Cuando quien gobierna es corrupto, los que lo rodean se volverán corruptos. Las injusticias, inmoralidades, actos deshonestos y corrupción de los gobernantes, generan caos, injusticias y deshonestidad entre los habitantes de una ciudad o país. Estas conductas incorrectas de los gobernantes se traducen en relajación de la moral ciudadana, corrupción a diferentes niveles, males sociales y económicos para los habitantes de una sociedad. Los ciudadanos de una nación terminan, pues, adoptando los valores y pautas de comportamientos de sus gobernantes, dada la influencia que éstos últimos ejercen a través de los comportamientos que exhiben y las decisiones que toman.

Para reflexionar: Lo que un gobernante es influirá sobre sus seguidores. Ese es el poder del ejemplo para influenciar la conducta de otros.

Arnoldo Arana, *Valencia, Venezuela.*

Mis notas

_____

_____

_____

_____

_____

SEMANA 43 - DÍA 5

EL LIDERAZGO COMO FUENTE DE TRANSFORMACIÓN SOCIAL

«El que se apiada del pobre presta al Señor, y Él lo recompensará
por su buena obra.»
PROVERBIOS 19:17 LBLA

Lectura: Proverbios 19:17	El Nuevo Testamento en un año: 1 Timoteo 2:7-4:6

Tendría unos nueve años de edad la tarde que un indigente tocó a la puerta de mi casa. Yo mismo abrí y recuerdo que poco después le di a aquel hombre –a todas luces hambriento- algunas frutas que tomé de la cocina. Nunca he podido olvidar la desesperación con la que él tomó una banana y la comenzó a devorar, sin siquiera quitarle la cáscara. Yo, un tanto sorprendido, le dije:

—No señor, así no se come. Se le quita la cáscara.
—Ay hijo —contestó, casi sin distraerse—, ¡para el hambre que yo traigo!

Algo me quedó claro, fue que el hambre de ese hombre era tal que no se daría el 'lujo' de desperdiciar nada, ni la cáscara siquiera. La pobreza es algo no deseable y a lo que rehuimos de forma natural; sin embargo, la Biblia nos enseña dos aspectos importantes sobre la pobreza que debemos considerar:

1. Jesús dijo: *«A los pobres siempre los tendrán entre ustedes...»*. (Marcos 14:7a NBLH) Los esfuerzos por erradicar la pobreza nunca serán demasiados, los pobres no se eliminarán por decreto, ni será por alguna estrategia política o filosofía económica por la que la pobreza se convertirá en historia. El compromiso de ayudar a los más necesitados debe surgir de manera natural en un corazón sensible y agradecido con Dios.
2. Otro aspecto valioso en relación con la pobreza lo encontramos en el discurso más popular de Jesús de Nazaret, *Las Bienaventuranzas*. Él dijo: *«Bienaventurados los pobres en espíritu...»* (Mateo 5:3: RVR1960).

Estas palabras de Jesús trajeron a mi mente el recuerdo del indigente que conocí siendo un niño y del beneficio posterior de su saciedad. Comprendí entonces que es una bendición tener hambre y sed por la palabra y la presencia de Dios, al grado de no desperdiciar nada de lo que él tenga para mí.

Para reflexionar: Solemos evitar el sentirnos hambrientos, pero es necesario estarlo para entonces ser verdaderamente saciados.

Edgar Medina. Monterrey, México.

SEMANA 44 - DÍA 1

RESULTADOS DURADEROS

«Lo que al principio se adquiere fácilmente, al final no es motivo de alegría.»
PROVERBIOS 20:21 DHH

Lectura: Proverbios 20:21	El Nuevo Testamento en un año: 1 Timoteo 4:7-5:20

En una ocasión vi una ponencia en TEDX titulada *«Confía en todo aquello que sea difícil»*. Hubo una frase en particular del expositor que hizo resonancia en mí, que decía *«yo he tenido éxito entre tantos fracasos»*. Con esa frase el expositor expresaba que el éxito es un proceso largo, arduo y difícil, y que demanda disciplina, constancia y enfoque. Este proceso no está exento de fracasos y contratiempos en el camino. Lo cierto es que todo aquello que vale la pena cuesta un esfuerzo importante y requiere una buena dosis de paciencia y de perseverancia. Requiere intentar… persistir… sobreponerse al fracaso… volver a intentarlo. Requiere una mentalidad de proceso, y una perspectiva de largo plazo.

Por el contrario, según refiere Ying Shaowu, *«Todo lo que se precipita a la madurez probablemente perecerá pronto. Todo lo que se realiza con prisa será seguramente destruido con facilidad. Lo que se hace sin consideración de largo plazo y se termina apresuradamente carece de grandeza y de largo alcance».* Y agrega el propio Ying Shaowu: *«Un hermoso logro lleva mucho tiempo e implica, en definitiva, consideraciones de toda una vida».*

No se trata de adoptar recetas o soluciones – fórmulas prefabricadas - rápidas y fáciles (soluciones cosméticas) a los problemas personales, interpersonales u organizacionales. Es un proceso más que un acto. Los buenos resultados no ocurren de la noche a la mañana. El éxito, la madurez, el progreso, los logros duraderos se desarrollan diariamente, pero no en un día.

Para reflexionar: El desarrollo y los logros personales u organizacionales perdurables están casados con acciones de largo plazo.

Arnoldo Aran. *Valencia, Venezuela.*

Mis notas

_____

_____

_____

_____

SEMANA 44 - DÍA 2

La regla de oro en la gestión

«Así que, todas las cosas que queráis que los hombres hagan con vosotros, así también haced vosotros con ellos; porque esto es la ley y los profetas.»
MATEO 7:12 RVR1960

Lectura: Mateo 7:12	El Nuevo Testamento en un año: 1 Timoteo 5:21 - 2 Timoteo 1:5

En el mundo empresarial y profesional es más común ver en acción la mentalidad ojo por ojo y diente por diente, que la regla de oro. La regla de oro es aquella que dice «*Haz a los demás todo lo que quieras que te hagan a ti*»; o, lo implícito no le hagas a los demás lo que no te gustaría que te hicieran a ti. El asunto en la práctica empresarial sería preguntarse: ¿Cómo te gustaría que te tratara algún cliente al que se le despachó de más o se le cobró menos de lo que correspondía? ¿Quisieras ser advertido de algún empleado que no está siendo leal? ¿Te gustaría conseguirte siendo hurtado por alguno de tus trabajadores? o, ¿Cómo te gustaría que fuese la comunicación y el proceso de renuncia de un empleado? Pero realmente todo esto se torna hacia la autorreflexión: ¿Cómo trato yo a los clientes, proveedores, o empleados? ¿Estoy reflejando un trato adecuado y de honra? ¿Es obvia la regla de oro en mi gestión profesional y/o empresarial? En una oportunidad le dimos más tiempo del originalmente acordado a alguien para incorporarse a trabajar con nosotros, la razón era que en el otro sitio de trabajo (de dónde venía) aún no habían conseguido a alguien más para reemplazarle, y era de suma trascendencia su gestión. En el momento eso significaba dilatar nuestra urgente necesidad y satisfacer al otro empleador, o sencillamente presionar al empleado a cumplir el acuerdo de incorporarse a trabajar inmediatamente con nosotros. Sin embargo, pensé, ¿cómo me gustaría que me trataran si el caso fuese que algún trabajador mío estuviese yéndose a trabajar con alguien más? ¿Me gustaría que me avisaran con tiempo y que me dieran el tiempo necesario para buscar su reemplazo? Claro que sí, y afortunadamente así lo hicimos. Esto es un asunto que va más allá de lo que pueda estipular la ley, es incluso un asunto de sentido común, de aprecio básico, de convivencia esencial y de gentileza mínima para con alguna persona y/o sistema empresarial. Así funciona la regla de oro.

Para reflexionar: De la manera como trates sistemáticamente a los demás construirás la cultura con la que vivirás.

Jesús A. Sampedro Hidalgo. Valencia, Venezuela.

Mis notas

SEMANA 44 - DÍA 3

SIN VISIÓN NO HAY LIDERAZGO

«Donde no hay visión, el pueblo se desenfrena.»
PROVERBIOS 29:18A NBLH

Lectura: Proverbios 29:18a	El Nuevo Testamento en un año: 2 Timoteo 1:6-2:18

La visión es esencial para generar dirección, alineamiento y orden a la vida de las organizaciones, naciones y pueblos. La visión es también un factor fundamental en el ejercicio del liderazgo, al igual que en el ejercicio personal para el logro de metas y objetivos de vida. Sin visión no se puede enfocar un esfuerzo – acción, por carecer de una dirección en la qué encauzarse. La falta de visión desenfoca, desempodera; trae confusión y falta de orden. Pero cuando hay una visión compartida, hay sentido de dirección y orden; se genera además una orientación hacia los resultados, y se facilita el establecimiento de las prioridades. La visión se convierte para una persona, organización o nación en una brújula que orienta para desplazarse con confianza y convicción en el entorno donde las personas y las organizaciones se mueven.

Cuando no hay visión: objetivos, metas, sentido de dirección, hay mucha dispersión, desalineación y desenfoque. La palabra que usa el rey Salomón para expresar la falta de visión es desenfreno, la cual traduce literalmente *«soltar o dejar a solas»*, y transmite la idea de ausencia de dirección. La raíz de la palabra "desenfreno" evoca la soltura de amarras, el quedar a la deriva, andar sin control, no tener punto conector y/o alguien que queda solo, abandonado.

Para reflexionar: La visión es esencial para generar dirección, alineamiento y orden a la vida de las organizaciones, naciones y pueblos.

Arnoldo Arana. *Valencia, Venezuela.*

Mis notas

_____
_____
_____
_____
_____
_____
_____
_____

INICIATIVA... UNA ACTITUD PELIGROSA

«David dijo a Saúl: ¡Que nadie se desmoralice por su culpa! ¡Este siervo tuyo
irá a luchar contra ese filisteo!»
1 SAMUEL 17:32 BLPH

Lectura:	El Nuevo Testamento en un año:
1 Samuel 17:32	2 Timoteo 2:19-4:5

Estoy convencido de que la iniciativa es una gran herramienta que no se tiene por casualidad, se trata de una actitud que no todos realmente están dispuestos a desarrollar. La mayoría pensamos que tener iniciativa es algo rotundamente positivo —y lo es—, pero muchos han tenido amargas consecuencias tras haber puesto una idea novedosa, fresca y creativa sobre la mesa, en el trabajo o fuera de él. Estas son algunas de las razones por las que creo que las personas evitan tener iniciativa:

• **Iniciativa = Más carga de trabajo.** No es poco frecuente que generar una idea que parece interesante se traduce en un incremento de actividades para quien hizo la propuesta, aunque el beneficio sea para el resto del equipo.

• **Iniciativa = Mayor riesgo de conflicto.** Sé de muchos que se han involucrado en asuntos ajenos a su responsabilidad, por mera iniciativa personal, y eso les ha generado una serie de problemas innecesarios.

• **Iniciativa = Vivir fuera de la zona de comodidad.** Hacer sólo las cosas que se espera que hagamos resulta en una 'buena' forma de evadir el miedo a lo desconocido y evitar los desafíos que implica superar las expectativas de los demás.

Tener iniciativa, es bueno, pero no sencillo, se requiere valentía para aceptar mayor carga de trabajo, para encarar el conflicto con aquellos que prefieren vernos como inofensivos, y para vivir en el camino de lo extraordinario.

David —quien llegaría a ser el gran rey de Israel— vio la amenaza que el gigante filisteo Goliat representaba para su pueblo. Y sin que nadie lo esperara o siquiera lo viera posible, con gran valentía decidió hacer de aquel peligro su desafío personal, entonces declaró: *«Que no se desanime nadie por causa de ese filisteo; este siervo tuyo irá a pelear contra él.»* (1 Samuel 17:32 RVC).

Para reflexionar: Tener iniciativa es absolutamente poderoso cuando brota, con valor y carácter, de aquellos que aman grandemente a su familia, a su empresa, a su iglesia y a su pueblo, como para dejar que las cosas no sean como deban de ser.

Edgar Medina. Monterrey, México.

SEMANA 44 - DÍA 5

CONFIABILIDAD EN LA COMUNICACIÓN

«No salga de la boca de ustedes ninguna palabra mala (corrompida), sino sólo la que sea buena para edificación, según la necesidad del momento, para que imparta gracia a los que escuchan.»
EFESIOS 4:29 NBLH

Lectura: Efesios 4:29-32	El Nuevo Testamento en un año: 2 Timoteo 4:6-Tito 1:14

Es oportuno seguir algunas pautas para estar seguro de que nuestra comunicación sea sazonada de gracia a todos los que nos escuchan. Ante todo, hablar rectamente, diciendo la verdad para establecer nuestra credibilidad y transmitir a los miembros del equipo la confianza que permita que el proceso de comunicación sea lo más expedito posible. Que nuestras palabras sirvan para edificar en lugar de atacar y juzgar a los demás, procurando que cada palabra que sale de nuestra boca sea honesta, que estimule y sea un aporte para motivar a los miembros del equipo. Para lograr una comunicación más efectiva en nuestras relaciones personales es importante adquirir la habilidad de poder identificarnos con las otras personas con el fin de aumentar nuestra influencia sobre ellas. Hablar en términos iguales, siempre de ir al grano evitando dar rodeos, haciendo simple la parte más difícil de nuestra conversación, y ser coherentes en lo que pensamos, decimos y actuamos. Hay cuatro comportamientos que aunados al hablar honestamente producen un efecto multiplicador en nuestra credibilidad al comunicarnos con otras personas; estas son, demostrar respeto hacia nuestro interlocutor, transparencia en nuestras acciones, admitir nuestros errores oportunamente y ser leal, otorgando los créditos a quienes les corresponden.

Para reflexionar: *«No abandones nunca el amor y la verdad; llévalos contigo como un collar. Grábatelos en la mente»* (Proverbios 3:3 DHH)

Antonio SanClemente. *Bogotá, Colombia.*

Mis notas

_____

_____

_____

_____

_____

_____

_____

_____

TODOS NECESITAMOS UN "MULLIGAN" EN LA VIDA

«De modo que si alguno está en Cristo, nueva criatura (nueva creación) es; las cosas viejas pasaron, ahora han sido hechas nuevas.»
2 CORINTIOS 5:17 NBLH

Lectura:	El Nuevo Testamento en un año:
2 Corintios 5:17	Tito 1:15-3:14

En el juego del Golf existe un recurso muy codiciado por los golfistas, se llama el «*Mulligan*». Este consiste en que si un golfista da un mal golpe de salida, se le permite tomar un segundo golpe sin penalidad. El segundo golpe se llama un «*Mulligan*», y es una segunda oportunidad ante un mal tiro, un «*do-over*». Aunque en el juego oficial, profesional o de competencia no es legalmente permitido; el «mulligan» en el juego casual es muy común verlo. Por lo general, se da esa oportunidad sólo en el primer tee de salida o al inicio del primer hoyo. Aspectos como la presión grupal, la falta de práctica, la falta de calentamiento apropiado, entre otros aspectos, propenden a un mal tiro inicial, el cual usualmente afecta negativamente el ánimo y el resultado en el resto de la jornada (ya sea por desvío inconveniente o por penalidades). ¿A cuántos empresarios o profesionales no les gustaría tener un «*mulligan*» en su vida? Es decir, tener una segunda oportunidad luego de haber tomado una mala decisión en su carrera, en su familia, en las relaciones o en su gestión empresarial. ¿A cuántos no les gustaría poder «*empezar de nuevo*»?. Eso es precisamente lo que el Apóstol Pablo sugirió cuando dijo: «*De modo que si alguno está en Cristo, nueva criatura es; las cosas viejas pasaron; he aquí todas son hechas nuevas.*» (2 Corintios 5:17 NBLH). El Dios de la Biblia sabe nuestra condición y es un Dios de gracia, de cambios de escenarios, de mejores condiciones de vida y de nuevos comienzos. Él siempre tiene disponible una segunda oportunidad para todo aquel que la necesite y quiera relanzar su vida en Él. El «*mulligan*» sin duda cambia la perspectiva de juego, ya que mejora la actitud ante la vida e impacta positivamente nuestro score de vida e influencia.

Para reflexionar: El Dios de la Biblia conoce nuestros «*tiros errados*» (fallas o pecados), pero nos ofrece un «*Mulligan*» en Jesucristo (perdón y salvación).

Jesús A. Sampedro Hidalgo. *Valencia, Venezuela.*

Mis notas

-231

SEMANA 45 - DÍA 2

EL LÍDER QUE CAMINA CON VERDADERA SEGURIDAD

«Solo el que procede con justicia y habla con rectitud, el que rechaza la ganancia de la extorsión y se sacude las manos para no aceptar soborno, el que no presta oído a las conjuras de asesinato y cierra los ojos para no contemplar el mal.»
ISAÍAS 33:15 NVI

Lectura:	El Nuevo Testamento en un año:
Isaías 33:15-16	Tito 3:15-Hebreos 1:4

La inseguridad y la violencia, se han convertido en los invitados incómodos de muchas de nuestras conversaciones. El profeta Isaías presenta las características de quienes en medio de tiempos turbulentos —exactamente como los que vivimos— son capaces de vivir seguros; aquellos cuya *«Fortaleza de rocas será su lugar de refugio; se les dará su pan, y sus aguas serán seguras.»* (Isaías 33:16 RVR1960). ¿Cómo obtener tal clase de seguridad? La Biblia nos ofrece una clara guía:

1. Caminar en justicia: El primer paso rumbo a la fortaleza que nos mantendrá resguardados es dar pasos de justicia, pues el fruto de la justicia es la paz. Esa paz que hoy en día parece algo lejano, no es más que la consecuencia de los altos grados de injusticia que prevalecen en nuestras comunidades.

2. Hablar lo recto: Qué lamentable es lo mucho que retroalimentamos los temas relacionados con la inseguridad. Hemos dejado de lado el hablar vida, en vez de muerte. El hablar justicia, en vez de maldad. Pablo exhortaba a los cristianos de la ciudad de Éfeso a que no participaran en las obras infructuosas de las tinieblas, sino que más bien las reprendieran (Efesios 5:11). Si decidimos tocar el tema, es mejor hacerlo para abonar en otros la esperanza y seguridad que Dios ofrece a los que en él confían.

3. Aborrecer extorsión: Solemos pensar en la violencia o el estrés como algo muy nocivo por definición. La autora Hunt refiere a cuatro distintos niveles de estrés, y uno de ellos, llamado *«estrés luz verde»*, permite al individuo estar alerta para tomar decisiones correctas. De la misma manera, hay un nivel de violencia que requerimos para actuar con firmeza ante el embate que trae consigo la inseguridad que vivimos. Tres sinónimos de la palabra violencia son: pasión, fuerza e ímpetu; mismas cualidades que requerimos para combatirla.

Para reflexionar: Los grandes cambios que necesitan nuestras comunidades se sustentarán de los pequeños esfuerzos que están en nuestras manos.

Edgar Medina. Monterrey, México.

SEMANA 45 - DÍA 3

LA ÑAPA (LAGNIAPPE) EN LOS NEGOCIOS

«A Dios que, desplegando su poder sobre nosotros, es capaz de realizar todas las cosas incomparablemente mejor de cuanto pensamos o pedimos.»
EFESIOS 3:20 BLPH

Lectura: Efesios 3:20	El Nuevo Testamento en un año: Hebreos 1:5-3:3

En frente del parque Fernando Peñalver de Valencia (Venezuela) ha estado Jairo vendiendo jugos de naranja desde hace varios años. Desde muy temprano prepara diariamente todo para servir con excelencia a sus clientes. Pero Jairo y su equipo hacen algo inusual, siempre y a todo cliente les dan una «Ñapa», esperan a que la persona tome un poco y luego le sirven más jugo, sin costo extra. Wow! Pero Jairo, como muchos otros cristianos, entiende el valor de ser generoso, de bendecir y de dar a otros más allá de aquello por lo que pagan o merecen. La generosidad es una condición del corazón que implica desprendimiento y desapego a lo material, a sabiendas que eso traerá bendición en el largo plazo y que Dios, quien es generoso, se alegrará por eso. La generosidad puede expresarse de muchas formas, una de ellas es a través de «*Lagniappe*» o Ñapa. Es el extra o regalo que da un vendedor cuando se compra algo y se nos da un poco sin coste adicional. Es una palabra de origen francés «*lagniappe*» que significa precisamente «*dar algo más*». Los comerciantes franceses realizaban sus actividades en la época colonial, ofrecían «lagnieppe» y los nativos transformaron dicho vocablo francés en ñapa. Hay registros de la misma tradición en Nueva Orleáns, EEUU, y en otros sitios latinoamericanos (incluyendo Venezuela) con esta influencia francesa. Aunque la disposición de dar «*ñapa*» en los negocios parece contra-natura a los resultados económicos empresariales (por cuestiones de control, justicia y costos), y más aún en tiempos de crisis. Sin embargo, es una práctica coherente con la perspectiva bíblica que conviene incorporar en cualquier etapa de la vida de cualquier iniciativa empresarial/profesional. Cuando alguien hace de la «*ñapa*» parte de su estrategia, entonces está ejercitando su fe ya que es una práctica que trae beneficios a largo plazo, y actuando parecido al Dios de la Biblia, quien es bondadoso y siempre está en disposición «*para hacer todas las cosas mucho más abundantemente de lo que pedimos o entendemos*».(Efesios 3:20 RVR1960)

Para reflexionar: *«No nos cansemos de hacer el bien, porque a su debido tiempo cosecharemos si no nos damos por vencidos.»* (Gálatas 6:9 NVI).

Jesús A. Sampedro Hidalgo. *Valencia, Venezuela.*

Mis notas

_____

_____

SANTIDAD (OPCIONAL O NECESARIA)

«Traten de vivir en paz con todo el mundo y tengan una vida libre de pecado. El que no tenga una vida dedicada a Dios, no podrá ver al Señor.»
HEBREOS 12:14 PDT

Lectura: Hebreos 12:14	El Nuevo Testamento en un año: Hebreos 3:4-4:14

No sé en qué momento de la historia, vivir una vida santa se volvió una aspiración opcional, o una aspiración demasiado inalcanzable, como un triatlón digno de unos pocos y muy esforzados personajes, en vez de ser un estilo de vida saludable, en la que todos deseemos y aspiremos vivir.

Todo empieza por la distorsión de la palabra ¿Qué es ser santo? Tiene implicaciones morales y se refiere a la pureza y rectitud de Dios como también a aquello en Él que provoca asombro y temor reverencial, un status casi inalcanzable para humanos y exclusivo de algunos sacrificados.

Dios mismo es Santo, y sus hijos se espera tengan su carácter, por lo cual no debe ser una cualidad de algunos, sino una herencia del carácter de su padre, *«sino que así como Aquél que los llamó es Santo, así también sean ustedes santos en toda su manera de vivir.»* (1 Pedro 1:15 NBLH)

Santidad derivan de la raíz hebreo qadash y la raíz griega hag-. El significado básico de qadash es separación o apartar.

Es decir, todos sus hijos hemos sido llamados a tener un vida de pureza, alejada de la maldad *«Todo lo honesto, todo lo justo, todo lo puro, todo lo amable, todo lo que es de buen nombre; si hay virtud alguna digna de alabanza, en esto pensad.»* (Filipenses 4:8 RVR1960).

Nada más necesario en nuestro mundo actual que personas que voluntariamente decidan ser santos, en sus negocios, familias, relaciones. El mundo sería otro, y puede empezar ya.

Para reflexionar: La santidad, no es una meta, es el resultado de la presencia plena de Dios en tu vida.

Julio César Acuña, Quito, Ecuador.

SEMANA 45 - DÍA 5

GUARDIANES DE LAS COMPUERTAS DE LA SOCIEDAD

«Así que somos embajadores de Cristo, como si Dios los exhortara a ustedes por medio de nosotros: «En nombre de Cristo les rogamos que se reconcilien con Dios.»
2 CORINTIOS 5:20 NVI

Lectura:	El Nuevo Testamento en un año:
2 Corintios 5:20	Hebreos 4:15-6:15

L as ciudades son el punto de convergencia de la cultura, las artes, las costumbres y el legado intergeneracional. Ejercer posicionamiento intencional en las diversas esferas de la sociedad tiene una implicación estratégica en los asuntos del reino de Dios. En las áreas clave de la sociedad hay lo que pudiésemos llamar «*guardianes*», sean estos espiritualmente convenientes o no. Así como el canal de Panamá permite que grandes buques pasen de un lado del océano a otro, un guardián puede verse como una llave de paso en la sociedad, es un interventor de acceso (según la palabra en inglés gatekeeper), es una persona que controla el acceso a algo, por ejemplo, la puerta de una ciudad amurallada según se usaba en la antigüedad. Más recientemente el término ha adquirido un uso metafórico, referido a individuos que deciden si un determinado mensaje será distribuido a través de medios masivos, por intereses particulares o razones estratégicas. Los guardianes son una suerte de protectores o filtros informativos. En este sentido son los portadores o difusores de buenas nuevas, velan porque pase la información precisa, veraz y que genere bienestar. El apóstol Pablo habló de que los creyentes en Jesús han de saberse «*Embajadores de Cristo*». En el contexto de la sociedad y el liderazgo, embajadores al mercado que sean también atrevidos guardianes de las puertas de la ciudad para que las buenas nuevas pasen hacia sitios estratégicos. Qué valioso es cuando empresarios y profesionales un día logran ver el valor estratégico de su puesto de trabajo, y no lo abandonan, ni lo usan para propósitos de mal o satisfacer intereses egoístas, sino que lo usan para la gloria de Dios.

Para reflexionar: Bienaventurados aquellos que no cierran las compuertas estratégicas de su ciudad a la información salvadora y liberadora del evangelio de la gracia de Dios.

Jesús A. Sampedro Hidalgo. *Valencia, Venezuela.*

Mis notas

_____

_____

SEMANA 46 - DÍA 1

REMONTAR PARA ALCANZAR LA VICTORIA

«Él da fuerzas al cansado y extenuado, y vigor al débil»
ISAÍAS 40:29 NBV

Lectura: Isaías 40:28-31	El Nuevo Testamento en un año: Hebreos 6:16-7:26

Hay días que la suerte parece estar echada en contra nuestra. Días en que la lluvia de adversidades se desploma sobre nosotros. Hay días que parecen noches, y noches que parecen tristemente eternas.

Pero cada noche termina y cada lluvia deja un manto de vida. Cada herida deja un rastro de experiencia y sabiduría. La verdad es esta:

• Las derrotas nos ayudan a crecer. • Los tropiezos nos enseñan el camino. • Los miedos se esfuman. • Las burlas se acaban.

Cada líder debe de comprender que el reloj de la vida no se detiene y tarde o temprano llega el momento de REMONTAR.

Remontar no sólo es superar algún obstáculo o dificultad, es dejarlos atrás como evidencia de hasta dónde somos capaces de llegar. Es tomar los remos del desafío, aunque se nos vaya la vida en ello.

Remontar es la capacidad de los más fuertes, de los más firmes… de los más nobles. De aquellos que dejan todo rastro de cobardía en el cesto de basura cada mañana. Remontar es poner nuevas suelas al calzado y volver al campo de batalla con el alma plenamente restaurada.

Remontar no es sólo subir, es permanecer subiendo… aunque duela, aunque se sufra, aunque se llore. Remontar es refugiarse en los montes, ascender a las alturas, abrigarse de nubes y codearse con águilas en la cumbre. *«En cambio, los que confían en el Señor encontrarán nuevas fuerzas; volarán alto, como con alas de águila. Correrán y no se cansarán; caminarán y no desmayarán».* (Isaías 40:31 NTV)

Para reflexionar: Remontar no sólo es levantarse, es ascender por el aire, dejando atrás derrotas, tropiezos, miedos y burlas. Remontar no es una alternativa. Es la VIDA.

Edgar Medina. *Monterrey, México.*

SEMANA 46 - DÍA 2

JESÚS, ¿COACH? (PARTE I)

«Y aconteció que tres días después le hallaron en el templo, sentado en medio de los doctores de la ley, oyéndoles y preguntándoles.»
LUCAS 2:47 RVR1960

Lectura:	El Nuevo Testamento en un año:
Lucas 2:46-47	Hebreos 7:27-9:16

Jesús dejó trazos significativos en la forma en cómo conversó y empoderó a sus discípulos, que permiten conectar con lo que se ha llegado a conocer hoy como coaching. Si bien, vivió en la era del imperio romano, período histórico altamente influenciado por la cultura y filosofía griega. Jesús sostuvo una serie de diálogos que denotan conexiones con dos elementos clave (entre otros) del coaching: la capacidad de escucha activa y la formulación de preguntas poderosas. Él usó ambas con poder para facilitar la toma de consciencia en los interlocutores sobre asuntos de gran significado espiritual. A la temprana edad de 12 años, Jesús fue encontrado conversando y sentado en medio de los doctores de la ley, y lo que más significativo resulta es que según el relato bíblico estaba *«oyéndoles y preguntándoles»* (Lucas 2:46 RVR1960). No estaba hablando, ni aconsejándoles, ni mostrando cuanto sabía; sólo estaba oyéndoles atentamente y preguntándoles. Concluye la porción refiriendo, *«Y todos los que le oían, se maravillaban de su inteligencia y de sus respuestas.»* (Lucas 2:46 RVR1960).

El mismo Jesús, años más tarde abordaba con sabiduría muchos asuntos, especialmente con sus discípulos a través de preguntas. En vez de llegar al conocimiento desde la impartición del mismo, muchas veces usó preguntas con la idea de iniciar el diálogo desde donde ellos estaban en términos de conciencia y comenzar a construir desde allí su punto. Por ejemplo, en una ocasión preguntó a sus discípulos: *«¿Quién dice la gente que soy yo?»*, y luego de escuchar sus respuestas les preguntó, *«Y ustedes, ¿quién dicen que soy yo?»* (Mateo 16:13 NBLH). Jesús evidenció así su preferencia por escuchar atentamente e indagar vía preguntas poderosas antes que solo impartir conocimiento, atributos de un gran coach.

Para reflexionar: Jesús aún está vivo y disponible para hacerte preguntas poderosas y escucharte, ¿te interesa?

Jesús A. Sampedro Hidalgo. Valencia, Venezuela.

Mis notas

JESÚS, ¿COACH? (PARTE II)
LIDERAZGO INTEGRAL

«Y que el mismo Dios de paz los santifique por completo; y que todo su ser, espíritu, alma y cuerpo, sea preservado irreprensible para la venida de nuestro Señor Jesucristo.»
1 TESALONICENSES 5:23 NBLH

Lectura: 1 Tesalonicenses 5:23	El Nuevo Testamento en un año: Hebreos 9:17-10:18

El entorno del mundo empresarial y profesional de hoy es conocido como VICAH (Volátil, Incierto, Complejo, Ambiguo e Híper-conectado). En un ambiente así es complicado sostener vidas en coherencia y con sentido de significado, conversaciones significativas, equipos enfocados y seguimiento efectivo en la gestión. Aunque el mundo de hoy tiene muchos líderes, un gran número de ellos se derrumban a la larga por no estar preparados para ser líderes integralmente exitosos. Son excelentes líderes en el mundo empresarial o profesional, más su caída no demora porque usualmente descuidan otros aspectos tan importantes para el éxito total, tales como el cuidado en su relación de pareja, en el desarrollo y educación de sus hijos, en su vida social, en su salud personal y por último (y quizás más importante que todos los demás) en su vida espiritual. Un coach efectivo facilita comprensión del diseño, la afinación y la sostenibilidad de todas las partes en coherencia en la vida de un líder, aun en circunstancias extremas. Procura que las aspiraciones, metas y sueños de la persona que recibe coaching estén en óptima alineación con su propósito y con su ecosistema de vida. En este sentido, considerar a Jesús como coach es conveniente no solo por su modelaje como un líder integral (Vivió la vida más ejemplar que ser alguno haya podido vivir); sino también por la forma en cómo Jesús conversó con sus seguidores la cual demostró su interés en todas las áreas de la vida de la persona. Jesús se interesó en contrastar entre lo existencial y lo trascendental al preguntar: «*¿De qué le sirve a un hombre ganar el mundo entero y perder su alma?*» (Marcos 8:36 NBLH). Pero también se interesó en las otras dimensiones relevantes como emocionales, físicas, familiares, sociales, entre otras. Siempre mantuvo interés, como todo buen coach, en la coherencia humana sostenida entre espíritu, alma y cuerpo.

Para reflexionar:¿Cuan integral es tu liderazgo? ¿Y si Jesús te hace coaching?

Jesús A. Sampedro Hidalgo. Valencia, Venezuela.

Mis notas

_____

_____

SEMANA 46 - DÍA 4

EDIFICANDO LA VIDA INTERIOR (PARTE I)

«Con toda diligencia guarda tu corazón, Porque de él brotan
los manantialesde la vida.»
PROVERBIOS 4:23 NBLH

Lectura:	El Nuevo Testamento en un año:
Proverbios 4:23	Hebreos 10:19-11:10

■ De dónde procede nuestro poder y fortaleza personal para vencer los retos y
¿ desafíos con que la realidad nos confronta? ¿Qué es lo que energiza nuestra
vida personal? El rey Salomón dice que la energía, fortaleza y poder provienen
del corazón, vale decir, del alma del hombre: su carácter. Lo que hay en el corazón:
emociones, pensamientos y voluntad, determina el carácter de la persona. Y el carácter es el centro del desarrollo del ser humano. Hemos dicho que el carácter determina
la integridad, la entereza, la fuerza y la competencia de una persona. Así todo lo
que ocurre externamente: comportamientos, palabras, hábitos y expresión emocional
obedecen a lo que hay en el carácter de la persona. El carácter representa la raíz que
alimenta la vida del hombre.

¿Dónde hallar la fuente de nuestro poder personal?
Si queremos energizar nuestra vida, necesitamos, entonces, retornar / conectarnos
con nuestro carácter y con las raíces espirituales que lo alimentan. Al respecto comenta el Dr. Ron Jenson: *«Nos urge efectuar un retorno a las raíces espirituales y
a centrarnos en el carácter. Estas son las verdaderas bases para el auténtico poder
personal. Lo que cuenta es quién es usted en lo más íntimo de su ser, en lo más profundo de su fe, en su fortaleza espiritual. Esa es la verdadera fuente de su auténtico
poder personal».*

Sin embargo, el hombre de hoy está más enfocado en hacer - tener cosas que en
cultivar el ser. Las personas son movidas, mayormente, por el hacer y el tener que por
el ser. Han invertido el orden de las prioridades en su vida. El hombre busca ser a través de hacer y obtener cosas, enfocándose con una perspectiva desde *«afuera hacia
adentro»*, más que llegar a ser a través del cultivo de la vida interior, enfocándose con
una visión de *«adentro hacia fuera»*. No son el talento, ni el carisma, ni la inteligencia,
ni el conocimiento, los factores que más definen al líder, sino su carácter.

Para reflexionar: El carácter es el factor más decisivo para el desarrollo y crecimiento
del liderazgo.

Arnoldo Arana. *Valencia – Venezuela.*

SEMANA 46 - DÍA 5

EDIFICANDO LA VIDA INTERIOR (PARTE II)

«Con toda diligencia guarda tu corazón,
Porque de él brotan los manantiales de la vida.»
PROVERBIOS 4:23 LBLA

Lectura:	El Nuevo Testamento en un año:
Proverbios 4:23	Hebreos 11:11-12:1

L a raíz es el medio por el que una planta puede obtener del suelo los nutrientes y el agua que necesita para alimentarse, crecer y fructificar. El fruto del árbol (calidad, pureza) es determinado por la raíz. Y el comportamiento y las actitudes del hombre son determinados por su carácter. Si comparamos la vida del hombre con la de un árbol, diremos que lo que es la raíz (fuente de sustento y estabilidad) al árbol, lo es el carácter (identidad propia, conciencia de sí mismo, valores, emociones, voluntad) al hombre.

Stephen K. McDowell y otros autores llaman a esta relación *«el principio del poder y la forma».* *«Lo externo es determinado por lo interno. Todas las formas externas o estructuras provienen de algún poder interno».* El poder que es interno, precede a la forma, que es externa, y no al revés. El hombre es reflejo de este principio. Así en el hombre su fuerza y poder interior fluye de su carácter, y éste a su vez se nutre de su vida espiritual. Ron Jenson lo resume con claridad: *«Su carácter es la raíz de tal fuerza y su espiritualidad es lo que le da vida a la raíz».* Este es un principio esencial en la vida del hombre, que genera poder personal, fuerza y virtud de carácter, éxito integral, sentido de identidad y propósito, esperanza y satisfacción por la vida; o, por el contrario, aburrimiento, desencanto y hastío por la vida, vacío existencial, fatalismo, dificultad para lidiar con la cotidianidad de la vida, desesperanza y escepticismo.

Sin integridad, enteridad y coherencia de carácter, las habilidades, la inteligencia y la educación se hacen insuficientes para liderar con éxito una organización y lidiar con las demandas de la realidad.

Para reflexionar: *«Sobre todas las cosas cuida tu corazón, porque este determina el rumbo de tu vida.»* (Proverbios 4:23 NTV).

Arnoldo Arana. *Valencia, Venezuela.*

Mis notas

_____

_____

SEMANA 47 - DÍA 1

CURADOR DE AUTOS Y DE ALMAS

«¡Escúchenme todos los que aman la justicia y buscan al SEÑOR! Tengan en cuenta la cantera de que fueron sacados, la roca de donde fueron labrados.»
ISAÍAS 51:1 NBV

Lectura: Isaías 51:1	El Nuevo Testamento en un año: Hebreos 12:2-13:3

Mantener automóviles que envejecen hasta que lleguen a convertirse en autos de colección es un arte. Este arte implica cuidado, trabajo duro, disciplina, inversión de recursos e intencionalidad a lo largo del camino. Eso es exactamente lo que ha hecho mi padre con varios automóviles. Recuerdo que quizás uno de los días en los que he visto emocionalmente afectado a mi padre fue cuando tuvo que vender, luego de años de cuidado, su querido «*Caprice Classic*». El vio como un extraño se lo llevó para nunca más verlo, pero por el aprecio que le tenía y el tiempo invertido. Mi padre es lo que se puede llamar un curador de autos. Él sabe cómo cuidar apropiadamente un vehículo, no solo para que luzca bien, sino también para que sea de utilidad en todo su esplendor. Un curador es alguien que cree en el potencial de algo, contra todo pronóstico y se dedica a sacar lo mejor de eso en lo que se enfoca y dedica. Todo ese arte mi padre también lo ha invertido en ser un «curador de almas». Ha visto potencial en personas donde nadie más lo ve, ha envisionado en seres humanos «hermosas esculturas» hechas de «*piedras duras*». Se ha dedicado en todo momento a hablarles de Jesucristo a las personas en su espectro de influencia empresarial y profesional, y luego ha mostrado pasión por darles seguimiento hasta que den fruto o logren verse «*integralmente bonitos*» (así como los vehículos). Qué bueno es poder ser parte de este ciclo que se multiplica, donde sólo aquellos que hemos experimentado lo incómodo de la gracia de manos de un curador de almas, podemos desarrollar pasión para pasarlo también a las nuevas generaciones.

Para reflexionar: Ser un curador de almas es otra forma de ver lo que significa ser un discipulador.

Jesús A. Sampedro Hidalgo. *Valencia, Venezuela.*

Mis notas

_____

_____

_____

_____

SEMANA 47 - DÍA 2

LA FE SALVA

«Las buenas noticias nos muestran la manera en que Dios nos acepta: por la fe, de principio a fin. Como está escrito en el Antiguo Testamento: «El que es justo, lo es por creer en Dios»
ROMANOS 1:17 NBV

Lectura:	El Nuevo Testamento en un año:
Romanos 1:17	Hebreos 13:4-Santiago 1:8

Ingrid Betancourt, la ex-candidata a la presidencia de Colombia, fue secuestrada por la guerrilla durante seis años, que parecieron una eternidad en medio de ese ambiente de injusticia, abuso, crueldad, lluvia, insectos, alacranes, culebras y demás animales, *«que no hacían tanto daño como los seres humanos, sus captores»* según Ingrid.

Las grandes pruebas, dejan grandes aprendizajes de vida, Ingrid resume tres grandes enseñanzas:

1. Vivir bajo principios. Al inicio de su captura, que fue dramática y violenta, y al ser denigrada como mujer, nació en ella un odio tan fuerte que le nublaba la razón, y se convirtió de a poco en su principal enemigo porque le estaba consumiendo su propia vida. Repentinamente se dio cuenta que era igual que sus captores, llena de odio y venganza, y que si quería vivir, tenía que ser fiel a sus principios, que aún encadenada a un árbol, todavía tenía suficiente libertad para decidir quien quería ser. Ingrid se dio cuenta que en medio del pánico, si iba a los principios actuaba acertadamente. Sólo viviendo bajo principios podía ser libre.

2. La guerrilla tenía planificado quebrar emocionalmente a cada uno y la necesidad humana de los cautivos de unirse, por eso difundía rencor, envidia, chismes. Ingrid se dio cuenta que debía preservar la unidad para sobrevivir. Unidad es lo que sostiene al débil y da sentido al fuerte.

3. Aprender a desarrollar la fe: Uno de sus compañeros secuestrados, planificando su fuga, consultó a Ingrid (master en fugas) *«Si estoy en la selva dando vueltas y vueltas y no encuentro la salida ¿qué hago?»* ella le dijo *«toma un teléfono y llamas al de arriba»* él contestó, *«tú sabes que no creo en Dios»*, Ingrid contestó, *«A Dios no le importa, igual te va a ayudar»*.

Diecisiete días después, por televisión, Pincho dio su declaración en radio, «Ingrid hice lo que me dijiste, llamé al de arriba y me salvó.» Así como el temor es contagioso, la fe también lo es.

Para reflexionar: ¿Tu temor es contagioso o tu fe es contagiosa?

Julio César Acuña, Quito, Ecuador.

SEMANA 47 - DÍA 3

Fe operacionalizada

«Hermanos míos, ¿De qué le sirve a uno alegar que tiene fe, si no tiene obras?
¿Acaso podrá salvarlo esa fe?»
SANTIAGO: 2:14 NVI

Lectura: Santiago: 2:14-26	El Nuevo Testamento en un año: Santiago 1:9-2:12

La fe ha de ser operacionalizada, traducida en acción o en hechos demostrativos. Alguien que ejerce su profesión u oficio desde una cosmovisión bíblica, o alguna entidad organizacional que esté dirigida o gestionada por cristianos; puede ser el más poderoso y contundente ente de demostración de que Dios existe, está activo e interesado en relacionarse con el mundo hoy. Todo el que dice ser cristiano en el mercado ha de buscar en Dios mecanismos prácticos y concretos de aplicación de los principios contenidos en la Biblia y de los aprendizajes espirituales ganados. No se trata de forzar las obras, sino de confiar en que ellas serán el fruto de una fe viva. Las obras son el resultado del efecto movilizante que se genera al juntar la palabra de Dios y el Espíritu de Dios en el corazón dispuesto del creyente. Esa mezcla usualmente produce en el creyente un estado de convicción interna que le impulsa a dejar de hacer cosas, a hacer cosas de manera diferente, o a hacer nuevas cosas. Aunque los profesionales y empresarios cristianos no sean perfectos, en Cristo siempre tienen espacio y recursos espirituales disponibles para mejorar su ejecución, su *«Promedio al Bate»* como líderes o su *«Gol-Average»* empresarial. Las instrucciones que consigue el creyente (surgidas de su intimidad con Dios) pueden impactarle personalmente y llegar a alterar de forma real ciertas prácticas organizacionales tales como: modificar criterios salariales, vocabulario y tono conversacional, trato con empleados, beneficios a clientes, política de precios, criterio de pago a proveedores, entre otros. Estas prácticas tienen un efecto en la cultura organizacional, pueden transformar a una industria, e incluso a una nación entera. Un empresario que operacionaliza su fe es aquel que es obediente al Señor, y hace sin demora lo que entiende debe hacer en su esfera y espectro de influencia.

Para reflexionar: De la intimidad con Dios sale inspiración y guía para las verdaderas «mejores prácticas» organizacionales.

Jesús A. Sampedro. Valencia, Venezuela.

Mis notas

_____

_____

SEMANA 47 - DÍA 4

LA VERDADERA PAZ

«La paz les dejo, Mi paz les doy; no se la doy a ustedes como el mundo la da. No se turbe su corazón ni tenga miedo»
JUAN 14:27 NBLH

Lectura:	El Nuevo Testamento en un año:
Juan 14:27	Santiago 2:13-3:16

La verdadera paz no es la paz que tiene que ver con la ausencia de conflictos o el juego favorable de las circunstancias; esa es la paz como el mundo la da, pero Jesús dice *«no se la doy como el mundo la da»*. La verdadera paz proviene de una correcta relación con Dios, quien es la fuente de la paz.

La paz que Dios da, nos permite vivir en calma, sosiego y tranquilidad aun en medio de conflictos y problemas. Esta paz no está condicionada por el juego favorable de las circunstancias, por lo que se puede andar en paz en medio de tribulación y problemas, si se camina con Dios. La paz no es un signo que caracterice nuestro tiempo. El mundo no ofrece verdadera paz. Esa paz verdadera sólo proviene de Dios, y sólo quien ha arreglado sus cuentas con Dios y le tiene en su corazón, y anda en comunión con Él, puede experimentarla; y sólo quien tiene paz puede ofrecerla.

La paz de Dios se traduce en un estado mental de serenidad y quietud; de optimismo a pesar de los escenarios difíciles. Esta paz se traduce también en gratitud y armonía en las relaciones.

Somos llamados a estar en paz con los demás en lo que respecta a la parte que nos compete a nosotros en una relación (iglesia, familia, trabajo, comunidad, etc.). *«Si es posible, en cuanto de ustedes dependa, estén en paz con todos los hombres.»* (Romanos 12:18 NBLH).

Partiendo de la esperanza y la vivencia de paz que trae Dios a nuestro corazón, necesitamos convertirnos en agentes de paz y reconciliación, en nuestros matrimonios, familias, iglesias, comunidades y naciones. Esa es una bienaventuranza a la que todos necesitamos aspirar, tal como lo expresó Jesús: *«Dichosos los que trabajan por la paz, porque serán llamados hijos de Dios»* (Mateo 5:9 NVI).

Para reflexionar: La paz de Dios nos capacita para vivir con serenidad y para centrarnos en la vida en nuestro presente, y vislumbrar un futuro esperanzador.

Arnoldo Arana. *Valencia, Venezuela.*

FRASES DE EGOÍSMO EN EL MERCADO

«Que nadie busque su provecho personal, sino el beneficio de los demás.»
1 CORINTIOS 10:24 PDT

Lectura:	El Nuevo Testamento en un año:
1 Corintios 10:24	Santiago 3:17-5:12

La Biblia apunta a que el ser humano es egoísta por naturaleza, pero también resalta que puede ser transformado. En nuestro argot latinoamericano hay muchos términos y frases que describen el egoísmo en el mundo profesional y de negocios. En derecho se habla de contratos *«leoninos»* a aquellos en que se pacta que todas las ganancias sean para uno o algunos de los socios y todas las pérdidas para los demás. En México está la frase *«Tu pura carne pa' tus tacos»*, refiriendo a que alguien se queda con la mejor parte de algo y deja a los demás por fuera. En esencia el egoísmo implica enfocarse tanto en los intereses propios que no se le añade valor a los demás, y muchas veces incluso se extrae valor de ellos, que es aún peor. Ante momentos de crisis económicas las personas y las empresas tienden a enfocarse en sí mismo y en su propio beneficio; a tal punto, que muchas veces tienden a menospreciar a aquellos a su alrededor que quizás estén en una condición menos ventajosa o más crítica. Cuando alguien es egoísta, sin darse cuenta, como dirían en República Dominicana está *«barriendo pa' dentro»*; es decir, la persona está actuando para su propio bien, sólo tiene en cuenta sus intereses personales. Sin embargo, a la larga, da la impresión de alguien que se echa a sí mismo el sucio que debería estar sacando. El egoísmo realmente erosiona el alma, y debilita las relaciones. Pero el egoísmo tiene antídoto. El apóstol Pablo exhorta a que *«Ninguno busque su propio bien, sino el del otro»* (1 Corintios 10:24 RVR1960), lo cual más que un esfuerzo contra-natura, realmente es un acto subsecuente de una relación personal con Dios. Cuando el evangelio de la gracia de Jesucristo alcanza a una persona en el mercado, su poder regenerador puede hacer que un egocéntrico profesional o empresario se convierta en un desprendido servidor de otros en nombre de Cristo.

Para reflexionar: La madurez espiritual del cristiano, en lo horizontal, implica gravitar progresivamente de servir al ego a servir a otros.

Jesús A. Sampedro. *Valencia, Venezuela.*

Mis notas

_____
_____
_____

SEMANA 48 - DÍA 1

¡IDEAS QUE DAN DINERO!

«Acuérdate del Señor tu Dios. Él es quien te da las fuerzas para obtener riquezas, a fin de cumplir el pacto que les confirmó a tus antepasados mediante un juramento»
DEUTERONOMIO 8:18 NTV

Lectura: Deuteronomio 8:11-18	El Nuevo Testamento en un año: Santiago 5:13 - 1 Pedro 1:23

Hay quien piensa que los negocios exitosos comienzan por tener ideas brillantes que dan grandes ganancias, pasan largos períodos de tiempo tratando de ver quién tiene buenas ideas, tratando de descubrir el hilo negro de los negocios.

Debemos reconocer que si bien es cierto que es necesario sentarnos y desarrollar un plan de acción y seguirlo, siempre habrá acontecimientos inesperados que harán que el negocio prospere o sea frenado, estos acontecimientos se le llama los imponderables, pues aparecen sin previo aviso y por lo tanto no se pueden medir, el único que tiene control de ellos es Dios y nadie más. Por esta razón puedes tener una excelente idea y no prosperar en tus negocios, o caso contrario, pésimas ideas y tener éxito, ¿entonces dónde está el secreto del éxito para los negocios? Pues le diré que no existe secreto alguno y por supuesto no hay receta o fórmula de éxito, lo que sí le puedo asegurar es: que hay principios bíblicos que se deben respetar para que Dios respalde mi trabajo e inversión.

El primero de estos fundamentos es que siempre debemos tener presente que es Dios quien me da la capacidad para generar dinero, no es mi sagacidad, inteligencia, elocuencia, o mi idea lo que ha generado o está generando riquezas en la empresa, es más bien el cumplimiento de Su promesa divina.

Para reflexionar: Nunca te subas al pedestal de las riquezas sin considerar al Único que la puede sostener, pues si no lo consideras empezará tu caída.

José C. Castillo Valdez. Monterrey, México.

Mis notas

_____
_____
_____
_____
_____
_____

EL FRUTO QUE SATISFACE

«Cada uno recoge el fruto de lo que dice y recibe el pago de lo que hace.»
PROVERBIOS 12:14 DHH

Lectura: Proverbios 12:14	El Nuevo Testamento en un año: 1 Pedro 1:24 -3:4

Se cosecha de lo que se dice y de lo que se hace. Los actos tanto como las palabras generan consecuencias positivas o negativas. Las palabras sabias producen muchos beneficios *«la lengua del sabio hace grato el conocimiento»* (Proverbios 15:2 NBLH), y el arduo trabajo trae recompensas. Por el contrario, las palabras sin entendimiento traen problemas *«la boca del necio es su ruina, y sus labios una trampa para su alma»* (Proverbios 18:7 NBLH) y las acciones incorrectas traen consecuencias negativas.

Así como las leyes físicas gobiernan el universo físico, los principios universales (ejemplo: justicia, verdad, integridad, laboriosidad, entre otros) gobiernan la existencia y el quehacer humano. Si estas leyes son transgredidas se producen resultados negativos inevitables; si son cumplidas se producen resultados positivos. Los principios son verdades imperecederas, legitimadas en su efectividad por la propia historia del hombre.

Cosechamos lo que sembramos

Un dicho popular dice: *«quien siembra vientos, cosecha tempestades»*. Hay una relación directa entre lo que sembramos y lo que cosechamos. No podemos esperar cosechar manzanas si sembramos mandarinas; se cosecha lo que se siembra. Cada semilla se reproduce a sí misma. Así por ejemplo, en la vida personal, si sembramos diligencia, trabajo esforzado y responsabilidad, cosecharemos buenos resultados profesionales y financieros; pero si somos negligentes y perezosos, cosecharemos pobres resultados. Igualmente si sembramos injusticias y malas actitudes, no esperemos agradecimiento y amistad de las personas. Cada persona recoge un fruto que, positivo o negativo, constituye una recompensa a la forma como se desempeña.

Para reflexionar: ¿Qué tipo de semilla ha elegido para sembrar?

Arnoldo Arana. *Valencia, Venezuela.*

Mis notas

_____

_____

SEMANA 48 - DÍA 3

FE PRESTADA

«Vinieron y le trajeron a un paralítico cargado por cuatro hombres.»
MARCOS 2:3 PDT

Lectura: Marcos 2:1-12	El Nuevo Testamento en un año: 1 Pedro 3:5-4:12

■ Alguna vez has ayudado a alguien cuya fe estaba prácticamente en cero? ¿Alguna vez has estado con tu fe en cero y has tenido que ser ayudado? Varios estudios afirman que a los empresarios y profesionales *«exitosos»* les cuesta pedir ayuda, aunque la necesiten desesperadamente. El orgullo, la ambición de prestigio, y la arrogancia hacen que muchos empresarios no reconozcan que necesitan ayuda en algún área o momento de vida. En otros casos, la falta de tener a alguien de confianza a quien acudir o el miedo de hacerlo, pueden evitar también que vaya a buscar ayuda. En tiempos de crisis, de dificultades, es preciso recordar el proverbio africano que dice: *«Si quieres ir rápido ve solo, si quieres ir lejos ve acompañado»*. Es precisamente en esos momentos cuando más se precisa usar los vínculos de fe con otros empresarios y profesionales; pero es paradójicamente cuando menos se echa mano de ese recurso. En una ocasión entre cuatro hombres llevaron a un paralítico a Jesús, con la expectativa de que Jesús hiciera algo para sanarle. Ante la multitud presente, estos cuatro fantásticos amigos tuvieron que actuar creativa y osadamente por su amigo, abrieron un hoyo en el techo para tan solo llevarle delante de Jesús. Es interesante ver que fue la fe de ellos lo que Jesús vio (v.5). Ellos prestaron su fe a su amigo para que fuese sanado, y le llevaron adonde él mismo no podía ir (aunque quisiera). Qué bueno que no parece haberse resistido, solo aceptó ser llevado por sus amigos ante Jesús y eso activó un milagro de sanidad. Cuando tienes una situación personal, familiar o profesional de la que no pareces poder salir solo, siempre es valioso contar con amigos que te lleven a Jesús, quien sí puede intervenir positivamente en tu vida.

Para reflexionar: Ante cualquier condición de dificultad necesitas amistades que te presten su fe y te lleven a Jesús.

Jesús A. Sampedro Hidalgo. *Valencia, Venezuela.*

Mis notas

_____
_____
_____
_____
_____

SEMANA 48 - DÍA 4

SÉ AGRADECIDO

*«Dad gracias en todo, porque esta es la voluntad de Dios
para vosotros en Cristo Jesús»*
TESALONICENSES 5:18 LBLA

Lectura: 1 Tesalonicenses 5:18	El Nuevo Testamento en un año: 1 Pedro 4:13 - 2 Pedro 1:10

*L*as personas agradecidas viven más», ¿qué hay de cierto en eso? ¡Mucho! Así lo sostienen varias investigaciones médicas. El agradecimiento tiene un increíble poder curativo que afecta tanto cuerpo, alma y espíritu.

Ahora bien, ser agradecido es para algunos algo normal, mientras que para otros es una cuestión en la que tienen que trabajar. Sea lo uno o lo otro vale la pena cultivar este hábito pues las personas agradecidas atraen hacia sí personas agradecidas, por lo demás, el agradecimiento echa fuera la queja, la amargura, el enojo, el temor. Así entonces si quieres un año realmente diferente esta es la consigna: ¡Sé agradecido!

¿Quieres saber cuáles son los beneficios de ser una persona agradecida? Aquí van:

1. Te hace más feliz.
2. Esparces bendición a los que te rodean.
3. Fortalece relaciones.
4. Desarrolla una actitud positiva hacia la vida.
5. Te hace consciente de los pequeños detalles.

(1 Tesalonicenses 5:18; Efesios 5:20; Salmo 118:1; Habacuc 3:17-18)

¿Qué tan agradecido eres? Una cosa es decir *«gracias»* como un gesto de amabilidad o buenos modales y otra muy distinta es dar gracias de corazón, con sinceridad.

Para reflexionar: Debemos cultivar el hábito del agradecimiento porque esa es la voluntad de Dios para sus hijos.

Gabriel Gil. Santiago, Chile.

Mis notas

_____
_____
_____
_____

SEMANA 48 - DÍA 5

GENEROSIDAD INTENCIONAL

«Más bien, dejen caer algunas espigas de los manojos para que ella las recoja,
¡y no la reprendan!»
RUT 2:16 NVI

Lectura:	El Nuevo Testamento en un año:
Rut 2:15-17	2 Pedro 1:11-2:20

Todo empresario o profesional cristiano, en esencia, tiene al menos cuatro asignaciones centrales: dar a conocer su fe, trabajar con excelencia, generar transformación en su industria y ser generoso. Si bien todas las asignaciones son de gran relevancia, referiremos a la generosidad. La generosidad es quizás el área más malinterpretada, debatida y desaprovechada por cualquier gestión en cristiandad. La generosidad ha de ser explorada bíblicamente, examinada en su contexto cultural, y aprovechada para confrontar paradigmas ancestrales nocivos de gestión personal y empresarial. La expectativa se inicia al saber que Dios bendice a alguna persona con prosperidad económica por encima del promedio en su desempeño profesional o empresarial. Como consecuencia surgen preguntas como: ¿Para qué bendice Dios a alguien con productividad y riqueza monetaria? ¿Para sí mismo o para que dé a otros? ¿Con cuánto ha de quedarse y cuanto ha de dar? ¿Tiene acaso una obligación de dar a Dios y/o a otros de esa riqueza? Veamos el ejemplo de Booz, un empresario del sector agrícola referido en el Antiguo Testamento, quien expresó generosidad voluntaria a una extranjera demostrando a través de eso su filosofía empresarial. Es posible ver como Booz decidió dejar (a consciencia) que una trabajadora voluntaria extranjera tomara del residuo intencional o de lo que *«dejaban caer a propósito»* los colaboradores de Booz. Si bien las *«mejores prácticas empresariales»* acusarían a Booz de despilfarrador, he aquí más bien un líder empresarial que planificaba la generosidad, instruía a sus colaboradores al respecto y generaba provisión de bendición para esta mujer con actitud laboriosa y humilde. Booz de esa forma se labró una cadencia de bendición de parte de Dios en su vida.

Para reflexionar: ¿Eres generoso? ¿Por iniciativa propia o por solicitud ajena? ¿Esporádica o sistemáticamente?

Jesús A. Sampedro Hidalgo. *Valencia, Venezuela.*

Mis notas

_____

_____

_____

SEMANA 49 - DÍA 1

CORREGIR ES INSTRUIR

«Para aprender, hay que amar la disciplina; es tonto despreciar la corrección.»
PROVERBIOS 12:1 NTV

Lectura: Proverbios 12:1	El Nuevo Testamento en un año: 2 Pedro 2:21-1 Juan 1:10

C orregir es instruir y no sólo castigar y penalizar. La palabra instrucción implica disciplina, enseñanza e instrucción. Apunta al todo el proceso disciplinario-educativo con miras a generar información-formación-transformación. Busca generar cambios positivos en las personas; es decir, que las personas maduren, crezcan, rectifiquen y mejoren sus comportamientos, que se aparten de los malos caminos. El sabio Salomón nos anima a ser sabios y prontos en aceptar la represión, y en brindarla a aquellos que amamos. Esto precisa asumir una actitud de corregible o enseñable. El hombre humilde es más proclive a aceptar la represión y corrección que el altivo y soberbio. El soberbio y altivo toma el consejo y la corrección como un ataque o afrenta, no importa que haya sido dada con amor y tacto, porque su propia arrogancia le impide ver sus propios errores y reconocer la necesidad de instrucción y corrección. Una parte muy importante del ejercicio del liderazgo es corregir a nuestros colaboradores, para que sean mejores en lo que hacen y son. Pero también es tener apertura para ser corregido. La voluntad de ser corregido y permanecer enseñable es una característica importante que distingue a los sabios de los necios, e identifica a los buenos líderes.

Para practicar la corrección se requiere:

• **Humildad:** para aceptar que quien reprende no está por encima del otro, y que también se puede equivocar.

• **Serenidad**: para decir las cosas en la forma apropiada, que no genere conflictos ni enojos con la persona reprendida.

• **Amor y calidez**: para corregir con amabilidad y consideración, con respeto y comprensión; para proceder con empatía.

Para reflexionar: *«Mejor es represión manifiesta que amor oculto.»* (Proverbios 27:5 RVR1960)

Arnoldo Arana. *Valencia, Venezuela.*

SEMANA 49 - DÍA 2

ESTABILIDAD MATRIMONIAL Y ÉXITO EMPRESARIAL

«Quien halla esposa halla la felicidad: muestras de su favor le ha dado el Señor.»
PROVERBIOS 18:22 NVI

Lectura: Proverbios 18:22	El Nuevo Testamento en un año: 1 Juan 2:1-3:2

Los autores de liderazgo Bennis y Nanus (1995) entrevistaron a 60 directores ejecutivos de éxito de empresas reconocidas, tratando de conseguir los factores comunes que facilitan el éxito. La data fue conclusiva sobre los únicos aspectos en común, y se relaciona con la perdurabilidad ejecutiva y la estabilidad matrimonial. Según los autores, los ejecutivos se destacaban por tener 22,5 años en promedio al servicio de una misma compañía y por creer firmemente en la entidad del matrimonio. De allí es posible entonces inferir que la perdurabilidad empresarial, la estabilidad matrimonial y el éxito ejecutivo van de la mano. Al fin y al cabo, ¿Quién puede ejercer bien su liderazgo en su empresa o profesión si tiene conflictos fuertes y constantes en el hogar? Casi nadie. Según la autora J. Meyer, *«La estabilidad emocional desata la habilidad»*, refiriéndose a que es difícil poner plenamente a producir nuestros dones, capacidades y talentos si estamos emocionalmente desajustados. Dios ha creado la institución del matrimonio entre un hombre y una mujer para que ambos puedan co-crear un ambiente emocional, espiritual y relacionalmente sano y estable (aunque no perfecto); y por consiguiente, ese ambiente facilite y optimice la gestión de ambos en sus ámbitos de actividad. El hogar ha de ser el sitio al que sus miembros corren para conseguir confort cuando las cosas afuera están difíciles, no del que huyen para buscar desahogo afuera. Es el hogar donde el alma ha de cargar sus baterías, nutrir su esperanza, conseguir complemento y anclar su sosiego relacional. Cuando alguien valora el matrimonio lo demuestra con hechos cotidianos de cuidado, inversión y afecto; sin embargo, muchos empresarios y profesionales no valoran la importancia del balance trabajo-familia y luego pagan sus consecuencias; otros lastimosamente no ven la maravillosa correlación entre la familia bien cuidada y la vida empresarial bien posicionada.

Para reflexionar: Cuando siembras bienestar en tu hogar, cosechas estabilidad y éxito en lo empresarial/profesional.

Jesús A. Sampedro Hidalgo. *Valencia, Venezuela.*

Mis notas

_____

_____

SEMANA 49 – DIA 3

EL FACTOR MENTOR

«Enseñen a los nuevos discípulos a obedecer todos los mandatos que les he dado.
Y tengan por seguro esto: que estoy con ustedes siempre,
hasta el fin de los tiempos.»
MATEO 28:20 NTV

| Lectura: Mateo 28:19-20 | El Nuevo Testamento en un año: 1 Juan 3:3-4:8 |

Kongō Gumi Co., Ltd., una constructora japonesa, fue hasta el año 2006 —en el que fue absorbida por otra compañía— la empresa más antigua en operación en el mundo de la que se tiene registro. Su origen se remonta al año 578 de nuestra era. Consolidar una empresa y hacerla trascender a través del tiempo no es tarea sencilla. Desde esta perspectiva debe llamarnos la atención la capacidad que han tenido algunas organizaciones humanas de superar la barrera del tiempo. En las enseñanzas de Jesucristo se destaca el sistema que los judíos usaron para comunicar la esencia de su fe de una generación a otra: *el discipulado.* Jesús está dispuesto a ser el maestro de cualquiera que quiera seguirlo, pero aclara que sus seguidores debían de amarle más que a cualquier:

1. **Persona** *«Si alguno viene a mí, y no aborrece a su padre, y madre, y mujer, e hijos, y hermanos, y hermanas, y aun también su propia vida, no puede ser mi discípulo.»* (Lucas 14:26 RVR1960).

2. **Propósito** *«Y el que no lleva su cruz y viene en pos de mí, no puede ser mi discípulo.»* (Lucas 14.27 RVR1960).

3. **Posesión** *«Así, pues, cualquiera de vosotros que no renuncia a todo lo que posee, no puede ser mi discípulo.»* (Lucas 14:33 RVR1960).

Hoy, en muchas empresas se ha comprendido la importancia de trascender a través del Factor Mentor, es decir, de comunicar la visión, los valores y el espíritu institucional de una generación a otra.

Para reflexionar: El único negocio que nunca quebrará es aquel al que se refirió Jesús cuando expresó: *«... en los negocios de mi Padre me es necesario estar.»* (Lucas 2:49 RVR1960).

Edgar Medina, Monterrey - México.

TODO TIENE SU TIEMPO

«... tiempo de buscar, y tiempo de dar por perdido; tiempo de guardar,
y tiempo de desechar.»
ECLESIASTÉS 3:6 LBLA

Lectura: Eclesiastés 3:1-9	El Nuevo Testamento en un año: 1 Juan 4:9-5:18

Todo tiene su tiempo (momento oportuno), y todo lo que se quiere debajo del cielo tiene su hora» (Eclesiastés 3:1-9 RVR1960). El tiempo está ligado a la oportunidad de vivir, aprender y hacer.

La vida del hombre está compuesta de variadas y heterogéneas situaciones; y en muchos casos opuestas: alegría – tristeza, trabajo – descanso, triunfos – fracasos, nacer – morir, hablar – callar, entre otros. La vida nos toca con sus extremos. Y en ambos extremos necesitamos aprender a vivir, y sacar provecho de cada circunstancia que nos toca vivir.

La vida necesita, entonces, ser aceptada como es, como se presenta, pues no se tiene control sobre todo lo que acontece en nuestra vida. Y es precisamente esa variedad de experiencias lo que le infunde a la vida su riqueza. ¿Cómo, pues, apreciar el descanso sin haber experimentado la fatiga del trabajo? ¿Cómo reconocer el momento de triunfo, sin haber experimentado algún obstáculo y fracaso? ¿Cómo valorar la salud, si nunca se ha estado enfermo?

Si entendemos que así es la vida, tendremos la sabiduría y la fuerza para vivir cada situación que de turno nos toque experimentar, obteniendo así provecho de cada circunstancia. Entonces, cada experiencia humana cobra sentido. Ninguna experiencia es desdeñable.

En la vida, cada cosa tiene su tiempo: oportunidad, ocasión. Hay un tiempo propicio para todo. Puede que alguna de las cosas que nos acontezca nos desagrade, pero en vez de renegar y rehusar vivirlas (lo cual no es opcional), recordemos que es el tiempo para que eso nos ocurra, en lugar de pensar que no debiera pasarnos.

Para reflexionar: De cada circunstancia y experiencia que nos toque vivir podemos sacar un aprendizaje.

Arnoldo Arana. *Valencia, Venezuela.*

APRENDIENDO A ESCUCHAR
LAS SEÑALES DE ADVERTENCIA

«Pues la mujer ajena habla con dulzura y su voz es más suave que el aceite.»
PROVERBIOS 5:3 DHH

Lectura: Proverbios 5:3	El Nuevo Testamento en un año: 1 Juan 5:19-3 Juan 1:15

■ Que nadie se entere!, es una frase que arrastra más peligro que una carreta cargada con dinamita. La falta de transparencia nunca debe justificarse como *«prudencia»*, normalmente debe leerse como deshonestidad y un serio peligro a nuestra integridad y a los intereses de nuestra empresa, familia, comunidad y aun nuestra vida.

¿Cómo nos arreglamos?, casi te puedes imaginar con esta frase al agente de tránsito después de que te atrapó en una maniobra prohibida, lamentablemente no se limita a esa esfera de la vida. La manera en la que operan las administraciones públicas de muchos de nuestros países en América Latina está íntimamente ligada a la corrupción, al grado que cada día es más abierto el pago ilegal a funcionarios por la gestión de permisos y trámites.

¡Todo el mundo lo hace!, es una frase que parece un argumento contundente; *«si todos lo hacen, entonces no debe estar tan mal»* —parece indicarnos—, pero nada más fuera de la realidad. Para empezar *«todo el mundo»* sería el 100% de las personas, y eso sólo sería válido si se tratara de comer, respirar u otras necesidades biológicas.

El libro de los Proverbios (Proverbios 5:3) nos advierte acerca de las palabras que nos engañan si las creemos, son esas frases que nos arrojan a poner en riesgo nuestra integridad y quieren dar pie a nuestra falta de firmeza y responsabilidad.

Para reflexionar: La conciencia recta es la alarma que detecta la falta de integridad que quiere sacudirnos.

Edgar Medina. Monterrey, México.

Mis notas

_____
_____
_____
_____
_____
_____

LOS BUENOS LOGROS REQUIEREN MADURACIÓN

«Hay una temporada para todo, un tiempo para cada actividad bajo el cielo.»
ECLESIASTÉS 3:1 NTV

Lectura: Eclesiastés 3:1-9	El Nuevo Testamento en un año: Judas 1:1-Apocalipsis 2:1

Vivir bajo la premisa que *«todo tiene su tiempo, y todo lo que se quiere debajo del cielo tiene su hora»*, implica que las cosas requieren un tiempo para adquirir madurez; un tiempo en que se pueden gestionar. Esto demanda entender que la vida funciona por procesos y no por eventos. Ningún momento es absoluto. Este paradigma es opuesto a la mentalidad de micro ondas y de recetas instantáneas de esta época en que vivimos. Hoy en día impera un sentido de urgencia muy dañino.

No se puede apurar el tiempo, como no se puede empujar un río. Hay un tiempo apropiado y oportuno para ciertas cosas, que demanda la madurez de la situación. Tampoco podemos acelerar los procesos, saltando etapas en el proceso, y obviando las leyes naturales. No podemos cultivar antes de sembrar. En ocasiones necesitamos dar tiempo al tiempo, vale decir, dar lugar a que las situaciones maduren, permitiendo que transcurran de un modo natural. Necesitamos curarnos de la inmediatez que busca resultados a corto plazo.

La prisa es madre de las equivocaciones. Lo que se hace sin consideración de largo plazo, tiende a desaparecer muy rápidamente. Un negocio no se levanta de la noche a la mañana, ni una habilidad se construye en un día.

Para aprovechar el tiempo – tiempo de oportunidad – y alcanzar resultados duraderos, necesitamos cultivar la paciencia, para esperar el tiempo apropiado y la circunstancia madura.

Para reflexionar: La madurez no es instantánea y nunca lo será.

Arnoldo Arana. *Valencia, Venezuela.*

Mis notas

_____
_____
_____
_____
_____

SEMANA 50 – DIA 2

VISITA EN OFICINA

«Por tanto, id, y haced discípulos a todas las naciones, bautizándolos en el nombre del Padre, y del Hijo, y del Espíritu Santo.»
MATEO 28:19 RVR1960

Lectura: Mateo 28:18-20	El Nuevo Testamento en un año: 1 Juan 5:19 - 3 Juan 1:15

En el CBMC International (según sus siglas en español CPEC, el Comité de Profesionales y Empresarios Cristianos) se ha mantenido activa a lo largo de los años una práctica llamada *«Visita en Oficina»*, la cual es una especie de protocolo intencional (acordada o no) que permite a un profesional o empresario miembro del CPEC encontrarse con otro empresario o profesional en su propio mundo, tratar de comprender mejor su realidad/necesidad y manifestar aprecio genuino. Visitar a alguien es al menos un acto de amabilidad, y además servirle como un suplidor ante sus necesidades, como apoyador en momentos de dificultad, como alentador ante los retos, como coach para la óptima gestión y como tutor ante el desconocimiento de la Biblia y sus aplicaciones a la cotidianidad. Pero estas visitas, que al comienzo son casuales (y que pueden llegar a ser habituales), de lo que realmente se trata es del discipulado espiritual. Intentan generar un intercambio enriquecedor, real y creciente por medio de un gesto de amabilidad que se proyecta en el tiempo y que ocurre a través de una serie de conversaciones transformadoras. Discipular implica ser intencional y sacrificial en volcar la vida de Dios en ellos. Es intencional ya que no ocurre por casualidad, ha de meterse en la agenda como una prioridad. Tal como comenta Jim Firnstahl, *«Mientras su última comisión sea nuestro primer compromiso, tenemos una buena esperanza hacia el futuro»*; esto en referencia al llamado de Dios a todo creyente de *«ir y hacer discípulos»* (San Mateo 28:19). Discipular no es un asunto de atraer personas, es un asunto de ir a las personas (visitarlas) para llevarles las buenas nuevas, instruirles en la sabiduría bíblica y acompañarles en donde están para la puesta en práctica de lo aprendido.

Para reflexionar:¿Cuándo fue la última vez que visitaste a alguien con el objetivo de añadirle valor espiritual?

Jesús A. Sampedro Hidalgo. *Valencia, Venezuela.*

Mis notas

_____

_____

_____

SEMANA 50 – DÍA 3

EL LÍDER QUE AL HABLAR INSPIRA EL ALMA

«Las palabras de los justos son como una fuente que da vida; las palabras de los perversos encubren intenciones violentas.»
PROVERBIOS 10:11 NTV

Lectura: Proverbios 10:11	El Nuevo Testamento en un año: Apocalipsis 3:4-4:11

P ocas cosas son tan riesgosas como tomar decisiones críticas cuando nuestros sentimientos están a flor de piel. Las emociones son una parte maravillosa de la vida, pero no fueron diseñadas para dominar en la toma de decisiones. Muchos que así lo han comprendido cometen el error de ir al extremo totalmente opuesto cayendo en no considerar los sentimientos propios o ajenos en lo absoluto. A la hora de comunicarse con otros son capaces de decir lo correcto; pero, la manera y el momento no serán los más adecuados si dejan de lado la sensibilidad.

La agresividad es una forma común de comunicarse, porque brinda resultados casi inmediatos. Todos hemos sido testigos de que un *«buen»* grito ha puesto a trabajar a más de un haragán en alguna ocasión. Quienes se comunican de esta manera no suelen tomar en cuenta los sentimientos de los demás. Su estrategia va de la acusación a la amenaza, pasando por la agresión verbal, emocional o física. ¡Qué terrible es tratar con alguien así!, pero más difícil aun es reconocer que ese *«alguien»* somos nosotros.

El Libro de los Proverbios de Salomón dice: *«Manantial de vida es la boca del justo, pero la boca de los malvados oculta violencia.»* (Proverbios 10:11 RVR1995), y con ello deja ver la notoria diferencia que podemos hacer sólo con la forma en la que nos comunicamos. Mientras que el agresivo genera violencia; quienes se comunican con asertividad manifiestan vida y justicia. Unos usan sus palabras para despedazar, otros para sanar los corazones heridos. Cuánta razón tuvo el sabio rey Salomón cuando expresó: *«Hay hombres cuyas palabras son como golpes de espada; más la lengua de los sabios es medicina.»* (Proverbios 12:18 RVR1960). Una comunicación adecuada es capaz de mostrar aprecio por los demás, valorando su esfuerzo y validando sus emociones, aunque no estemos conformes con los resultados de sus acciones.

Para reflexionar: Comunicar aprecio es un generador de actitud de éxito en todo grupo de personas.

Edgar Medina. Monterrey, México.

SEMANA 50 – DIA 4

CUERPO SANO EN MENTE SANA

«Un corazón apacible es vida para el cuerpo, pero las pasiones
son podredumbre de los huesos.»
PROVERBIOS 14:30 NBLH

Lectura:	El Nuevo Testamento en un año:
Proverbios 14:30	Apocalipsis 5:1-6:17

El término hebreo para *corazón apacible* tiene el sentido de *un corazón de sanidad o salud*. La persona que mantiene su corazón en paz, en calma; sereno y sosegado, traduce ese estado emocional en salud para el cuerpo. Este es el caso de un hombre que no siente ruido en su interior, que no se desequilibra ni consume por las presiones del entorno. En esta actitud la persona mantiene un clima emocional interno que favorece la salud, y la enfermedad no lo devasta. Lo opuesto es un estado emocional de desazón e intranquilidad; de ansiedad y estrés, que consume como carcoma de los huesos. «*El corazón alegre constituye buen remedio; más el espíritu triste (roto, quebrantado) seca los huesos*» (Proverbios 17:22 RVR1960).

Hay un dicho que reza: «*mente sana en cuerpo sano*»; pero creo que sería más apropiado decir «*cuerpo sano en mente sana*». La forma como pensamos afecta nuestras actitudes, y estas juegan un papel importante en nuestra salud: en la adquisición, o desarrollo, o curación de la enfermedad. Ciertamente hay una estrecha relación entre el ánimo y la salud. El ánimo es la más sana medicina. La expresión *no hay mejor medicina que un corazón alegre* (Proverbios 17:22 RVR1960), subraya el valor de la actitud positiva y la salud emocional en el cultivo de la salud física, o en el restablecimiento de ella. El rey Salomón dijo: «*El ánimo del hombre soportará su enfermedad; mas ¿quién soportará al ánimo angustiado (quebrantado, afligido, herido)?*» (Proverbios 18:14 RVR1960). El buen ánimo es capaz de soportar o sobrevivir una enfermedad; pero cuando se pierde el ánimo, el optimismo y la esperanza, y se da lugar al desánimo y la ansiedad, el organismo acusa el golpe, y la salud se deteriora.

Para reflexionar:¿Con qué pensamientos alimentas tu mente? «*Todo lo que es verdadero, todo lo honesto, todo lo justo, todo lo puro, todo lo amable... si hay virtud alguna... en esto pensad*». (Filipenses 4:8 RVR1960)

Arnoldo Arana. *Valencia, Venezuela.*

Mis notas

_____

_____

SEMANA 50 – DIA 5

COMUNICACIÓN, LA HERRAMIENTA NÚMERO UNO DEL LÍDER

«Mis frutos son mejores que el oro más refinado; mis ganancias sobrepasan a la plata escogida.»
PROVERBIOS 8:19 RVC

Lectura: Proverbios 19:17	El Nuevo Testamento en un año: Apocalipsis 7:1-9:1

Una comunicación ineficaz tiene sus consecuencias. A veces suponemos que *«no nos comunicamos»* con quienes deberíamos en la familia, la empresa, la escuela o en la iglesia, cuando la realidad es que lo hacemos, pero, de forma deficiente. El negarle la palabra a alguien con quien tenemos alguna molestia, por ejemplo, le estamos comunicando enojo, desaprobación y frustración sin la necesidad de decirle nada.

El Libro de los Proverbios declara: *«Mis frutos son mejores que el oro más refinado; mis ganancias sobrepasan a la plata escogida.»* (Proverbios 8:19 RVC), y eso en referencia a los beneficios de la sabiduría. Aprender a comunicarnos sabiamente traerá a nuestra vida, a nuestro matrimonio, a nuestra familia, a nuestra iglesia u organización beneficios que literalmente no se pueden comprar con dinero. Pero, ¿cuál es el precio que sí hay que pagar para aprender a comunicarse eficazmente?

No es difícil reconocer que hay una deficiencia en la comunicación, lo difícil del asunto es: *reconocer cuál es mi responsabilidad en el problema.* Dar una solución real a nuestros problemas de comunicación con otros es algo que sin duda marcará una diferencia a favor de nuestras relaciones y proyectos. El precio a pagar no es bajo, pues asumir la responsabilidad nunca lo es, pero los beneficios son incomparables, vale la pena comenzar dando el primer paso en comunicar 'disposición' y esperar firme y pacientemente que los demás hagan su parte.

Para reflexionar: La comunicación es el alma de toda relación y la herramienta número uno del líder.

Edgar Medina. Monterrey, México.

Mis notas

_____

_____

_____

¿HIJOS PROFESIONALES?

«Los hijos son una herencia del Señor, los frutos del vientre son una recompensa.»
SALMOS 127:3 NVI

Lectura: Salmos 127:3-5	El Nuevo Testamento en un año: Apocalipsis 9:2-10:11

En la cultura latina es usual ver a padres trabajar duro para ver crecer a sus hijos hasta llegar al punto cumbre de ser profesionales o graduarse en la universidad, cumpliendo así el más alto estándar de expectativa que la cultura impone. Lo implícito es que al ser profesionales podrán hacerse de un status de vida que garantice su estabilidad económica, social y cultural. Pero, ¿es eso realmente el más alto estándar, según la Biblia, que Dios tiene para la crianza?, ¿Es esa la más alta expectativa o hay algo más importante para el futuro de los hijos?, ¿Qué hay del carácter, las relaciones, la resiliencia, el conocimiento de Dios, entre otras dimensiones? Si bien es una buena aspiración querer que los hijos estudien, se preparen, se gradúen de *«profesionales»*, y lleguen lejos en su área de especialidad; sin embargo, el dominio del asunto vocacional ha de estar conectado primordialmente con el conocimiento de Dios y la alineación a sus propósitos. El rol del padre es transferir a la nueva generación riqueza, principalmente intangible y espiritual en forma de capacidad para afrontar integralmente los retos de la realidad. Y parte de ese legado implica aprender a conocer a Dios, a reconocerlo y a responder apropiadamente a sus aspiraciones. Un hijo bien equipado es un hijo a quien se le ha enseñado de Dios, ha aprendido de Él, le ha experimentado; y por consiguiente anhela con todo su corazón serle obediente y fiel. Eso le posicionará para tener éxito integral en el largo plazo. Si bien ambas perspectiva pueden aspirarse y convivir (lo profesional y lo espiritual), pero es la última la que trae fruto que impregna a otras áreas vitales.

Para reflexionar: La dimensión espiritual del legado generacional es la nuclear, las otras dimensiones son periféricas.

Jesús A. Sampedro Hidalgo. *Valencia, Venezuela.*

Mis notas

_____
_____
_____
_____
_____
_____

SEMANA 51 – DIA 2

GERENCIA PERSONAL: LA DIMENSIÓN GERENCIAL MÁS IMPORTANTE (PARTE 1)

«¿De qué le sirve a uno ganar el mundo entero si se pierde
o se destruye a sí mismo?»
LUCAS 9:25 NVI

Lectura:	El Nuevo Testamento en un año:
Lucas 9:25	Apocalipsis 11:1-12:11

En Latinoamérica el nivel de ingresos a estudios de postgrado ha crecido mucho en los últimos años. Eso refleja el altísimo interés por la preparación académica y el deseo de alcanzar niveles gerenciales en la carrera profesional. Existen muchas opciones de preparación de tipo gerencial; sin embargo, en casi ninguna de las escuelas de postgrado (incluidas las más prestigiosas) se incluye formación profunda e intencional en *«Gerencia Personal»*, quizás la más importante de todas las dimensiones gerenciales. El presidente de la compañía China Ali Baba (una de las más grandes tecnológicas del mundo), el Sr. Jack Ma, dijo en una entrevista: *«Me arrepiento de haber trabajado tanto, y haber pasado poco tiempo con mi familia, si tuviera otra vida, no haría lo mismo»*. A pesar de que supo ser un gerente extraordinariamente brillante en los negocios, en una de las dimensiones de *«gestión personal»* y aparentemente menos estratégica como lo es el balance trabajo-familia, él admitió haber tenido un fracaso. Sin duda, aprender a gerenciar mi propia vida es el examen de grado más importante que un día tendré que dar; y no solo se trata de cuánto logré acumular, se trata más bien de cuántas personas logré inspirar y servir, de qué tan buen ejemplo y modelo pude ser para mis hijos, de cuán feliz ha sido mi esposa junto a mí, de cuántas veces hice sonreír a Dios.

Para reflexionar: *«¿De qué le sirve a uno ganar el mundo entero si se pierde o se destruye a sí mismo?»* (Lucas 9:25 NVI)

Julio César Acuña. Quito, Ecuador.

Mis notas

_____

_____

_____

_____

_____

_____

SEMANA 51 – DIA 3

GERENCIA PERSONAL: LA DIMENSIÓN GERENCIAL MÁS IMPORTANTE (PARTE 2)

«Los planes bien meditados dan buen resultado; los que se hacen a la ligera causan la ruina.»
PROVERBIOS 21:5 DHH

Lectura: Proverbios 21:5	El Nuevo Testamento en un año: Apocalipsis 12:12-14:7

La gerencia personal trata al igual que la gerencia tradicional de cuatro aspectos claves: Planificar, organizar, ejecutar y evaluar. En este caso, no en relación a los recursos y objetivos organizacionales, sino en relación al más importante de los recursos y del más importante objetivo: tú mismo. En la gerencia personal el primer gran paso es tener una buena planificación estratégica, un plan de vida, una hoja de ruta o mapa que dé respuestas claras a preguntas claves, como las que sugiere Sinai Carrasco del Nuevo Entrepreneur:

- Planificación (¿Cuál es tu plan de vida?)
- Misión (¿Cuál es el propósito de tu vida?)
- Visión (¿Dónde quieres llegar?)
- Valores (¿Cuáles son tus «no negociables» mientras alcanzas tus metas?)
- Objetivos (¿Qué es lo que quieres alcanzar?)
- Metas (¿Cómo lo vas a medir y cuándo lo vas a lograr?)
- Estrategias (¿Ya hiciste un mapa, un plan de acción?)
- Asignación de recursos (¿inviertes tiempo y dinero en lo que quieres alcanzar?)
- Trabajar en equipo (¿Quiénes serán tus mentores y compañeros de viaje?)
- Fortalezas (¿En qué te destacas?)
- Debilidades (¿En qué fallas al querer alcanzar tus objetivos?)
- Motivación (¿Qué te anima a levantarte todos los días?)
- Desarrollo de carácter (¿Qué nuevo hábito desarrollarás todos los días para crecer dentro de tu plan de vida?)

Para reflexionar: «*Pon tus actos en las manos del Señor y tus planes se realizarán*» (Proverbios 16:3 DHH)

Julio César Acuña. Quito, Ecuador.

Mis notas

GESTIÓN DE LA ESPIRITUALIDAD

«La conclusión, cuando todo se ha oído, es ésta: teme a Dios y guarda sus mandamientos, porque esto concierne a toda persona.»
ECLESIASTÉS 12:13 LBLA

Lectura: Eclesiastés 12:13 LBLA	El Nuevo Testamento en un año: Apocalipsis 11:1-12:11

El énfasis que conviene hacer en la vida gira alrededor de dos dimensiones expresadas por Salomón en Eclesiastés 12:13-14, y son: Teme a Dios (cultiva tu espiritualidad) y guarda sus mandamientos (cultiva tu carácter). Estas dos dimensiones son inseparables. Lo espiritual afecta el desarrollo del carácter; y la forma como se gestiona la vida (pensamientos, emociones y voluntad) facilita y conecta con la dimensión espiritual. El rey Salomón opinaba que el verdadero éxito, la verdadera satisfacción y el verdadero sentido de la vida, van de la mano con la práctica de la espiritualidad. La fortaleza y poder de una persona tienen su fuente en su espiritualidad. Su fuerza interior fluye de su carácter; y éste, a su vez, se alimenta de su espiritualidad. Podemos comparar este proceso al de un árbol. La raíz del árbol es el medio por el que la planta puede obtener del suelo los nutrientes y el agua que necesita para alimentarse, crecer y fructificar. El fruto del árbol (calidad, pureza) es determinado por la raíz, pero ésta necesita del suelo circundante para tomar el agua y los nutrientes. Y el comportamiento y las actitudes del hombre son determinados por su carácter. Lo que es la raíz al árbol (canal de sustento y estabilidad), lo es el carácter al hombre (identidad propia, conciencia de sí mismo, valores, emociones, voluntad). Ahora, es su espiritualidad (su profundidad y madurez espiritual) lo que le da vida a la raíz (su carácter).

Para reflexionar: Cuando cultivamos nuestra espiritualidad, nuestro carácter se fortalece. Por el contrario, cuando nos apartamos de nuestras raíces espirituales, las debilidades de nuestro carácter se hacen evidentes.

Arnoldo Arana. *Valencia, Venezuela.*

Mis notas

_____

_____

_____

_____

_____

_____

LIDERAZGO QUE TRASCIENDE

*«Tengan unos con otros la manera de pensar propia
de quien está unido a Cristo Jesús.»*
FILIPENSES 2:5 DHH

Lectura: Filipenses 2:5-7	El Nuevo Testamento en un año: Apocalipsis 16:11-18:2

Los líderes quieren trascender. Trascender es traspasar líneas, obstáculos o límites que no parecían posibles de traspasar. Cuando alguien trasciende es porque en algún momento una razón de gran fuerza le movió, fue decidido e intencional. Los que trascienden se distinguen porque se desprenden de sus aspiraciones personales y deciden vencer obstáculos para sinceramente beneficiar a otros. Eso es precisamente lo que se celebra con el nacimiento de Jesús, lo que celebramos en navidad, que Dios vino de la eternidad al tiempo que se hizo presente en forma de hombre, y la humanidad pudo verle y conocerle. El apóstol Pablo en su carta a los Filipenses invita a abrazar una forma de liderazgo que implica la personificación del servicio y del acercamiento intencional, él dijo: «*Haya, pues, en vosotros este sentir que hubo también en Cristo Jesús, el cual, siendo en forma de Dios, no estimó el ser igual a Dios como cosa a que aferrarse, sino que se despojó a sí mismo, tomando forma de siervo, hecho semejante a los hombres*» (Filipenses 2:5-7 RVR1960). La invitación es a notar el ejemplo de Jesús y emularlo. Jesús se hizo cercano, siendo el Dios creador del universo, vino a la tierra y nació en un humilde pesebre, por amor traspasó los linderos que separaban a la humanidad de Él y abrió la vía de conexión con Él.

Para reflexionar: «*Los hombres desean ser reyes, los reyes desean ser dioses y Dios deseó ser hombre*». Autor Desconocido.

Jesús A. Sampedro Hidalgo. *Valencia, Venezuela.*

Mis notas

_____
_____
_____
_____
_____
_____
_____
_____
_____

PLANIFICACIÓN: CONSTRUYENDO EL FUTURO

«Los prudentes saben a dónde van, en cambio, los necios se engañan a sí mismos.»
PROVERBIOS 14:8 NTV

Lectura: Proverbios 14:8	El Nuevo Testamento en un año: Apocalipsis 18:3-19:8

Planificar es una parte fundamental para la efectiva gestión personal u organizacional. Al respecto comenta el rey Salomón: *«Una casa se edifica con sabiduría y se fortalece por medio del buen juicio. Mediante el conocimiento se llenan sus cuartos de toda clase de riquezas y objetos valiosos.»* (Proverbios 24:3-4 NTV). Hay sabiduría en ser previsivo. *«El sabio piensa con anticipación»*, dice el mismo rey Salomón. Al planear le damos un sentido estratégico a nuestro accionar, y aumentamos las probabilidades de éxito en lo que emprendemos. Planificar es más que hacer un pronóstico, y va más allá de la toma de decisiones futuras. La planificación se refiere a cómo las decisiones actuales pueden afectar el futuro. En otras palabras, la planificación efectiva tiene que ver con crear el futuro, más que simplemente prepararse para él. La planificación permite traer el futuro al presente, y tratar con él ahora. Planificar es diseñar en forma proactiva el futuro y hacer que éste suceda. Este proceso implica empezar con un fin en mente, es decir, con una clara comprensión de hacia dónde se quiere avanzar, lo que nos lleva hoy a organizar el trabajo de mañana. Esto reduce la incertidumbre y crea confianza en la gente, al permitir analizar el futuro, anticipar cambios, examinar posibles problemas y, de esta forma, preparar las respuestas adecuadas. La planificación nos permite también tener un mecanismo de retroalimentación, a través del cual evaluar la ejecución, con miras a realizar los ajustes y cambios necesarios.

Para reflexionar: Planear es evidencia de vivir la vida con intencionalidad, lo cual requiere tener una visión clara de hacia dónde se quiere avanzar.

Arnoldo Arana. *Valencia, Venezuela*

Mis notas

_____

_____

_____

_____

_____

_____

SEMANA 52 – DíA 2

¿FIT EN NAVIDAD?

«Para dar luz a los que habitan en tinieblas y en sombra de muerte.»
LUCAS 1:79 RVR1960

Lectura: Lucas 1:15-17, 76-79	El Nuevo Testamento en un año: Apocalipsis 19:9-21:3

En Diciembre muchos llegamos a estar más pendientes de preparar la navidad (comida típica, decoraciones, encuentros, regalos, etc.) que de preparar nuestro corazón para celebrar la natividad. Si tan solo pudiésemos parar un instante y reflexionar: ¿Cuán consciente y enfocado estoy en lo central de esta navidad, es decir, la natividad? La idea de tener una especie de «*adviento*» personal quizás ayudaría, palabra que está conectada con una tradición cristiana desde el siglo V, la cual evoca un tiempo cercano a un mes de preparación espiritual para una mejor celebración del nacimiento de Jesús. El asunto de preparar los corazones para la llegada de Jesús (y su posterior celebración anual) no es nada nuevo. Luego del período inter-testamentario cercano a 400 años, o también conocido como tiempo de «*Silencio profético*» en el que Dios estuvo sin comunicación oficial con su pueblo, ocurrió una ruptura abrupta, llegó el gran anuncio, la llegada del mesías prometido, del Salvador, de Jesús. Pero justo antes de la llegada de Jesús fue enviado Juan El Bautista como el «*Preparador Oficial*» de los corazones de la gente (Lucas 1:15-17, 76-79), su mensaje directo de arrepentimiento de pecados quería lograr que todo corazón estuviese «*fit*», bien posicionado y listo para recibir al mesías. Su misión era preparar el camino para facilitar y habilitar un acceso fluido al Señor. Y esa misión venía en torno a cuatro dimensiones de preparación para la remoción de obstáculos espirituales (Lucas 3:4-5 con sus respectivos ejemplos de mercado en Lucas 3:10-14):

1. Montañas de orgullo y abuso que precisan ser niveladas.
2. Valles de necesidades humanas que precisan ser llenadas.
3. Caminos desviados o rutas inmorales que han de enderezarse.
4. Lugares tumultuosos de opresión que necesitan ser suavizados.

A través de este espectro te invitamos en esta navidad a abordar proactivamente tus obstáculos espirituales y a preparar tu corazón.

Para reflexionar: Permite que Jesucristo transite tranquilamente las calles de tu vida con poder y paz en esta Navidad, y que su estela impacte tu año entrante y permanezca para siempre en tu vida, familia, empresa y profesión.

Jesus A. Sampedro Hidalgo. *Valencia, Venezuela.*

SEMANA 52 – DÍA 3

GENEROSIDAD, UN AS EN LA VIDA

«El alma generosa será prosperada; Y el que saciare, él también será saciado.»
PROVERBIOS 11:25 RVR1960

Lectura: Proverbios 11:25	El Nuevo Testamento en un año: Apocalipsis 21:4-27

Recuerdo mis inicios laborales. Era un simple empleado en medio de casi treinta ingenieros. En un par de años más ya estaba ganando en dólares y todavía pensaba acerca de la bendición del diezmo. Pronto fui jefe, luego persona de confianza, y así escalé hasta ser gerente. Mientras crecía en mi relación con Cristo entendí que era verdad que dar y diezmar bendice. Mi salario fue creciendo conforme iba teniendo mayores cargos, mi familia también creció y vinieron los hijos. Dinero extra como bonos de agradecimiento y utilidades llegaban a nuestras manos cada año. Jamás dejamos de diezmar. Mientras más altos eran los ingresos, más diezmábamos. Dudas también surgieron acerca de si el dinero extra estaba sujeto al diezmo. Dios siempre dijo sí. Todo es de Él y de nadie más. Luego encontré que CBMC/CPEC (Comité de Profesionales y Empresarios Cristianos) era la organización ministerial que andaba buscando por mucho tiempo, el lugar donde Dios me quería, que no sólo es la iglesia a la que asisto los domingos la casa donde me alimento de su palabra. CBMC/CPEC es mi segunda casa, el lugar donde Dios quiere que también traiga lo que El me da, porque hay mucho por hacer. Esta fue otra decisión importante, como diría un hombre de negocios, llegó la hora de invertir, esta vez, en el reino de Dios.

Para reflexionar: La mejor inversión es aquella que trae ganancias en el largo plazo, por eso es bueno invertir en el reino de Dios.

Edison Celis. *Lima, Perú.*

Mis notas

_____
_____
_____
_____
_____
_____
_____
_____
_____

SEMANA 52 – DÍA 4

TRASCENDER: LA MISIÓN DEL EMPRESARIO

«¿De qué le sirve al hombre ganar el mundo entero, si pierde la vida? ¿O cuánto podrá pagar el hombre por su vida?»
MATEO 16:26 DHH

Lectura: Mateo 16:26	El Nuevo Testamento en un año: Apocalipsis 22:1-10

L a cátedra empresarial en las universidades enseña que se hace empresa para ganar dinero; sin embargo, la palabra de Dios propone algo diferente y eso ha cambiado la cosmovisión de muchos empresarios. La raíz del cambio está en entender que ganar dinero (aunque no es necesariamente malo), no ha de ser la razón por la que se hace empresa; más bien, es muchas veces la forma de llevar una empresa al fracaso. Usualmente quien hace empresa para ganar dinero lo perderá y si no pierde el dinero, perderá su alma (Mateo 16:26). Luego de perder a su esposa e hijos en los campos de concentración Nazi, el psicólogo y médico psiquiatra Víctor Frankl dijo: *«El hombre que se levanta por encima de su dolor para ayudar a un hermano que sufre, trasciende como ser humano».* La misión de un empresario es trascender, es salir de sí mismo, ir más allá de sus necesidades. Hacer empresa precisa sustentarse en este sentir, el propósito es con las personas, con sus familias y con la sociedad. Significa amar a cada persona que trabaja con nosotros con todo nuestro corazón. Es preciso entonces levantarnos por encima del dolor, de las preocupaciones y de los afanes para ayudar al prójimo, hacer de sus necesidades nuestras propias necesidades, suprimir las relaciones productivas por relaciones afectivas (Juan 13:34). Trascender o levantarse por encima de algo quiere decir, pasarlo, dejarlo atrás para prestar atención a la gente que trabaja con nosotros, en ese proceso es que se trasciende como persona. Cuando alguien logra pasar por encima de los problemas propios, para atender las necesidades de otros, se convierte en uno que vive para dar y con ello experimenta crecimiento espiritual, y abundancia de paz (Filipenses 4:7). De aquí que trascender no es sólo la misión de un empresario, termina siendo su naturaleza espiritual que anhela salir del corazón y convertirse en acciones que transformen vidas.

Para reflexionar: ¿Ama a las personas más que a la empresa? ¿Más que a sus propias necesidades?

Mauricio Ramírez Malaver. *Bogotá, Colombia.*

Mis notas

ORACIÓN EMPRESARIAL CONGRUENTE

*« ¿Qué es más fácil, decirle al paralítico: "Tus pecados son perdonados",
o decirle: "Levántate, toma tu camilla y anda"?»*
MARCOS 2:9 NVI

Lectura: Marcos 2:1-12	El Nuevo Testamento en un año: Apocalipsis 22:11-21

Es muy común ver a empresarios y profesionales pedirle a Dios que les vaya bien en su trabajo, en algún proyecto o en algún asunto delicado de vida. Claro, a la final, ¿quién quiere que le vaya mal?; pero tras bastidores, uno se pregunta si por lo que se está pidiendo es loable, lícito, agrega valor, si es una iniciativa que perjudica seriamente a otros, si implica explotación laboral, si puede ser hablado públicamente, entre otros asuntos. Algunos quieren hacer las cosas a su manera (muchas veces quebrando códigos bíblicos para la bendición) y aun así le piden a Dios que les bendiga. Otros han consultado a Dios antes de hacer algo y le entregan los resultados. Otros se encomiendan ellos, sus empresas y/o sus profesiones a Dios en tiempo de incertidumbre. ¿Cuál es tu caso? Dios sí quiere que lo involucremos en nuestros negocios y le pidamos. Jesús dijo, *«Pidan, y se les dará; busquen, y encontrarán; llamen, y se les abrirá.»* (Mateo 7:7 NBLH). El asunto es saber pedir. Santiago dice: *«Y, cuando piden, no reciben porque piden con malas intenciones, para satisfacer sus propias pasiones.»* (Santiago 4:3 NBV). Pedir bien precisa reflexionar que al menos cuente con estas características: que esté libre de egoísmo, que agregue valor a otros, que no rompa expresamente ningún principio Bíblico para la bendición y que sea para glorificar a Dios.

Para reflexionar: Que nuestra oración sea congruente al alinear motivaciones, fundamentos y propósitos.

Jesus A. Sampedro Hidalgo. *Valencia, Venezuela.*

Mis notas

_____
_____
_____
_____
_____
_____
_____
_____

¿Qué es el CBMC-CPEC (Comité de Profesionales y Empresarios Cristianos) Internacional?

El CBMC, el Comité de Profesionales y Empresarios Cristianos [CPEC por sus siglas en español] es una organización internacional no lucrativa dedicada a equipar con herramientas espirituales e intelectuales a empresarios, profesionales, hombres y mujeres de negocios, comerciantes, intelectuales y universitarios; tomando como base los modelos y paradigmas enseñados por la Biblia. El CBMC avanza con el propósito de generar un movimiento espiritual duradero y multiplicador que resulte en vidas transformadas. Ayudando a líderes y personas de influencia en las comunidades de negocios y profesionales a vivir vidas íntegras que traigan bienestar tanto en sus organizaciones como en sus hogares y comunidades.

El CBMC inició en 1930 en Chicago, Estados Unidos durante la gran depresión y desde entonces se ha extendido a 96 países alrededor de los cinco continentes. El CBMC en Latinoamérica tiene vida en cerca de 10 países y se mantiene desarrollando continuamente iniciativas en todo el continente.

Creemos que el mundo empresarial y profesional necesita valores y principios para poder sostener una sociedad justa y equitativa, y creemos que los principios y valores cristianos proveen un fundamento sólido para el logro de estos objetivos.

¿Cómo puedes formar parte del CBMC-CPEC?

El CBMC provee recursos y eventos con el fin de alcanzar y satisfacer las necesidades de los diferentes profesionales, empresarios y comunidades de negocios que lo conforman.

Frecuentemente lleva a cabo distintas actividades presenciales y virtuales tales como conferencias, talleres de capacitación, cine-foros, actividades deportivas, webinars, entre otros; eventos estos que contribuyen a optimizar el desarrollo integral de nuestros miembros y participantes.

Los equipos o comités, son pequeños grupos de profesionales y empresarios que se comprometen a reunirse al menos una vez por semana a fin de crecer juntos. Son quienes desean aplicar nuevos modelos basados en valores sólidos y carácter a sus actividades cotidianas. Las enseñanzas de vida espiritual que allí se comparten le serán útil en los ámbitos profesional, laboral, de negocios, familiar, sociedad, y le permitirán: Corregir actitudes, revisar y ajustar prioridades, llevar la calidad de vida en la casa y en el trabajo, mejorar las relaciones interpersonales, desarrollar capacidades para liderar, entre otros.

Recursos Disponibles del CBMC-CPEC Latinoamérica

Si quieres más información sobre cómo crecer en tu vida espiritual, puedes hacer uso de estos recursos o contactarnos para saber cómo unirte a un equipo del CBMC-CPEC en tu país.

- **Inspiración para Liderar (Versión Audio-Podcast).** Las reflexiones de este libro también están disponible en formato audio. Ofreciendo crecimiento integral para el profesional y empresario desde una perspectiva cristiana contemporánea. En una sociedad cambiante y dinámica, cargue sus energías, conéctese y obtenga Inspiración para Liderar.
- **Maná del Lunes**: Reflexiones semanales para gerentes, profesionales, estudiantes y líderes de gran valor práctico (Disponibles en audio y texto).
- **Programa Visión 20/20**: Producción en audio del CBMC Latinoamérica que ha tenido un impacto en hombres y mujeres que buscan la voluntad de Dios en el mundo empresarial y laboral, tocando temas que atañen tanto las relaciones de trabajo así como también la familia.
- **Operación Timoteo**: Compendio de 3 libros de estudio para empresarios y profesionales sobre las verdades esenciales de la vida espiritual.
- **Haciendo Negocios de Acuerdo a la Palabra de Dios:** Serie de 39 estudios configurados para ayudar a los empresarios y profesionales a descubrir y entender las bases bíblicas para su trabajo, enfocados en la aplicación personal y práctica. (también disponible en seminario de 1 día).

Conexión Web y Redes Sociales

Actualmente contamos con diversos medios a través de los cuales puede disfrutar de nuestros recursos y mantenerse informado de las iniciativas del CBMC en Latinoamérica y el mundo.

- **Página web:** CBMC Internacional www.cbmcint.org / CBMC Latinoamérica www.cbmclatino.com
- **Blog "Inspiración para Liderar"** www.inspiracionparaliderar.blogspot.com
- **Suscríbete a nuestros boletines electrónicos.** Escríbenos a info@cbmclatino.com
- **Baja nuestra App** – CBMC Latino – (Aplicación para Celular y Tablets). Disponible para descargar en nuestra página web.
- **Recibe información valiosa vía Whatsapp.** +58 (424) 4111313
- **Síguenos en nuestra redes sociales**: Facebook, Instagram, Twitter (CBMC Latino)

Contáctenos

Sede CBMC International: 2850 N. Swan Road Suite 160, Tucson, AZ 85712 (EEUU)
Contacto CBMC Latinoamérica: Urb. Camoruco Av 137 - C.C.P. Imperial II. 4to Piso, Ofic. 4-5. Valencia, Venezuela.
Teléfonos: +58 (241)8245803 / Móvil: +58 (414)9406260.
Email: info@cbmclatino.com

Inspiración Eterna

En el CBMC-CPEC queremos ayudarte a aprender más sobre lo que Jesús ha hecho por ti y cómo Él quiere ser parte de tu vida. Tu vida si tiene sentido y si es posible ser feliz. Tu familia, tu negocio o profesión si pueden ser restaurados. Queremos ayudarte a crecer integralmente para que tu éxito no sea solo empresarial/profesional.

CREACIÓN Y SEPARACIÓN

Dios hizo el mundo y Él creó a la humanidad. El hombre estaba en relación con Dios para la gloria de Dios y para experimentar el amor de Dios. No había enfermedad, muerte, vergüenza o tristeza. Amar a Dios estaba en el centro de todas las cosas, y era bueno y moral. Sin embargo, todo eso cambió cuando el hombre usó el libre albedrío que Dios le había provisto tan graciosamente para desobedecer a Dios.
Ese momento de desobediencia, o la caída, es cuando el pecado vino al mundo. Con el pecado vino el egoísmo y los crímenes contra Dios. El pecado también rompió la perfecta comunión del hombre con Dios y trajo la muerte al mundo. El pecado nos separa de un Dios perfecto y santo.

PECADO Y PERDÓN

El problema por el que se nos dificulta llevar la vida integralmente bien es el pecado, ya que este corrompe nuestros corazones, el mundo y todo lo que hay en él. Somos impotentes para vencer nuestro pecado, aparte de Jesucristo. Nuestros intentos de hacernos cargo de la situación (Como solemos hacer en nuestras empresas o casas) solo aumentan el caos que nos rodea y dentro de nosotros. Es por eso que necesitamos el antídoto del pecado.

A pesar de nuestro pecado, podemos conocer a Dios y ser restaurados a una relación correcta con él. Puedes conocer a Dios personalmente, El Creador del universo te hizo y quiere tener una relación íntima contigo. Jesús es el regalo que nos ofrece el perdón y la relación con Dios. La manera de conocer a Dios el Padre es a través de su Hijo, Jesús. Él dijo: "Yo soy el camino, la verdad y la vida. Nadie viene al Padre sino por mí" (S. Juan 14:6)

LAS BUENAS NOTICIAS

El Evangelio literalmente se traduce como las "buenas nuevas". Por lo general, las buenas noticias se producen cuando algo está mal y necesitamos que alguien o algo cambie nuestras circunstancias. En otras palabras, en lo concerniente al pecado, no podemos ganar nuestro propio perdón o salvación. Sin embargo, ahí es donde Jesús viene a nuestras vidas. Él vivió una vida perfecta y murió en una cruz voluntariamente como sacrificio por nuestros pecados. Él se levantó de la tumba al tercer día para conquistar el pecado y la muerte. A través de su sacrificio, Él nos ofrece el perdón y la vida eterna con él.

Este es un regalo ofrecido a cada uno de nosotros, por su amor por nosotros. Esa es la Buena Noticia: que Jesús nos ama tanto que nos ofrece el perdón de nuestros pecados y su Espíritu para ayudarnos a cambiar la forma en que vivimos. Este regalo es solo por gracia, a través de la fe sola, solo al creer en Cristo. Solo dile estas palabras, con fe: "Dios mío, reconozco que he vivido a mi manera, sin ti. Te necesito. Hoy decido creer de corazón que Jesús al morir en la cruz logró el perdón eterno de mis pecados y me habilita para una vida en abundancia. Hazme la persona que tú quieres que sea. Amen!"

En el CPEC-CBMC nos alegramos si, como muchos otros empresarios y profesionales alrededor del mundo, has hecho esta sencilla oración pero de corazón. Estamos dispuestos a apoyarte a crecer en tu fe! Contáctanos!

(Adaptado de Needhim.org)

Made in the USA
Coppell, TX
20 September 2022

83420253R00154